원행을묘정리의궤

園幸乙卯整理儀軌

원행을묘정리의궤

園幸乙卯整理儀軌

사도세자의 복권을 위한
1795년의 특별한 행사

정조 명편 | 김문식 역해

규장각
새로 읽는
우리 고전

027

아카넷

'규장각 고전 총서' 발간에 부쳐

고전은 과거의 텍스트이지만 현재에도 의미 있게 읽힐 수 있는 것을 이른다. 고전이라 하면 사서삼경과 같은 경서, 사기나 한서와 같은 역사서, 노자나 장자, 한비자와 같은 제자서를 떠올린다. 이들은 중국의 고전인 동시에 동아시아의 고전으로 군림하여 수백 수천 년 동안 그 지위를 잃지 않았지만, 때로는 자신을 수양하는 바탕으로, 때로는 입신양명을 위한 과거 공부의 교재로, 때로는 동아시아를 관통하는 글쓰기의 전범으로, 시대와 사람에 따라 그 의미는 동일하지 않았다. 지금은 이들 고전이 주로 세상을 보는 눈을 밝게 하고 마음을 다스리는 방편으로서 읽히니 그 의미가 다시 달라졌다.

그러면 동아시아 공동의 고전이 아닌 우리의 고전은 어떤 것이고 그 가치는 무엇인가? 여기에 대한 답은 쉽지 않다. 중국 중심의 보편적 가치를 지향하던 전통 시대, 동아시아 공동의 고전이 아닌 조선의 고전이 따로 필요하지 않았기에 고전의 권위를 누릴 수 있었던 우리의 책은 많지 않다. 이 점에서 우리나라에서 고전은 절로 존재하였던 과거형이 아니라 새롭게 찾아 현재적 가치를 부여하면서 그 권위가 형성되는 진행형이라 하겠다.

　서울대학교 규장각한국학연구원은 법고창신의 정신으로 고전을 연구하는 기관이다. 수많은 고서 더미에서 법고창신의 정신을 살릴 수 있는 텍스트를 찾아 현재적 가치를 부여함으로써 새로운 고전을 만들어가는 일을 하여야 한다. 그간 이러한 사명을 잊은 것은 아니지만, 기초적인 연구를 우선할 수밖에 없는 현실로 인하여 우리 고전의 가치를 찾아 새롭게 읽어주는 일을 그다지 많이 하지 못하였다. 이제 이 일을 더 미룰 수 없어 규장각한국학연구원에서는 그간 한국학술사 발전에 큰 기여를 한 대우재단의 도움을 받아 '규장각 새로 읽는 우리 고전 총서'를 기획하였다. 그 핵심은 이러하다.

　현재적 의미가 있다 하더라도 고전은 여전히 과거의 글이다. 현재는 그 글이 만들어진 때와는 완전히 다른 세상이다. 더구나 대부분의 고전은 글 자체도 한문으로 되어 있다. 과거의 글을 현재에 읽힐 수 있도록 하자면 현대어로 번역하는 일은 기본이고, 더 나아가 그 글이 어떠한 의미가 있는지를 꼼꼼하고 친절하게 풀어주어야 한다. 우리 시대 지성인의 우리 고전에 대한 갈구를 이렇게 접근하고자 한다.

'규장각 새로 읽는 우리 고전 총서'는 단순한 텍스트의 번역을 넘어 깊이 있는 학술 번역으로 나아가고자 한다. 필자의 개인적 역량에다 학계의 연구 성과를 더하여, 텍스트의 번역과 동시에 해당 주제를 통관하는 하나의 학술사, 혹은 문화사를 지향할 것이다. 이를 통하여 우리의 고전이 동아시아의 고전, 혹은 세계의 고전으로 발돋움할 수 있기를 기대한다.

기획위원을 대표하여 이종묵이 쓰다.

차 례

을묘년 1795년

병진년 1796

정사년 1797

정조의 육성을 통해 듣는
1795년의 특별한 행사

　을묘년(1795)은 정조에게 여러 가지로 의미가 있는 해였다. 자신이 왕위에 오른 지 20년이 되었고, 할머니 정순왕후는 '망육(望六)'이라 부르는 51세가 되었다. 그리고 부모님인 사도세자와 혜경궁 부부는 회갑이 되었다.

　새해가 되자 정조는 왕실의 어른들께 존호를 올렸고, 사도세자의 생일날에는 왕실의 어른들과 함께 사도세자의 사당인 경모궁으로 가서 제사를 올렸다. 윤2월에는 7박 8일의 일정으로 혜경궁을 모시고 화성에 행차하여 사도세자의 묘소인 현륭원을 참배하고, 화성행궁의 봉수당에서 혜경궁의 회갑잔치를 거행하였다.

　그러나 1795년의 행사는 이것으로 끝나지 않았다. 정조는 태조의 부친인 환조가 탄생한 지 480주년(8주갑)이 되는 해를 맞아 태조 부부의 위판을 모신 영흥본궁에 환조 부부의 위판을 추가하였고, 혜경궁의 실제 생일에는 창경궁의 연희당에서 회갑잔치를 다시 한 번 열었다. 그리고 사도세자의 행적이 남아 있던 온양행궁에 이를 기념하는 영괴대비라는 비석을 세웠다.

정조는 1795년의 행사가 끝난 후에 『원행을묘정리의궤(園幸乙卯整理儀軌)』를 편찬하고, 이를 활자로 인쇄하여 널리 보급하였다. 의궤가 활자로 인쇄되어 배포된 것은 이때가 처음이었다. 정조는 1795년에 있었던 여러 행사를 당대 사람은 물론이고 후대의 사람에게도 널리 알리고 싶었다. 『원행을묘정리의궤』의 주요 내용을 간추린 이 책이 나올 수 있었던 것도 이처럼 원대한 정조의 계획이 있었기 때문이다.

『원행을묘정리의궤』의 본문에서는 정조의 화성행차에 관한 기록을 정리하였다. 그리고 부록에서는 경모궁의 제사, 영흥본궁의 추향 제사, 혜경궁 생일날의 회갑 잔치, 온양행궁에 영괴대비를 건립한 내용을 차례로 정리해 두었다. 이를 보면 1795년의 행사에서 가장 중요한 것은 화성행차이지만, 나머지 행사들도 이와 긴밀한 관련이 있음을 알 수 있다.

1795년에 있었던 다섯 가지 행사를 차례로 살펴보자.

경모궁의 제사(1월 21일)

1795년의 행사는 왕실의 어른들께 존호를 올리는 것으로 시작했다. 정조는 1월 15일에 왕대비로 있던 정순왕후에게 '수경(綏敬)'이란 존호를 올리고, 1월 17일에는 사도세자에게 '장륜융범 기명창휴(章倫隆範 基命彰休)'란 추상존호를, 혜경궁에게 '휘목(徽穆)'이란 가상존호를 올렸다. 그리고 창경궁 명정전에서 이를 축하하는 의식을 거행하였다. 정순왕후가 51세가 되고, 사도세자와 혜경궁이 회갑을 맞이하는 것을 축하하는 행사였다. 왕실 가족에게 존호를 올리는 경우 국왕에게 여덟 글자, 왕세자에게 네 글자를 올리는 것이 일반적인 관례였다. 사도세자에게 여덟 글자의 존호를 올린 것은 매우 파격적인 예우였다.

1월 21일 정조는 왕실의 어른들과 함께 경모궁을 방문하였다. 사도세자가 살아 있었다면 회갑이 되는 날이었다. 정조는 국왕이 된 직후에 창경궁 근처에 사도세자의 위판을 모신 경모궁을 건립하고, 매월 초하루에 이곳을 방문하여 참배하기를 계속하였다. 그러나 이날에는 정조혼자 방문하는 것이 아니라 정순왕후와 혜경궁, 왕비가 동행하였다. 왕실의 최고 여성들이 경모궁을 방문한 것은 이때가 처음이자 마지막이었다. 이날 정순왕후와 혜경궁, 왕비는 적의(翟衣)에 머리 장식을 하였고, 정조는 면복(冕服)을 갖추어 입었다. 국왕과 왕비가 종묘를 방문할때와 같은 차림이었다. 그리고 행차의 의장으로 정순왕후와 왕비는 주장(朱杖)을 사용하고, 혜경궁은 오장(烏杖)을 사용하였다. 왕비의 지위에 있는 정순왕후와 왕비, 세자빈인 혜경궁의 위상을 구분한 의장이었다.

행사가 시작되자 혜경궁은 경모궁 계단 위의 중앙에서, 정조와 왕비는 길의 동서로 나눠 서서 사도세자의 위판을 향해 두 번 절을 하였다. 그다음에 사도세자의 신주를 감실에서 내어와 신좌에 설치하였다. 그후에 정순왕후는 막차에서 나와 경모궁 건물 안의 중앙에 마련된 자리

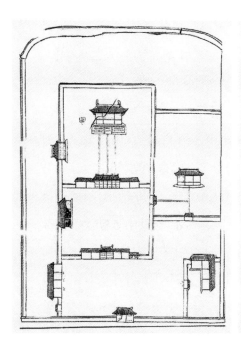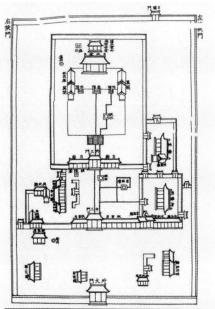

사도세자의 사당은 영조 40년(1764년)에 창경궁의 부속 정원인 함춘원 터(현재 서울대학교 의과대학
부속병원 자리)에 세워졌다. 훗날 사도세자의 아들인 정조가 이곳을 '경모궁(景慕宮)'으로 불렀고 '장헌
세자'로 추존했다. 경모궁의 1764년 그림(왼쪽, 『수은묘영건청의궤(垂恩廟營建廳儀軌)』)과 1783년 그림
(『경모궁의궤(景慕宮儀軌)』)의 차이가 눈에 띈다.

로 가서 섰다. 혜경궁과 정조, 왕비는 다시 두 번 절을 하였고, 정순왕후는 세 번 향을 올린 다음에 술잔을 올렸다. 정순왕후는 아들인 사도세자에게 절을 하지 않고 전작례(奠爵禮)만 거행하였다. 정순왕후가 술잔을 올리고 나자 혜경궁과 정조, 왕비가 다시 두 번 절을 하는 것으로 행사는 끝이 났다. 혜경궁과 왕비는 종묘를 방문하는 묘현례(廟見禮)를 거행하였다. 이날 세자빈의 지위에 있는 혜경궁이 경모궁을 방문하는 절차에 대해 많은 논란이 있었다. 모범이 될 만한 전례가 없었기 때문이다.

1795년은 2월이 윤달이었기 때문에 총 13개월이었다. 그동안 정조는 매월 초하루에 경모궁에서 거행하는 제사를 한 번도 거르지 않았다. 정조가 한 해 동안 경모궁을 방문한 날짜 수는 총 51일이었다. 정조는 부친이 살아계실 때 자식으로서 다하지 못한 정을 조금이나마 펴기 위해 이처럼 정성을 기울였다고 하였다.

화성행차(윤2월 9일~16일)

정조가 혜경궁을 모시고 화성에 행차하겠다는 구상은 1793년 초에 시작되었다. 정조는 선혜청 당상으로 있던 정민시에게 2년 후에 있을 경사를 축하하는 행사를 언급하면서 행사 비용을 미리 마련하라고 지시하고 정조는 혜경궁을 모시고 현륭원에 참배하겠다고 말하였다. 1794년 11월이 되자 장용영 제조로 있던 정민시는 행사 비용으로 10만 3천 냥을 마련하였다고 보고하였다.

1794년 연말에 화성행차를 위한 준비가 본격적으로 시작되었다. 화성행차를 주관할 임시 관청인 정리소가 장용영 조방에 설치되었고, 정리사에 소속되어 업무를 볼 정리사와 낭청들이 임명되었다. 1795년 2월에는 화성에서 거행할 행사의 예행연습이 있었다. 한강의 배다리는 2월 13일에 설치하기 시작하여 2월 24일에 완성하였고, 윤2월 4일에는 배다리를 건너는 연습을 하였다. 2월 20일에 정리소에서는 화성행궁에서의 회갑 잔치와 양로연을 연습하였다.

화성행차는 윤2월 9일부터 윤2월 16일까지 7박 8일의 일정으로 진행되었다. 원래 정조는 화성에 도착한 후 제일 먼저 현륭원을 참배하고, 화성행궁에서 혜경궁의 회갑 잔치와 양로연, 향교의 대성전 참배, 화성행궁에서 과거 시행, 서장대에서 군사 훈련, 군인들을 위로하는 순서로 행사를 진행하려 하였다. 그러나 실제로 화성에 도착하였을 때, 정조는 혜경궁이 이틀에 걸친 장거리 여행으로 피곤해 하는 것을 염려하여 현륭원을 방문하는 날짜를 하루 늦추었다.

윤2월 9일에 정조는 창덕궁을 출발하여 노량의 용양봉저정에서 점심을 먹고, 시흥행궁에 도착하여 하룻밤을 묵었다. 혜경궁이 탄 가마가 배다리의 중앙에 있는 홍살문에 이르렀을 때, 정조는 먼저 용양봉저정으로 가서 혜경궁이 머물 장소를 둘러보았고, 혜경궁에게 점심을 올릴 때 자신이 음식을 살펴본 후에 직접 올렸다. 이후 정조는 이러한 행동을 반복하였다.

윤2월 10일에 정조는 시흥행궁을 출발하여 사근평 행궁에서 점심을 먹고, 화성행궁에 도착하여 묵었다. 이날은 비가 내려 이동하는 데 어려움이 있었다. 정조는 화성의 북문인 장안문을 들어갈 때 국왕이 군문을 들어가는 의례를 거행하였다. 화성행궁에서 혜경궁의 숙소는 봉수당 뒤에 있는 장락당이었다.

윤2월 11일에 정조는 수원 향교에 가서 대성전에 참배하고, 화성행궁의 낙남헌에서 문과와 무과 시험이 진행되는 것을 참관하였다. 무과 시험은 2월 10일과 2월 15일에 1차 시험을 치렀기 때문에 이날은 2차 시험을 진행하였다. 문과 시험은 우화관에서 진행되었고, 정조가 대성전에 참배할 때 참석하였던 유생들도 정조와 함께 이동하여 문과에 응시하였다.

윤2월 12일에 정조는 혜경궁을 모시고 현륭원을 참배하였다. 1762년에 사도세자가 사망한 이후 처음으로 혜경궁은 남편의 묘소를 방문하였다. 이날 혜경궁은 남편의 무덤에 올라 통곡을 하였고, 옆에서 수행하던 정조는 매우 당황해 하였다. 정조는 현륭원에서 화성행궁으로 돌아온 후 오후에 서장대에 올라 이튿날 새벽까지 주간훈련과 야간훈련을 참관하였다.

윤2월 13일에 화성행차의 중심 행사인 회갑 잔치가 봉수당에서 거행되었다. 이날 혜경궁은 7잔의 술잔을 받았고, 정조는 잔치에 참석한 신하들에게 '취하지 않으면 돌아갈 수 없다'며 술을 권하였다. 혜경궁에게 첫 번째와 두 번째 술잔은 정조가 직접 올렸고, 나머지 다섯 잔은 혜경궁의 명령을 따라 내명부와 외명부, 영의정 홍낙성, 광은부위 김기성 등이 올렸다. 김기성은 혜경궁의 첫째 사위였다. 회갑 잔치에는 혜경궁의 친정 가족들이 많이 참석하였다.

윤2월 14일에 정조는 화성행궁의 신풍루에서 백성들에게 쌀을 나눠 주고 굶주린 백성들에게는 죽을 쑤어 제공하였다. 정조는 이에 필요한 비용을 미리 지급하면서 백성들에게 쌀을 나눠주는 것이 혜경궁의 뜻임을 알리게 하였다. 백성들에게 쌀을 나눠준 후에는 낙남헌에서 양로연이 거행되었다. 정조는 양로연에 참석한 70세 이상의 노인과 61세의 노인에게 비단을 한 단씩 하사하였고, 노란색 명주를 주어 지팡이의 끈으로 사용하게 하였다. 양로연이 끝난 후 정조는 방화수류정에 행차하였다가 득중정으로 돌아와 활쏘기를 하였다.

윤2월 15일에 정조는 화성행궁을 출발하여 사근평 행궁에서 점심을 먹고, 시흥행궁에서 묵었다. 정조는 사근평 행궁에서 광주부윤, 시흥현령, 과천현감을 불러 각 고을의 문제점과 백성들의 어려움을 물었다.

윤2월 16일에 정조는 시흥행궁을 출발하여 용양봉저정에서 점심을 먹었고, 창덕궁으로 돌아왔다. 시흥행궁을 출발할 때 정조는 시흥 백성들을 만나 요역을 줄여 주었고, 호역을 두 번 징수하는 폐단을 없애 주었다. 정조는 현륭원을 방문했다가 돌아오는 길에 미륵고개에 이르면 말에서 내려 현륭원이 있는 곳을 바라보며 쉽게 길을 떠나지 못하였다. 이날 정조는 고개 위에 있는 대의 이름을 '지지대(遲遲臺)'라고 지었다. 부친의 묘소를 방문할 때마다 길에서 머뭇거리던 자신의 모습을 형용한 이름이었다.

정조가 창덕궁으로 돌아온 후 화성행차를 마무리하는 절차로 들어 갔다. 정조는 윤2월 17일에 배다리를 해체하여 삼남 지역의 조운선이 이동할 수 있게 하였다. 한강에 설치된 배다리 때문에 한강의 물길은 한 달 가까이나 막혀 있었다. 윤2월 19일에는 화성행차를 주관한 정리소가 폐지되었다. 이후 화성행차를 수행한 군인들을 위로하는 행사가 있었고, 춘당대에서 각 군영의 군사훈련을 실시하여 성적 우수자에게 상을 주었다.

영흥본궁의 추향 제사(4월 26일)

1795년은 태조의 부친인 환조가 태어난 지 8주갑, 480주년이 되는 해였다. 정조는 자신이 태조의 마음을 가지고 부친(환조)을 사모하는 정을 표현하기 위해 함흥본궁에 관리를 파견하여 작헌례를 거행하였다. 이 제사는 바로 영흥본궁에 환조 부부의 위판을 추가하는 모시는 행사로 이어졌다.

함흥본궁은 함흥의 운전사에 위치한 건물로 환조의 묘소인 정릉이 있는 곳이었다. 조선이 건국된 후 이곳에는 태조의 4대 조부모인 목조, 익조, 도조, 환조 부부의 위판을 모셨고, 숙종 대에는 태조와 신의왕후, 신덕왕후의 위판을 추가하였다. 영흥본궁은 영흥의 순녕사에 위치한 건물로 태조가 태어난 집이었다. 이곳에는 태조와 신의왕후, 신덕왕후의 위판이 모셔져 있었다. 그리고 영흥의 준원전(濬源殿)에는 태조의 어진(御眞)이 모셔져 있었다.

2월 13일에 정조는 행판중추부사 김희(金熹)를 함흥행궁으로 파견하여 작헌례를 거행하게 하였다. 바로 이날이 환조의 8주갑 회갑 날이었

기 때문이다. 작헌례가 있던 날 정조는 정성을 다하는 마음으로 재계를
하였다. 함흥본궁의 제사가 끝난 후 함흥 유생인 김응일(金應一) 등이
'환조대왕 부부를 영흥본궁에 추향하자'고 요청하는 상소를 올렸다. 정
조는 태조가 태어난 옛 저택에서 환조의 제사를 지내는 것은 당연한 일
이라고 화답하였다.

환조를 영흥본궁에 모시는 논의가 본격화되자, 정조는 선왕 대의 사
례를 활용하였다. 1695년(숙종 21)에 숙종은 민진후의 건의를 채택하여
태조의 계비인 신덕왕후의 위판을 함흥본궁과 영흥본궁에 추가로 모
신 적이 있었다. 이해는 태조(1335~1408)가 탄생한 지 6주갑, 360주년
이 되는 해였다. 정조는 영조 대에 전주이씨의 시조인 이한(李翰) 부부
의 위판을 모신 조경묘(肇慶廟)를 건설할 때의 사례도 참고하였다. 조경
묘는 태조의 어진을 모신 전주의 경기전(慶基殿) 가까이에 건설되었다.

4월 21일에 함흥본궁과 영흥본궁에서 환조 부부의 위판을 추가함을
알리는 고유제가 있었다. 그리고 4월 26일에는 영흥본궁에 환조 부부
의 위판을 모시는 제향대제(躋享大祭)가 거행되었다. 새 위판의 글씨를
쓴 사람은 예조판서 민종현이었다. 민종현은 숙종 대에 신덕왕후의 위
판을 추가로 모시자고 건의한 민진후의 증손이었다. 그리고 제향대제
의 초헌관은 판중추부사 이병모, 아헌관은 예조판서 민종현, 종헌관은
함경관찰사 조종현이었다.

영흥본궁의 추향 제사가 있던 날 정조는 경모궁에 가서 재계하였다.
이날 정조는 매우 의미심장한 발언을 하였다. 영흥본궁의 추향 제사가
사도세자의 복권과 밀접한 관련이 있음을 보여주는 발언이었다. 정조

는 자신이 태조의 마음을 가지고 태조의 부친인 환조를 영흥본궁에 모시고 제사를 지내듯이, 자신은 부친인 사도세자를 종묘에서 모시고 제사를 지내기를 희망하고 있었다.

영흥본궁에 추향 제사를 지내던 날 영흥의 노인들은 제사에 참석하였고, 영흥의 주민들은 풍패루(豊沛樓) 아래에서 이 모습을 관람하였다. 이날 함흥과 영흥의 유생들은 정조가 출제한 문제로 과거를 보았고, 무사들은 유엽전(柳葉箭)과 육량전(六兩箭)으로 무예 시험을 보았다. 이날 유생으로 합격한 사람은 80인, 무사로 합격한 사람은 201인이었다. 함흥과 영흥의 노인들을 대상으로 하는 양로연도 개최되었다. 윤2월에 화성에서 있었던 양로연과 똑같은 방식이었다.

혜경궁 탄신의 축하(6월 18일)

혜경궁 홍씨의 진짜 회갑일은 6월 18일이었다. 정조는 이날을 기념하기 위해 몇 가지 행사를 거행하였다. 가장 중요한 행사는 창경궁 연희당에서 열린 혜경궁의 회갑잔치였다. 잔치하는 장소를 내편전인 연희당으로 한 것은 행사를 간소하게 치르라는 혜경궁의 명령을 따랐기 때문이다. 이날 혜경궁은 연희당 중앙에서 남쪽을 향해 앉았고, 정조는 그 동쪽에서 서쪽을 향해, 왕비는 그 서쪽에서 동쪽을 향해 앉았다. 혜경궁의 맞은편에는 내명부와 외명부가 앉았고, 주렴을 드리운 바깥의 보계에는 왕실의 사위와 인척들이 동쪽과 서쪽에서 마주보고 앉았다.

이날 혜경궁과 왕비는 적의에 머리 장식을 하였고, 정조는 익선관에 곤룡포를 입고 혜경궁에게 치사(致詞)와 전문(箋文), 표리(表裏)를 직접 올렸다. 잔치에서 불려진 「노래의」와 「만년」 악장은 모두 정조가 지었다. 혜경궁께서 장수를 누리고, 국가가 평안하며, 왕실 후손들이 번성하기를 기원하는 내용이었다. 이날 정조는 회갑을 축하하는 시를 지었다.

회갑잔치가 끝난 후 정조는 창경궁의 정문인 홍화문으로 가서 굶주린 백성들에게 쌀을 나눠주었다. 화성에서 백성들에게 쌀을 나눠준 것과 동일한 방식이었다. 정조는 서울의 5부에서 굶주린 백성들을 선발하여 부별로 나눠주게 하였고, 자신은 홍화문에서 가장 가난하고 의탁할 곳이 없는 512호에게 쌀을 나눠주었다.

다음으로 회갑잔치에서 축하하는 전문을 올린 성균관 유생을 대상으로 하는 과거 시험이 거행되었다. 시험 제목은 잔치에서 부른 악장의 첫 구절 "내가 노래자의 색동옷을 입으니"였고 400여 장의 시권이 접수되었다. 이날 수석을 차지한 진사 심후진(沈厚鎭) 등 5인이 선발되어 상을 받았다.

다음으로 백성들의 세금을 탕감하는 조치를 하였다. 이날 정조는 서울의 공인(貢人)들이 부담하는 곡식과 시민(市民)들이 부담하는 요역, 성균관이 있는 마을의 주민들이 부담하는 속전을 탕감해 주었다. 그리고 지방에서는 화성, 경기도, 삼남(충청, 전라, 경상)의 백성들에게 지난해에 연기시켜 준 신공(身貢)을 모두 탕감하고, 강화도, 개성, 북방 4도 지방에는 환곡을 탕감해 주었다. 정조는 이런 조치들이 모두 혜경궁의 은혜를 널리 퍼뜨리기 위해서라고 하였다.

영괴대비의 건립(10월 24일)

1795년 4월 18일에 정조는 온양에 있는 온천행궁의 축대가 완성되었다는 소식을 들었다. 온천행궁의 서쪽 담장 안에는 세 그루의 홰나무(느티나무)가 자라고 있었다. 1760년(영조 36) 7월에 사도세자가 다리의 종기를 치료하기 위해 이곳에 왔을 때 활쏘기를 하고 나서 품(品)자 모양으로 심어놓은 나무였다. 35년이 지나는 동안 홰나무는 무성하게 자라 짙은 그늘을 드리웠고, 온양군수가 홰나무 둘레에 축대를 쌓아 나무를 보호하게 하였다는 소식이었다. 축대 공사는 3월 22일에 시작하여 4월 13일에 완료되었다. 정조가 온양에 행차한 사도세자가 세 그루의 홰나무를 심었다는 소식을 들은 것은 윤2월에 화성에 행차하였을 때였다.

정조는 온양행궁의 축대가 완성되었다는 소식을 경모궁에서 들었다. 그때 함흥본궁의 고유제와 영흥본궁의 환안제를 진행하고 있었고, 정조는 경모궁에서 재계하고 있었다. 사도세자의 사당인 경모궁과 사도세자의 과거 행적이 묘하게 겹쳐지는 순간이었다. 이날 정조는 사도세자가 온양에 행차하였을 때의 행적을 기록한 비석을 축대 옆에 세우라고 명령하였다. 정조는 자신의 어필로 비석의 앞면에 새길 '영괴대(靈槐臺)' 세 글자를 쓰고, 비석의 뒷면에 새길 글까지 지어주었다.

4월 18일에 정조는 충청관찰사에게 사도세자가 온양행궁에 갔을 때의 관찰사, 온양군수, 사도세자의 명령을 받고 나무를 심은 사람의 이름을 조사하고, 사도세자의 행적에 관한 기록이 남아 있는지 알아보라고 하였다. 얼마 후 충청관찰사 이형원은 당시 관찰사는 구윤명, 온양군수는 윤염이고, 홰나무를 심은 사람은 탕직(湯直)으로 근무하던 이한문이지만 이미 사망하였다고 보고하였다.

온양행궁에 정조의 어필을 새긴 영괴대비가 세워진 것은 10월 24일이었다. 비석은 남포에서 생산되는 오석(烏石)을 사용하였다. 정조는 영괴대비를 세우면서 사도세자의 행적과 관련이 있는 인물들을 조사하여 표창하였다. 정조는 사도세자가 방문하였을 때 충청관찰사였던 구윤명을 예조판서로 임명하고, 온양군수였던 윤염의 아들인 각신 윤행임에게 영괴대비의 뒷면 글씨를 쓰게 하였다. 정조는 영괴대비의 탁본을 30건 만들어 규장각을 비롯하여 여러 기관에 배포하여 보관하게 하였다. 탁본의 배포처 중에서 화성행궁, 현륭원, 경모궁은 사도세자와 밀접한 관련이 있는 장소였다.

해가 바뀌어 1796년이 되었고, 정조는 사도세자의 행차를 수행한 사람을 계속 조사하게 하였다. 정조는 이조와 병조에서 사도세자를 수행한 사람으로 70세가 넘은 사람을 조사하라고 하였고, 얼마 후에는 70세를 넘지 않아도 모두 조사하여 보고하라고 하였다. 정조는 이들의 명단이 올라올 때마다 현직 관리에게는 한 자급을 올려주고, 벼슬을 하지 못했으면 하급 관리로 등용하였으며, 일반 백성에게는 상으로 쌀, 돈, 옷감, 어물을 하사했다. 정조가 상을 준 사람은 사도세자의 행차를 수행한 사람, 당시 관찰사, 수령, 교리로 근무하였거나 선창을 만든 사람, 사도세자를 가르쳤던 세자시강원이나 세자익위사에서 근무한 사람, 사도세자가 행차할 때 경기도와 충청도에서 동원되었던 사람들이었다. 이제 사도세자의 행적과 조금이라도 관련이 있는 사람은 국가로부터 상을 받았고, 사도세자를 그리워하는 분위기는 점점 강해지고 있었다.

정조는 1795년의 여러 행사를 통해 사도세자에 대한 좋은 기억을 떠올리게 하였고, 이는 장차 사도세자를 복권시켜 국왕으로 추숭할 수 있는 기반이 되었다.

『원행을묘정리의궤』의 간행과 내용

1795년의 행사들은 관련 기록을 정리한 『원행을묘정리의궤』를 편찬하는 것으로 마무리되었다. 정조는 화성행차가 끝난 윤2월 28일에 의궤의 편찬을 주관하게 될 의궤청을 주자소에 설치하였다. 그리고 의궤청에 소속되어 근무할 당상과 낭청을 임명하였다. 화성행차를 정리한 의궤는 5월 1일에는 '정리통고(整理通考)'라는 이름으로 편찬이 일단락되고, 8월 15일에는 책의 교정이 완료되었다. 이때 윤행임은 의궤를 편찬할 때 참여하였고, 의궤의 인쇄 작업도 감독하였다. 의궤를 인쇄할 때 사용한 활자는 목활자인 생생자(生生字)를 자본으로 하여 주조한 정리자(整理字)였다. '정리자'란 이름은 화성행차를 주관한 정리소와 『원행을묘정리의궤』라는 책의 이름에서 나왔다. 『원행을묘정리의궤』는 1797년 3월에 간행되어 혜경궁과 정조에게 1건씩 배포한 것을 비롯하여 총 101건의 의궤가 배포되었다. 『원행을묘정리의궤』는 총 10권 8책이며, 책의 크기는 33.8×21.8cm이다.

『원행을묘정리의궤』는 권수(卷首) 1권, 본문 5권, 부편(附編) 4권으로

『원행을묘정리의궤』, 규장각한국학연구원 소장

구성되었다. 권수 1권에는 택일(擇日), 좌목(座目), 도식(圖式)이 있다. 도식은 이 책의 백미에 해당하는 부분으로, 화성행궁의 전도, 화성에서 거행된 행사도와 함께 채화(綵花), 기용(器用), 복식(服飾), 가교(駕轎), 주교(舟橋) 그림이 포함되어 있다.

본문 5권은 권1에 전교(傳教), 연설(筵說), 악장(樂章), 치사(致詞), 어제(御製), 전령(傳令), 군령(軍令) 부록 시각조령(時刻操令), 권2에 의주(儀註) 부록 조식(操式), 절목(節目), 계사(啓辭), 권3에 계목(啓目), 장계(狀啓), 이문(移文), 내관(來關), 수본(手本), 감결(甘結), 권4에 찬품(饌品) 부록 채화(綵花), 기용(器用), 배설(排設), 의장(儀仗), 반전(盤纏), 장표(掌標), 가교(駕轎), 주교(舟橋), 사복정례(司僕定例), 권5에 내외빈(內外賓), 참연노인(參宴老人), 배종(陪從), 유도(留都) 부록 수궁(守宮) · 유진(留陣) · 유영(留營) · 유주(留駐), 공령(工伶), 당마(塘馬) 부록 척후복병(斥候伏兵), 방목(榜目), 상전(賞典), 재용(財用)이 수록되어 있다. 본문에서는 7박 8일에 이르는 정조의 화성행차에 관한 기록을 자료의 성격에 따라 분류하여 정리하였다.

부편 4권은 부록에 해당하는 부분이다. 부편의 권1은 '탄신경하(誕辰慶賀)'로 혜경궁의 실제 생일인 1795년 6월 18일에 창경궁 연희당에서 열린 회갑잔치 행사를 정리한 것이다. 구체적인 내용은 전교(傳教), 연설(筵說), 악장(樂章) 부록 시(詩), 치사(致詞), 전문(箋文), 의주(儀註), 절목(節目), 계사(啓辭) 부록 계목(啓目), 찬품(饌品) 부록 채화(綵花), 기용(器用), 배설(排設), 내외빈(內外賓), 진찬시당랑원역(進饌時堂郎員役), 상전(賞典)으로 구성되어 있다.

부편의 권2는 '경모궁전배(景慕宮展拜)'로 사도세자의 실제 생일인 1795년 1월 21일에 정조가 정순왕후, 혜경궁, 왕비와 함께 경모궁을 방문한 기록이다. 구체적인 내용은 전교(傳敎), 연설(筵說), 의주(儀註), 절목(節目), 계사(啓辭), 상전(賞典)으로 구성되어 있다.

부편의 권3은 '영흥본궁제향(永興本宮躋享)'으로 환조의 8주갑(480년) 생일인 1795년 윤2월 13일에 영중추부사 김희(金熹)를 함흥본궁으로 파견하여 작헌례를 거행하고, 환조와 의혜왕후의 위판을 영흥본궁에서 추가로 모신 기록이다. 구체적인 내용은 전교(傳敎), 연설(筵說), 어제(御製), 반교문(頒敎文), 의주(儀註), 계사(啓辭) 부록 상소(上疏), 장계(狀啓)로 구성되어 있다.

부편의 권4는 '온궁기적(溫宮紀蹟)'으로 1760년(영조 20)에 사도세자가 온양 행궁에 행차하여 활을 쏘고 홰나무를 심은 곳에 축대를 만들고 사도세자의 공적을 기록한 영괴대비를 세운 기록이다. 구체적인 내용은 전교(傳敎), 연설(筵說), 어제(御製), 계사(啓辭), 장계(狀啓), 상전(賞典)으로 구성되어 있다. 부편에서는 1795년에 있었던 네 가지 행사를 네 권으로 구분하고, 각각을 자료의 성격에 따라 분류하여 정리하였다.

화성행차에 관한 기록

정조의 화성행차에 대해서는 『원행을묘정리의궤』 이외에도 다양한 기록이 남아 있다.

정조가 화성에 행차할 때 행렬의 배치 상황을 알려주는 2종의 반차도가 필사본 채색화로 남아 있다. 규장각한국학연구원에 소장되어 있는 「수원행행반차도(水原行幸班次圖)」는 폭 36.6cm에 길이는 1,536cm인 두루마리 그림이다. 『원행을묘정리의궤』에 수록된 반차도가 행렬을 측면에서 보고 그린 그림이라면, 이 반차도는 행렬을 뒤에서 보고 그린 그림이다.

국립중앙박물관에 소장되어 있는 「화성원행의궤도(華城園幸儀軌圖)」 1책은 책의 크기가 62.2×47.3cm이다. 이 책에 수록된 그림은 『원행을묘정리의궤』의 「도식」에 있는 행사도 및 반차도와 내용이 동일하며, 채색에는 천연 물감과 함께 금가루를 사용하기도 하였다.

정조가 화성에서 거행한 주요 행사를 채색화로 그린 「진찬도병(進饌圖屛)」이란 병풍도 제작되었다. 이 병풍은 대형 사이즈인 대병이 16좌(座), 중간 사이즈인 중병이 5좌가 제작되었고, 정리소에 소속된 당상과 낭청들도 계병(楔屛)을 제작하여 나눠 가졌다. 「진찬도병」의 그림을 그린 화원은 최득현, 김득신, 이명규, 장한종, 윤석근, 허식, 이인문 등 7인이었고, 병풍을 제작한 장인은 임우춘이었다. 「진찬도병」에는 8종의 행사가 그려져 있다. 제일 오른쪽부터 봉수당의 진찬 장면을 그린 「봉수당진찬도(奉壽堂進饌圖)」, 낙남헌의 양로연 장면을 그린 「낙남헌양로연도(洛南軒養老宴圖)」, 화성의 성묘(대성전)를 참배하는 장면을 그린 「화성성묘전배도(華城聖廟展拜圖)」, 문과와 무과 합격자를 발표하는 장면을 그린 「낙남헌방방도(洛南軒放榜圖)」, 서장대의 야간훈련 장면을 그린 「서장대야조도(西將臺夜操圖)」, 득중정에서 활 쏘는 장면을 그린 「득중정어사도

(得中亭御射圖)」, 행차가 시흥행궁으로 돌아오는 장면을 그린 「환어행렬도(還御行列圖)」, 한강의 배다리를 건너 궁으로 돌아오는 장면을 그린 「한강주교환어도(漢江舟橋還御圖)」가 그것이다. 「진찬도병」의 8폭 그림은 『원행정리의궤』의 「도식」에 수록된 행사도와 같은 내용이다.

프랑스에는 한글본 『뎡니위궤』가 있다. 『원행을묘정리의궤』와 『화성성역의궤(華城城役儀軌)』의 내용을 간추린 것이다. 총 48책 가운데 현재 13책(권29~36, 39~40, 46~48)이 남아 있으며, 1책(권3)은 프랑스 국립도서관이 소장하고, 나머지 12책은 프랑스 대학언어문명도서관(BULAC)이 소장하고 있다. 현재 남아 있는 13책의 내용을 보면, 권29~32에는 병진년(1796)에 있었던 정조의 화성행차, 권33에는 병진년(1796)과 정사년(1797)에 혜경궁의 탄신을 축하하는 잔치, 권34~36에는 정사년(1797)에 있었던 정조의 화성행차, 권39~48에는 화성 축성을 다룬 화성성역(華城城役)이 수록되어 있다. 본문은 모두 한글로 궁서체로 필사하였으며, 권39의 화성성역 도본(圖本)에는 화성전도(華城全圖)에서부터 낙성연도(落成宴圖)에 이르기까지 총 82건의 채색화가 수록되어 있다. 『뎡니위궤』 권39의 그림은 『화성성역의궤』에 수록된 그림과 대부분 일치하는 내용이지만, 채색화로 자세하게 그려진 것이 특징이다. 이 책은 1901년에 나온 모리스 꾸랑(Maurice Courant)의 『한국서지(韓國書誌)』 보유판에서 처음으로 소개되었고, 2019년에는 수원화성박물관에서 원본의 영인본과 한글 정서본, 역주본을 함께 간행하였다.

이 책의 편집 방식

『원행을묘정리의궤』는 1795년에 있었던 다섯 가지 행사를 구분하고, 각 행사에 관한 기록을 자료의 성격에 따라 분류하여 정리하였다. 이에 따라 하루에 있었던 일을 전체적으로 살펴보기 위해서는 여러 기록을 동시에 보아야 한다. 가령 윤2월 13일에 있었던 화성행궁 봉수당의 회갑잔치를 보면, 이날 정조와 신하들이 나누었던 대화는 '전교'와 '연설'에 나타나고, 행사에 사용된 노래가사는 '악장', 잔치를 축하하기 위해 올린 글은 '치사', 정조가 지은 시는 '어제', 잔치에 거행된 의례는 '의주', 잔치 음식은 '찬품', 잔치에 사용된 그릇은 '기용', 잔치에 참석한 손님은 '내외빈'에 나타난다. 결국 이날의 행사 장면을 온전히 그려내려면 여러 곳에 분산되어 있는 기록들을 합하여 보아야 한다.

또한 정조는 1795년의 여러 행사를 한꺼번에 기획하여 순차적으로 진행한 것으로 보인다. 행사들을 거행하기 위한 비용을 마련하는 것은 1793년 1월부터 시작되었고, 화성행차를 시작하기 전에 왕실의 어른들께 존호를 올리고, 경모궁을 찾았으며, 함흥본궁에서의 제사를 거행하였다. 함흥본궁의 제사를 지낸 직후에 영흥본궁에 환조 부부의 위판을 모시자는 유생의 상소가 올라왔고, 정조는 화성행차를 마친 후에 영흥본궁의 추향을 결정하였다. 또한 정조가 화성에 행차하였을 때 사도세자가 온양행궁에 심은 홰나무가 있다는 소식을 듣고 축대를 쌓으라고 명령하였고, 영흥본궁에 추향 제사를 지내기 전에 축대가 완성되었다는 소식을 듣고 사도세자가 온양에 행차할 때 수행한 관리와 사도세자

「화성원행의궤도(華城園幸儀軌圖)」, 국립중앙박물관 소장

의 행적을 조사하라고 명령하였다. 영흥본궁의 추향 제사가 끝나자, 정조는 영괴대비의 비문을 지어주며 비석을 세우라고 하였고, 사도세자의 온양행차에 참여한 사람들을 조사하여 상을 주는 일은 다음 해까지 계속되었다. 그리고 이런 행사들을 결정하거나 거행할 때에는 정조가 머물고 있는 경모궁이란 장소가 부각되었다. 이를 보면 1795년의 행사들은 『원행을묘정리의궤』의 편집 방식처럼 다섯 가지로 분리된 별개의 행사가 아니라 사도세자의 복권을 목표로 하는 정조의 일관되고 치밀한 기획에 따라 진행되었다.

필자가 역해한 이 책은 하루에 일어난 일을 한꺼번에 보여주기 위해 여러 곳에 분산된 기록들을 합하여 날짜를 구분하고, 동일한 날짜에서는 시간 순으로 정리하는 방식을 택하였다. 이렇게 함으로써 특정한 날에 일어난 일을 가장 생생하게 보여줄 수 있다고 판단하였기 때문이다. 또한 이 책에서는 정조의 개인 발언이나 정조와 신하들의 대화를 집중적으로 골라 그 원문과 번역문을 실었다. 1795년의 특별한 행사를 기획한 정조의 의도는 주로 그의 육성을 통해 살펴볼 수 있다고 생각했기 때문이다. 그리고 『원행을묘정리의궤』에는 행사의 진행 과정을 상세하게 보여주는 의주가 수록되어 있다. 그러나 의주의 원문은 참석자의 동작을 일일이 기록하기 때문에 매우 복잡하게 나타난다. 이 책에서는 독자들의 이해를 돕기 위해 의주의 원문을 그대로 번역하지는 않고 행사가 진행되는 순서를 설명하는 방식을 사용하였다.

이 책은 『원행을묘정리의궤』에서 중요한 의미가 있다고 판단되는 기록을 선별하여 그 원문과 번역문을 수록하였다. 기록을 선별하는 것은 전적으로 필자가 판단하였으며, 번역문 사이사이에 해당 기록이 의미하는 바를 해설한 것은 필자의 해석이 그렇다는 것이다. 필자는 정조가 1795년의 다섯 가지 행사를 기획하여 거행하고, 이를 정리한『원행을묘정리의궤』를 활자로 인쇄하여 보급한 목적은 사도세자를 복권시킬 수 있는 분위기를 조성하는 데 있었다고 생각한다. 이와 함께 자신이 그동안 이룩한 업적을 과시하고, 백성들에게 다양한 혜택을 제공함으로써, 자신의 친위 세력과 백성들의 충성심을 결집시키려는 의도도 있었을 것이다.

1795년에 정조가 거행한 행사는 무엇이고 어떤 방식으로 거행하였는지, 그런 행사를 기획한 정조의 의도는 어디에 있었는지 독자 여러분께서 직접 경험해 보기 바란다.

계축년 1793

화성행차를 준비하다

●

1월 19일

정조의 화성행차는 준비는 2년 전부터 시작되었다. 이날 정조가 창경궁 영춘헌(迎春軒)에 나가자 현임 대신과 전임 대신들이 입시하였다. 정조는 이곳에서 선혜청 당상인 정민시(鄭民始)에게 지시하였다. 정민시는 정조가 국왕으로 즉위하는 데 결정적으로 기여하였던 동덕회(同德會)의 회원이었다. 정조는 2년 후에 혜경궁께서 회갑을 맞이하시므로 성대한 행사를 개최하기 위한 비용을 미리 마련해 두라고 지시하였다.

이 무렵 정조는 1794년에 혜경궁의 육순을 축하하는 의례, 1795년에 정순왕후와 사도세자에게 존호를 올리는 의례, 혜경궁을 모시고 화성에 행차하여 현륭원을 참배한 후 회갑 잔치를 거행하는 것 등 세 가지 행사를 기획하고 있었다. 정조는 혜경궁께서 회갑 잔치를 계속 사양하기 때문에, 화성의 현륭원을 참배하는 것을 목적으로 하는 행차를 하였다가 돌아오는 길에 화성행궁에서 간략한 잔치를 하는 방식을 구상하고 있었다. 처음 정조가 화성행차를 기획할 때에는 현륭원 참배를 가장 중요한 행사로 꼽고 있었다.

내후년은 우리나라에 처음으로 있는 큰 경사이고, 나 소자(小子, 정조)가 천년에 한 번 만나는 기회이다. 축하하고, 존호를 올리고, 잔치를 하는 세 가지 의례는 국가에서 마땅히 거행해야 하는 전례이다. 축하 의례는 명년인 갑인년(1794)에 보령이 육순이 될 때 먼저 거행해야 한다. 축하하는 존호를 올리는 것은 자전(慈殿, 정순왕후)과 비궁(閟宮, 사도세자)에게 삼가 그 공적을 드러내는 현책(顯冊)을 나란히 드리는 것이 될 것이다. 잔치에 있어서는 자궁(慈宮, 혜경궁)의 겸손을 지키려는 덕과 옛일을 슬퍼하는 마음 때문에 매우 성대하고 화락한 행사를 요청하기가 쉽지 않다. 나는 이 때문에 마음속에 생각해 둔 것이 있다.

대개 이해가 거듭 돌아오니 소자에게 있어서는 살아 계실 때 효도를 다하지 못한 유감만 있는 것이 아니다. 그러므로 우리 자궁을 모시고 현륭원을 참배하여 한편으로는 자궁의 마음을 위로하고, 한편으로는 나의 정성을 조금이나마 펴려는 것이니, 바로 천리와 인정으로 그만둘 수 없는 것이다. 국왕의 난여(鑾輿)가 돌아오는 길에 화성행궁에 모시고 가서 간략하게 진찬(進饌)의 예를 마련하여 장수를 기원하는 정성을 조금이나마 펼칠 것이다. 예(禮)는 의(義)로 일으키고, 정(情)은 예로 인하여 펼쳐진다. 이 해의 이런 경사를 이곳에서 이런 의례로 거행하면 자궁의 마음을 감동시켜 돌릴 수 있을 것이니 어찌 일거양득의 마땅함을 얻은 것이 아니겠는가?

다만 자궁이 현륭원을 참배하는 것은 매년마다 있는 원행에 비할 바가 아니므로 반드시 관청은 번다한 비용이 없어야 하고 사람들은 사역을 모르게 해야 하며, 하급 병사나 가마꾼까지도 모두 흔쾌하게 참여한 후에야 자궁의 덕을 본받고 나의 마음을 편안하게 할 수 있을 것이다. 호조에서 사용하는 비용은 논할 것도 없지만 혹시 한 가지 일이나 물건이라도 경기도의 감영이나 읍에서 마련한다면 생략하고 절약하려는 본뜻에 크게 어긋난다. 도감을 설치하는 폐단과 같은 것은 내가 익히 아는 것이지만, 따로 한 직책을 두어 그 일을 전담시켜 효과적으로 처리하여 일을 크게 벌리는 폐단을 없애는 것이 어떠하겠는가? 모든 일은 미리 대비해야 되는 것이니 경들은 나의 뜻을 알아서 검토하고 관리하면서 이해를 기다려 거행하라. (권1 연설)

정조는 2년 후에 있을 행사를 준비하면서, 호조에서 사용하는 비용은 물론이고, 경기감영이나 행차가 지나가는 읍에서 어떤 비용도 사용하지 않도록 철저히 준비하라고 명령하였다. 큰 행사를 거행하려면 무엇보다도 재정적인 뒷받침이 중요하였다.

갑인년 1794

화성행차의 비용을 마련하다

•

7월 20일

정조가 정민시에게 화성행차에서 사용할 비용을 마련하라고 지시를
내린 지 1년 6개월이 지났다. 선혜청 당상으로 있었던 정민시가 이때
장용영 제조로 근무하고 있었다. 다음은 정조와 정민시의 대화이다.

국왕께서 장용영 제조 정민시에게 말씀하셨다. "명년의 원행에 필요한 비
용에 대해 일찍이 경과 의논하였다. 그런데 제공하는 찬품 이외에 따라가는
관리나 병사들의 노자에 쓰이는 자금도 호조를 번거롭게 하지 않아야 할 것
이니, 비록 충분히 절약한다고 해도 그 숫자가 너무 많을까 걱정이다. 재력
이 얼마나 되어야 비용을 충당할 수 있겠는가?"

정민시가 말하였다. "명년은 바로 천년에 한 번 있는 경사이니, 우리 전
하께서 즐겁게 아랫사람을 살피시는 효성으로 부모를 봉양하심에 극진하지

않은 것이 없습니다. 그런데 앞뒤로 경연에서 하교하신 것은 참으로 자궁(慈宮, 혜경궁)의 마음을 본받으려는 성덕(聖德)에서 나와, 경비로 관리들을 괴롭히지 않고 은혜로운 생각이 하급 군사에게까지 미치니 신들은 경모하는 마음을 이기지 못하겠습니다. 들어갈 재력이 정확하게 얼마나 될지는 모르지만 십만 냥은 넘을 것 같기에 대략 관리하여 조치한 것이 있습니다."

국왕께서 말씀하셨다. "반드시 백성들을 수고롭지 않게 하고, 감영이나 읍에 관계됨이 없으며, 명분이 타당하고 쓰는 것이 간편해야만 절약하고 생략하려는 본래의 뜻에 부응할 수 있다."

정민시가 말하였다. "작년에 호남 지역의 농사가 크게 풍년이어서 쌀값이 매우 낮았습니다. 호남감영에서 운영한 환곡과 세곡의 이식 14,800섬과 영저리(營邸吏)에게 주는 보수 1만 섬은 매년 의례히 돈으로 받는 것으로 국가에서 정한 상정가로 계산하여 받습니다. 신은 이미 호남에서 납부해야 하는 선무전, 어세전, 결전을 나눠주어 호남감영에서 운영한 이식과 영저리의 보수에 해당하는 곡식을 사들여 이 곡식을 사방에 나눠주고 가을에 원곡과 이식을 돈으로 받았습니다. 여기서 곡식을 사기 위해 사용하였던 상정원가를 제외하고 나머지가 대략 3만 수천 냥이 됩니다. 관서의 철산 등 세 고을의 환곡 부족분 1만여 섬을 돈으로 거둬들인 것과 덕천의 환곡 5천 섬을 백성들이 바라는 대로 돈으로 바꾼 것은 달리 귀속되는 곳이 없어 사용해도 괜찮은 것으로 4만 5천여 냥을 밑돌지 않았습니다. 화성 시민에게 빌려준 진청전(賑廳錢, 진휼청의 돈) 6만 5천 냥에서 기한을 4년 연장한 것의 이자를 받아 남은 것도 2만 6천 냥이 됩니다. 이를 합하여 계산하면 10만 3천여 냥 이상이 될 것입니다. 이는 모두 경비 이외의 것이라 백성이나 읍과는 무관하며 이것을 사용하면 실제로 편리하고 마땅합니다."

　국왕께서 말씀하셨다. "경이 아뢴 것은 과연 짐작한 것이 있을 것이나 더욱 확실하게 정해야 타당할 것이다."(권1, 연설)

　정민시의 보고를 보면, 그는 화성행차에 필요한 비용은 10만 냥을 넘을 것이라 예상하고, 자신이 그동안 다양한 방법을 동원하여 10만 3천 냥 정도의 비용을 마련하였다고 하였다. 정조는 자신의 행차 때문에 국가 재정을 담당하는 호조나 경기감영, 지방 관아에 부담을 주어서는 안 된다는 입장이었다. 이런 국왕의 뜻을 정확하게 알고 있던 정민시는 백성이나 지방 관아에 전혀 부담을 주지 않으면서 필요한 비용을 마련하였다고 보고하였고, 이 말은 들은 정조는 크게 안심할 수 있었다. 이때는 1795년 새해를 5개월 정도 앞둔 시점이었다.

혜경궁의 가마를 만들다

●

11월 20일

이날 정조는 사복시(司僕寺)에서 제작하고 있던 혜경궁의 가마를 영춘헌 뜰로 가지고 오게 하여 직접 살펴보았다. 이때 사복시의 책임자는 서유방(徐有防)이었다. 서유방은 얼마 후 정조가 화성행차를 주관하는 정리소(整理所)를 만들었을 때 정리소의 당상관으로 임명되었다. 정조는 자신이 가마를 만드는 데 정성을 다하는 것은 모친에 대한 정을 펴기 위해서이며, 혜경궁으로서는 처음으로 100리 길을 여행하는 것이라 편안한 가마로 모시고 싶다고 말했다.

서유방은 그 자리에서 다음 해 사도세자의 생일에 경모궁을 참배할 때 사용할 가마도 새로 만들어야 한다고 건의하였다. 이때의 가마는 국왕과 왕비, 정순왕후가 경모궁으로 이동할 때 탈 가마였다. 그러나 정조는 비용도 아껴야 하고 당일에 마치는 행사에 불과하기 때문에 예전에 쓰던 가마를 그대로 이용하자고 하였다. 다만 화성에 행차할 때 두 여동생이 탈 가마는 전주 감영에서 만들고, 국왕이 탈 육인교(六人轎)는 태복시(太僕寺)에서 제작하라고 명령하였다. 혜경궁의 가마는 사복시, 정조의 가마는 태복시에서 분담하여 제작하였다.

　국왕께서 영춘헌에 나아가 사복시의 당상과 낭청에게 새로 만든 가마를 뜰로 가져오라고 명하시고, 직접 가마의 안팎을 살폈다. 국왕께서 말씀하셨다. "내년에 자궁의 가마가 현륭원에 가니 비록 의장(儀章)이나 품식(品式)의 사소한 것이라도 반드시 정성을 들여 준비하려고 하는 것은 나 소자가 조금이나마 정성을 펴는 것이 오직 여기에 있기 때문이다. 게다가 100리 가까이 행차하는 것은 처음으로 있는 일이며, 가마를 새로 만드는 것은 오직 편안하게 받들어 모시려는 것이지 그저 새로 꾸며서 사람들에게 보여주려는 것이 아니다. 지금 이 가마를 보니 안은 넓고 밖은 가벼우며, 크고 작음이 법도에 맞아 주렴과 휘장, 덮개가 정밀하지 않은 것이 없으니 경들이 공사를 감독한 수고로움이 가상하다."

　사복시 제조 서유방(徐有防)이 말하였다. "내년 정월 21일에 삼전(三殿, 정조, 왕비, 정순왕후)께서 경모궁에 가실 때 타고 갈 큰 가마와 작은 가마는 지금 새로 만들어야 합니다."

　국왕께서 말씀하셨다. "전후로 자궁(혜경궁)께서 하교하신 것이 매번 크게 벌리는 것을 경계하셨고, 가마를 만드는 데 들어간 비용이 이미 적지 않았다. 정월에 행차하는 것은 당일에 돌아오는 것에 불과하니 어찌 군이 새로 만들겠는가? 이것은 예전의 것을 그대로 사용하여 자궁의 마음을 본받

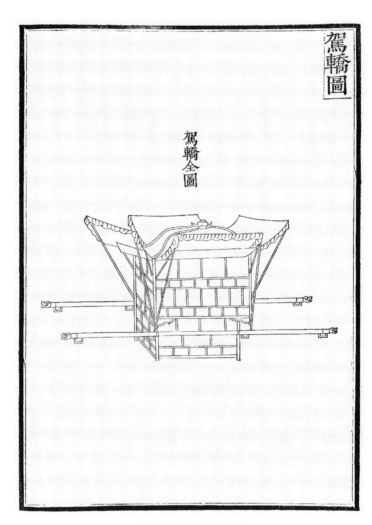

사복시에서 제작한 혜경궁의 가마

도록 하라."

　　이어서 두 군주(郡主)의 쌍교(雙轎)는 전주 감영에서 만들어 보내고, 육인교
(六人轎)는 태복시에서 만들라고 명령하셨다.(권1, 연설)

경모궁 참배의 의례를 만들다

•

12월 9일

    정조는 예조판서 민종현(閔鍾顯)에게 내년 1월 21일에 경모궁에 참배할 때 정순왕후와 혜경궁이 거행할 의례를 정하라고 명령하였다. 정조는 사도세자의 회갑이 되는 날에 사도세자의 모친에 해당하는 정순왕후와 그 부인인 혜경궁을 모시고 사도세자의 사당인 경모궁을 방문하는 것이 당연하다고 생각하였다. 다만 당시의 예법에 왕비나 세자빈이 종묘를 방문하는 묘현례(廟見禮)는 의례 절차가 정해져 있으나 정순왕후와 혜경궁이 경모궁을 방문하여 거행하는 의례는 이것과 크게 달랐다. 정조는 특별히 예조판서에게 관련 의례를 정하라고 명령하면서, 사람의 정리에 합당하고 예법에도 부합하는 의례를 만들라고 지시하였다.

상이 성정각(誠正閣)에 나가니 대신과 비변사의 당상들이 입시하였다. 이 때 상이 예조판서 민종현(閔鍾顯)에게 말씀하셨다. "다음 달 21일, 경모궁에 참배할 때 자전(慈殿, 정순왕후)과 자궁(慈宮, 혜경궁)도 모시고 가야 나의 마음이 위로가 된다. 내전(內殿, 왕비)의 묘현례(廟見禮, 종묘에 알현하는 예)는 예로부터 참고할 만한 전례가 없었다가 숙묘조(肅廟朝) 때 처음으로 거행하였다. 선정(先正) 이문성(李文成, 이이)의 의논에서 삼대(三代)의 예법을 인용하여 종묘 제향을 거행할 때 내전이 아헌(亞獻, 두 번째 술잔을 올리는 것)을 하도록 요청하였지만, 이것은 지금 논의할 만한 것이 아니다. 또한 명년에 자전과 자궁께서 경모궁에 가시는 것은 묘현례와는 크게 다르다. 의례 절차에 관한 것은 반드시 충분히 의논하여 정한 다음에야 정(情)과 예(禮)에 부합할 수 있으니, 경은 모름지기 널리 상고하고 익숙히 헤아려 절목(節目)을 마련할 근거를 만들어라." (부편 2, 경모궁전배, 연설)

정리소를 설치하다

•

12월 10일

    정조는 다음 해에 진행할 축하 행사를 주관할 관청으로 정리소(整理所)를 설치하고, 이곳에 소속되어 업무를 담당할 당상관들을 임명하였다. 새해가 20일 앞으로 다가온 시점이었다. 행사를 담당할 관청의 이름을 '정리소'로 한 것은 왕릉에 행차하는 임무를 담당하는 정리사(整理使)가 이미 있었기 때문이다. 정조는 먼저 사복시 제조인 서유방, 경기감사인 서용보, 정례 당상을 맡고 있던 윤행임을 정리소의 당상관인 정리사로 임명하였다. 이들이 맡은 임무가 정리소의 업무와 직결되었기 때문이다.

    (1) 국왕께서 영춘헌에 나아가니 사복시 제조 서유방, 경기감사 서용보, 정례 당상 윤행임이 입시하였다. 국왕께서 말씀하셨다. "경사를 축하하는

의례에 대해 여러 신하들이 이미 단서를 내었으니 지금 요청한대로 하겠다. 내년의 원행에 자궁의 가마를 모시려고 지난봄에 별도로 한 직책을 두어 전담하여 거행하라고 하교하였으니, 그 행정이 지금쯤 설치되어 미리 조치를 해야 한다. 대개 능원(陵園)에 행차하는 일은 호조판서가 그 일을 맡아 '정리사(整理使)'라 하였다. 지금 그 이름을 그대로 사용하여 정리소(整理所)를 설치하는 것이 가장 편리하겠다. 이름을 바르게 하는 것이 먼저이고, 적임자를 얻는 것은 그 다음이다. 경들이 맡은 직책상 모두 원행의 일에 참여하지 않을 수 없다." (권1, 연설)

다음으로 정조는 정리소에 소속될 나머지 당상관과 낭청들을 임명하였다. 해가 바뀌면 새해 초부터 많은 행사가 시작되기 때문에 이를 미리 준비하기 위해서였다. 정조는 정리소의 관리들을 만난 자리에서, 내년의 행사가 매우 중요하므로 사전 준비에 만전을 기하라고 신신당부하였다. 이날 정조가 정리소의 일을 주관하라고 지시한 호조판서는 심이지(沈頤之)였다.

(2) 전교하셨다. "다만 내년은 다른 해와 다르니, 나 소자가 조금이나마 정성을 펴는 방도가 현륭원에 행차할 때 자궁(혜경궁)의 가마를 모시고 회갑의 축배를 올리는 데에 있다. 이는 실로 예전에 없었던 초유의 행사이다. 그러나 혹시라도 일을 크게 벌이면 연례(宴禮)를 늦추어 기다리는 본래의 뜻이 아니기 때문에 비용을 들이고 절약하고 관리하는 데에 별도의 조치가 있을 것이다. 그러나 100리에 가까운 행차이고, 또 많은 날짜가 소요되어야 하니,

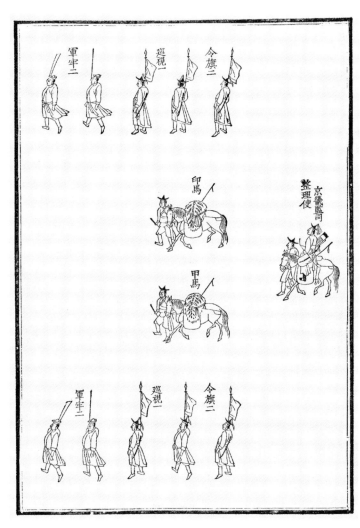

정리사를 맡은 경기감사 서용보

여러 가지 일을 거행함에 있어 전담하여 관리하는 직임이 있어야 한다. 능행 때 정리사란 이름이 있어서 따로 정리소를 설치하였으니, 당상과 낭청 몇 사람을 차출하여 사전에 준비하고 일에 따라 대응하게 한다면 체통은 높아지고 이름과 실질이 부합할 것이다. 오늘은 곧 경사를 축하하는 의례를 요청하는 날이니, 정리소를 설치하는 데 어찌 날짜를 넘길 수 있겠는가? 이조 판서가 이미 연석에 나왔으니 당상관을 먼저 차출하라."

조금 있다가 정리 당상에게 함께 입시하게 하였다. 정리소의 당상 심이지, 서유방, 서유대, 서용보, 윤행임이 차례로 나아가 엎드렸다. 국왕께서 말씀하셨다. "어느 해인들 현륭원 행차가 없겠는가마는 내년에 혜경궁을 모시고 가는 것은 체통이 막중하므로 특별히 정리소를 설치하여 이 일을 전담하여 거행하게 하는 것이다. 그 책임의 크기가 일반적인 유사에 비교할 바가 아니다. 호조판서가 모든 일을 주관하고, 가마와 말은 사복시 도제거에게, 주교는 해당 관청의 당상에게 맡기며, 장용영에서의 거행은 장용내사가 담당한다. 부제조는 서열이 가장 낮으나 구관당상(勾管堂上)으로 삼고, 낭청의 업무 분장은 경들이 장점에 따라 배치하고 일마다 미리 준비하게 하라." (권1, 연설)

이날, 고위 관리들이 새해가 되면 자전인 정순왕후와 자궁인 혜경궁에게 존호를 올리고 축하하는 잔치를 열자고 요청하였다. 정조는 존호를 올리는 것은 새해 초에 거행하지만 잔치를 거행하는 것은 가을이 된 후에 요청하자고 하였다. 정조는 혜경궁께서 두 가지 행사를 동시에 거행하는 것은 경제적 부담이 크다고 사양하셨기 때문에, 우선은 모친의 뜻을 따르자는 입장이었다.

또 하나 중요한 것은 사도세자의 생신인 1월 21일에 경모궁을 방문하여 참배할 때 정순왕후와 혜경궁이 어떤 의례를 거행할 것인가 하는 문제였다. 사도세자는 정순왕후에게는 세자이자 아들이고, 혜경궁에게는 세자이자 남편이었으며, 두 사람이 사도세자의 사당을 방문하는 것은 이때가 처음이었기 때문이다. 정조는 대신과 의례를 담당하는 관리들이 대안을 마련할 것이며, 사도세자의 며느리인 왕비의 의례는 『속오례의(續五禮儀)』에 수록된 묘현례를 따르라고 하였다. 왕비가 왕실의 선대 어른을 모신 종묘를 방문할 때와 시아버지를 모신 경모궁을 방문할 때의 의례는 같다는 견해였다.

(3) 빈청(賓廳)에서 자전(정순왕후)과 자궁(혜경궁)에게 존호를 올리고 진연(進宴)을 하자고 요청하는 계사(啓辭)에 대해 전교하셨다. "연일 힘써 요청한 끝에 다행히 마지못해 따르겠다는 허락을 얻었다. 그러나 진연과 존호를 올리는 것을 동시에 거행하기는 어려우니 백성들의 농사를 염려할 뿐만 아니라 일도 크므로 허락할 수 없다고 말씀하셨다. 지금은 뜻을 따르는 도리로 먼저 존호를 올리는 의례를 거행하는 것 만한 것이 없고, 내년에 추수하기를 기다려 다시 연례를 요청하는 것이 정(情)과 예(禮)에 부합한다. 자전과 자궁에게 존호를 올리는 것은 예조에서 다음 달에 길일을 택해 거행하게 하라. 대신 이하 참여해야 하는 신하들에게 소패(召牌)를 받드는 즉시 존호를 의논하라는 것은 지난 번 경연 석상에서 이미 상세하게 하유하였다. 다음 달 21일에 경모궁에 전알(展謁)하는 날에는 자전과 자궁께서도 경모궁에 가셔야 한다. 예조에서는 대신들에게 합당한 의례 절차를 묻고 예관(禮官)들

의 의견도 갖추어 보고하라. 중궁(왕비)의 의례는 모두 『속오례의』의 묘현례에 따라서 마련하라.

내년이 어떤 해인가? 내가 사모하는 마음을 두고 정성을 펴는 방도가 여기에 있으니 우리나라의 전례를 참고하면 원용할 만한 전례가 있을 것이다. 오는 봄에 현륭원에 행차할 때에는 자궁을 모시고 묘소를 살피는 의례를 거행할 것이다. 매년 원행 때마다 정리사란 이름을 제수하고, 장용외사에게 의례히 겸하게 하였다. 그런데 내년에는 따로 정리당상을 임명한 후에 거행할 것이다. 호조판서는 저절로 주인이 되고, 사복시 제조와 원행정례 당상, 경기 관찰사, 장용 외사를 모두 정리 당상으로 임명하여 관계 업무를 분장한다. 경비와 백성의 힘은 모두 미리 조치한 것이 있으니 정리 당상에게 나의 이런 뜻을 알리는 것이 좋겠다."(권1, 전교)

정리소를 설치하고 이곳에서 근무하는 당상관과 당하관을 임명하면서 1795년에 거행할 행사들은 본격적인 궤도에 들어섰다. 정조가 이날 내렸던 명령에 대해, 『정리의궤』를 편찬한 관리들은 다음과 같은 해설을 달았다. 여기서 수정전은 정순왕후가 거처하던 건물이고, 명정전은 창경궁의 정전 건물을 말한다.

(4) 상이 왕위에 오른 지 20년인 을묘년(1795)은 바로 자전(정순왕후)의 보령이 망육(51세)이 되고, 경모궁(사도세자)께서 탄생하신 구갑(60년)이며, 자궁(혜경궁)의 보령이 주갑(60년)이 되는 해이다. 2년 전인 계축년(1793)에 빈청의 계사로 인해 을묘년 봄에 경모궁의 존호를 올릴 것을 의논하였고,

갑인년(1794) 겨울이 되자 빈청에서 자전과 자궁에게 잔치를 거행하고 존호를 올리자고 요청하였다. 모두 네 번의 계를 올렸지만 자궁의 뜻이 겸양하여 물리치고, 존호를 올리고 축하를 하는 것만 허락하셨다. 또 대전(정조)에게 존호를 올릴 것을 요청하는 계사를 두 번이나 올렸지만 허락을 받지 못하였고, 왕위에 오른 지 20년임을 축하하는 의례만 거행하라고 하셨다. 이에 자전의 가상존호(加上尊號)는 '수경(綏敬)', 경모궁의 추상존호(追上尊號)는 '장륜융범 기명창휴(章倫融範 基命彰休)', 자궁의 가상존호는 '휘목(徽穆)'으로 할 것을 의논하여 정하였다. 을묘년 정월 16일에 수정전(壽靜殿)에서 자전의 존호를 직접 올렸다. 17일에는 경모궁에 가서 직접 존호를 올리고, 수정전으로 돌아와 자궁에게 직접 존호를 올린 후 명정전(明政殿)에서 축하 의례를 거행하였다. 이는 모두 『을묘상호의궤(乙卯上號儀軌)』에 있다.(권1 전교)

행사 경비를 충분히 마련하다

•

12월 12일

이날 정조는 영춘헌에 나가 정리소의 당상인 윤행임(尹行恁)을 만났다. 정조는 내년 행사에 소요되는 모든 비용은 정리소에서 지급할 것이므로 행사에 참여하는 사람들이 개인적으로 사용하는 비용이 없게 하라고 명령하였다. 그리고 축하 행사는 격식을 갖추어 멋지게 진행하되 다른 기관이나 개인에게는 전혀 피해가 가지 않게 하라고 지시했다. 행사에 사용할 경비는 이미 충분히 마련되어 있는 상황이었다.

국왕께서 윤행임에게 명령하셨다. "내년 봄의 행차에는 두 군주(郡主)가 자궁의 가마를 모실 것이다. 자궁의 사친(私親)과 내외 친척도 모두 초청하여 가려고 하는데, 여행 경비를 스스로 마련하게 할 수는 없다. 나인이나 서리와 같은 한미한 직책이라도 모두 의복 비용과 여행 경비를 나누어 주어야 하고, 수행하는 각 관청의 당상관과 낭관, 각 군영의 장관(將官) 이하에까지 제반 비용을 정리소에서 구별하여 마련해야 한다. 요컨대 정리소의 물자와 인력 이외에는 한 가지라도 공적으로나 사적으로 쓰는 것이 없도록 하라. 미리 이러한 뜻을 잘 알아두어라."(권1, 연설)

의례 절차를 논의하다

•

12월 24일

정조가 정순왕후, 혜경궁, 왕비와 함께 경모궁을 방문하였을 때 의례 절차에 대한 논의가 있었다. 12월 10일에 정조가 내린 명령에 따라 예조에서 여러 대신들의 견해를 청취하여 보고한 것이다. 대신 가운데 자신의 견해를 분명하게 밝힌 사람은 우의정 이병모(李秉模), 영중추부사 채제공(蔡濟恭), 판중추부사 김희(金憙), 예조판서 민종현(閔鍾顯)이었다.

먼저 우의정 이병모의 견해를 보자.

(1) 예조에서 아뢰었다. "다음 달 21일에 경모궁에 전알할 때 자전(慈殿, 정순왕후)과 자궁(慈宮, 혜경궁)도 경모궁에 가셔야 하니 예조에서는 대신들에게 합당한 의례 절차를 묻고 예관(禮官)들의 의견도 갖추어 보고하라고 명령하셨습니다. (중략) 우의정 이병모가 말하였습니다. "신은 본디 예학

에 어두우니 어찌 감히 망령되이 막중한 의절에 대해서 논의하겠습니까. 삼가 『주자가례(朱子家禮)』의 사당장(祠堂章)과 선정신(先正臣) 김장생(金長生)의 『가례집람(家禮輯覽)』을 보고 저의 견해를 더하면, 왕대비전은 마땅히 정로(正路)를 통해 올라가 정문으로 들어가고, 상탁(床卓) 서쪽으로 나아가 북쪽 가까이에서 남쪽을 향하여 섭니다. 혜경궁의 배위(拜位, 절하는 자리)는 중궁전(中宮殿)의 배위 앞에 특별한 자리를 설치하고, 혜경궁이 자리에 나아가 사배례(四拜禮, 네 번 절하는 예)를 거행한 다음 서쪽 계단으로 올라가 서협문을 지나서 들어갑니다. 왕대비전이 경모궁 안을 두루 살펴보면, 혜경궁은 그를 따라 살핍니다. 왕대비전이 먼저 정문으로 나와 정로를 통해 막차로 돌아갑니다. 혜경궁이 다음으로 서협문으로 나와서 서쪽 계단을 내려가 막차로 돌아가면 예(禮)의 뜻을 거스르지 않을 것 같습니다. 그러나 왕조의 예는 지극히 엄하고 오직 성인(聖人)만 예를 정할 수 있으니, 삼가 국왕께서 판단하시기 바랍니다.”(부편 2, 경모궁전배, 계사)

이를 보면 이병모는 『주자가례』와 김장생의 『가례집람』을 참고하면서 자신의 견해를 밝혔다. 이병모는 정순왕후와 혜경궁이 경모궁 사당 안을 살피되 정순왕후는 중앙으로만 이동하고, 혜경궁은 서쪽 계단과 서쪽 협문을 통해서 이동하는 것으로 구분하였다. 또한 그는 정순왕후는 경모궁의 뜰에서 절하지 않고 바로 경모궁 안으로 들어가지만, 혜경궁과 왕비는 경모궁 뜰에서 네 번 절을 하되 혜경궁이 절하는 자리는 왕비가 절하는 자리의 앞에 배치하도록 하였다.

다음은 영중추부사 채제공의 견해이다. 채제공은 세 사람의 의례를 모두 구분하였다. 먼저 정순왕후는 바로 경모궁 안으로 들어가 상탁 앞에 앉아 있다가 술 한 잔을 올린 후 일어나서 나온다. 다음으로 혜경궁은 정순왕후가 술잔을 올린 후 경모궁 안으로 들어가 상탁 앞에서 두 번 절을 한 후에 술 한 잔을 올린다. 마지막으로 왕비는 경모궁 뜰에서 두 번 절하고, 혜경궁과 함께 경모궁 안에 들어가 상탁 앞에서 두 번 절을 한 후에 술 한 잔을 올린다. 이를 이병모의 견해와 비교하면, 절을 하는 숫자가 반으로 줄어들고 이동하는 경로는 구분하지 않았다.

(2) 영중추부사 채제공이 말하였습니다. "자전(慈殿, 정순왕후)과 자궁(慈宮, 혜경궁), 곤전(坤殿, 왕비)이 같은 날 경모궁에 나아가 정(情)과 예(禮)를 펴는 것은 실로 인정(人情)이면서 천리(天理)에 부합하는 것으로 매우 성대한 행사입니다. 그러나 그 예절은 전대를 상고해 보아도 근거할 만한 것이 없고, 우리나라의 전례(典禮)를 살펴보아도 실행할 만한 것이 없습니다. 신처럼 노둔하고 용렬하며 천박한 사람이 어찌 감히 그 사이에 끼일 만한 의견이 있겠습니까? 다만 억측하는 견해로 말한다면, 곤전은 스스로 경모궁 뜰의 판 위에서 재배례(再拜禮, 두 번 절하는 예)를 거행하는 것이 마땅합니다. 자궁은 곤전과 차이가 있으나 상탁(床卓)의 앞에서 재배례를 거행하는 것이 마땅할 것 같습니다. 자전은 경모궁 안에 들어가 보지 않을 수 없는데, 예의상 절을 하지 않는 것이 맞습니다. 만약 직접 상탁 앞에 앉으시면 술 한 잔을 올리고 올린 다음에는 일어납니다. 그 다음에 각 전(殿)이 차례로 술을 올리면 정(情)에 유감이 없고, 예(禮)에도 흠결이 없을 것입니다." (부편 2, 경모궁전배, 계사)

다음은 판중추부사 김희의 견해이다. 김희는 『주자가례』와 황간(黃幹)의 『의례경전통해속(儀禮經傳通解續)』, 김장생의 『가례집람』을 근거로 사용하였다. 그에 따르면 정순왕후는 경모궁 안의 상탁 서쪽에 설치한 자리에 가서 남쪽을 향해 앉았다가 정조가 건물 안을 살필 때 살펴보고 정문으로 나와서 서쪽 계단을 내려온다. 다음으로 혜경궁은 서쪽 계단 아래에 있는 배위에서 사배례를 거행하고, 서쪽 계단과 서협문을 통해 경모궁 안으로 들어가 살펴본 후 서협문과 서쪽 계단을 통해 내려온다. 마지막으로 왕비는 혜경궁의 배위 뒤에서 사배례를 거행한다. 김희의 견해는 이병모의 견해와 대부분 일치하였고, 정순왕후가 서쪽 계단을 이용하는 부분만 달랐다.

(3) 판중추부사 김희가 말하였습니다. "전하께서 전알하실 때 경모궁 안의 상탁 서쪽에서 북쪽 가까이에 특별히 한 자리를 설치하고, 왕대비전은 서쪽 계단을 통해 올라가 정문으로 들어가서 특별히 설치한 자리에 나아가 남쪽을 향해 앉아야 할 것 같습니다. (중략) 서쪽 계단 아래에 중궁전의 배위(拜位) 앞에 특별한 자리를 만들고, 혜경궁이 그 자리에 나아가 북쪽을 향하여 사배례를 거행해야 할 것 같습니다. 이어서 삼가 생각건대 '둘레를 세 번 도는 것'이 『가례』의 묘제장(墓祭章)에 보입니다. 묘소와 사당은 일체이고 예에는 두 가지가 없으며, 또 그것을 왕조례(王朝禮)에 적용하여 거행할 수 있습니다. 그러므로 전하께서 전알한 후 봉심하실 때 왕대비전께서는 특별히 설치한 자리에서 일어나 경모궁 안을 두루 살펴보아야 할 것입니다. 혜경궁은 배위에서 서쪽 계단으로 올라가 서협문으로 들어가 예대로 봉심합니다.

(봉심이 끝나면) 왕대비전은 먼저 정문으로 나와 서쪽 계단으로 내려와 막차로 돌아가고 혜경궁이 그 다음에 서협문으로 나와 서쪽 계단으로 내려와 막차로 돌아가는 것이 정(情)과 예(禮)에 합당할 것 같습니다." (부편 2, 경모궁 전배, 계사)

마지막은 예조판서 민종현의 견해이다. 민종현은 정순왕후는 정문으로 들어가 경모궁 안에 설치한 자리에 조금 있다가 살피고 나온다. 혜경궁은 동협문으로 들어가 문 밖에 있는 자리에서 두 번 절하고, 경모궁을 안을 살핀 후에 나온다고 하였다. 정조는 이러한 예조판서의 견해에 동의하면서도 다른 대신과 학자들의 견해를 들으라고 하였다. 국가에서 처음으로 있는 의례라 신중하게 결정하기 위해서였다.

(4) 신(臣) 종현(鍾顯)의 뜻입니다. "지금 이 자전과 자궁이 함께 비궁(閟宮, 경모궁)에 나아가는 것은 실로 처음 있는 성대한 행사입니다. 그러나 거행하기에 합당한 의례 절차는 이전 시대와 우리나라의 고사(故事)를 살펴보아도 근거할 만한 것이 없으니, 신이 고루하고 노망한데 어찌 감히 망령되이 의논할 바가 있겠습니까. 삼가 생각건대, 자전이 경모궁에 나아갈 때에는 정문으로 들어가고, 선대에 사당에 가는 의례를 대략 모방하여 사당 안에 욕위(褥位)를 설치하고 가운데에 서서 조금 있다가 두루 살피고 나옵니다. 자궁은 동협문으로 들어가 문 밖에 서 있는 자리를 설치하고 가운데에서 두 번 절을 한 후 살피고서 나오는 것이 구애됨이 없고 정(情)과 예(禮)에 부합합니다. 그러나 견해들이 모두 차이가 나고, 방례(邦禮)는 또 처음으로 거행하는

것이니 국왕께서 결정하시는 것이 어떠합니까."

전교하셨다. "예조판서의 말이 유선(儒先)의 논의와 왕조의 의례에 부합할 것 같다. 그러나 처음으로 거행하는 전례이니 널리 물어서 처리해야 한다. 밖에 나가 있는 대신과 유신(儒臣)에게 낭관(郎官)을 파견하여 의견을 수렴하는 것이 좋겠다." (부편 2, 경모궁전배, 계사)

을묘년 1795

환조 8주갑을 맞아 작헌례를 거행하다

•

1월 3일

을미년은 환조(桓祖)가 태어난 지 8주갑(480년)이 되는 해였다. 태조의 부친인 환조 이자춘(李子春, 1315~1360)은 1315년(충숙왕 2)에 태어났으니, 1795년은 그로부터 480주년이 되었다. 정조는 자신이 태조의 마음을 가지고 태조의 부친인 환조를 사모하는 정을 표현하기 위해 함흥 본궁(咸興本宮)에 관리를 파견하여 술잔을 올리는 작헌례(酌獻禮)를 거행하였다.

(1) 전교하셨다. "금년 을미년(1795)은 우리 환조 연무성환 대왕(桓祖淵武聖桓大王)께서 태어나신 지 여덟 번째 태세(太歲)가 되는 해이다. 종묘에 들어가 제사를 지내는 동안 선조의 은혜에 보답해야 한다는 생각이 더욱 간절해졌다. 내가 제1실에 계신 성조(聖祖, 태조)의 마음을 나의 마음으로 삼으니,

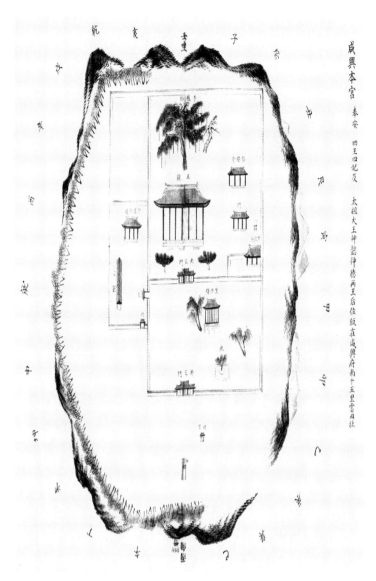

함흥 운전사에 위치한 함흥본궁. 『북도능전도형(北道陵殿圖形)』, 규장각한국학연구원 소장

금년에는 정성을 펴서 사모하는 마음을 보이는 행사를 해야겠다. 함흥의 정릉(定陵)은 우리 환조의 능침(陵寢)이다. 대신을 보내어 작헌례(酌獻禮)를 대신 거행하게 하되, 먼저 그 사유를 종묘(宗廟)와 영녕전(永寧殿), 함흥본궁(咸興本宮)에 알리겠다. 거행해야 할 의례 절차에 대해서는 종백(宗伯, 예조판서)의 신하가 전례(典禮)를 널리 살펴서 정한 뒤에 보고하라." (부편 3, 영흥본궁제향, 전교)

함경도 함흥의 운전사(雲田社)에 위치한 함흥본궁은 환조의 묘소인 정릉(定陵)이 있는 곳이었다. 이곳은 조선을 건국한 태조가 터를 잡아 살던 장소였다. 함흥본궁에는 조선 초기에 태조의 4조가 되는 목조(穆祖), 익조(翼祖), 도조(度祖), 환조(桓祖) 부부의 위판을 모셨고, 숙종 대에는 태조와 신의왕후(神懿王后), 신덕왕후(神德王后)의 위판을 추가하였다. 한편 영흥의 순녕사(順寧社)에 위치한 영흥본궁은 태조가 태어난 장소였다. 이곳에는 태조와 신의왕후, 신덕왕후의 위판이 모셔져 있었다. 한편 영흥의 준원전(濬源殿)에는 태조 어진(御眞)이 모셔져 있었다.

이때 정조가 계획한 행사는 환조 탄생 480주년을 맞아 함흥본궁에 제사를 올리는 것으로 끝나지 않고, 영흥본궁에 환조 부부의 위판을 추가하는 조치로 이어졌다. 『정리의궤』 편찬자들은 위 기사의 아래에 다음과 같이 기록하였다.

(2) 당저(當宁, 정조) 신해년(1791)에 각신(閣臣)을 보내어 함흥본궁과 영흥본궁을 봉심하고, 직접 제품(祭品)을 바로잡고 의식(儀式)을 간행한 후에 어

제(御製) 제사(題辭)를 지어 이 일을 기록하였다. 을묘년(1795)이 되자 경모궁이 탄생한 지 회갑이 되고 자궁의 나이가 주갑(周甲, 60년)이 되는 해인데, 환묘(桓廟)의 여덟 번째 보갑(寶甲)도 이 해에 있었다. 상은 종묘의 춘알(春謁)을 하던 날 이 전교를 내렸고, 판중추부사 김희(金憙)를 보내 정릉의 작헌례를 섭행하고, 이어서 함흥본궁의 춘절제(春節祭)를 거행하게 하였다. 그 뒤를 이어 영흥본궁(永興本宮)에 제향(躋享)하라는 명령이 있었다. (부편 3, 영흥본궁 제향, 전교)

이상에서 함흥본궁과 영흥본궁의 제도를 정비하고 그 의식을 간행하였다는 것은 1793년(정조 17)에 간행한 『영흥본궁정례(永興本宮定例)』와 『함흥본궁정례(咸興本宮定例)』를 말한다. 정조는 1793년에 두 본궁의 제도를 정비하고 1795년에 환조가 태어난 지 480주년이 되는 해를 축하하는 제사를 올렸으며, 이어서 영흥본궁에 환조와 의혜왕후의 위판을 모시는 조치를 하였다.

경모궁 의례 절차를 계속 논의하다

•

1월 6일

정조가 정순왕후, 혜경궁, 왕비와 함께 경모궁을 방문하였을 때 거행할 의례에 대한 논의는 해가 바뀌어도 계속되었다. 정조의 명을 받은 예조에서는 봉조하 김종수(金鍾秀), 전 집의 송환기(宋煥箕), 전 장령 이성보(李城輔)의 견해를 듣고 와서 보고하였다. 이중에서 주목할 것은 김종수의 견해였다.

봉조하 김종수가 말하였습니다. "신은 본디 예학에 어두운데 하물며 왕조례(王朝禮)에 있어서이겠습니까. 옛날에는 그런 일을 기록한 것이 없으니 어찌 감히 참람하고 망령되이 의논하겠습니까. 그러나 신의 억견으로는 우의정(이병모)과 예조판서(민종현)의 의논이 대체(大體)를 얻었습니다. 그러나 자궁(혜경궁)께서 절하는 배위(拜位)의 위치는 우의정의 말이 더 나은 곳

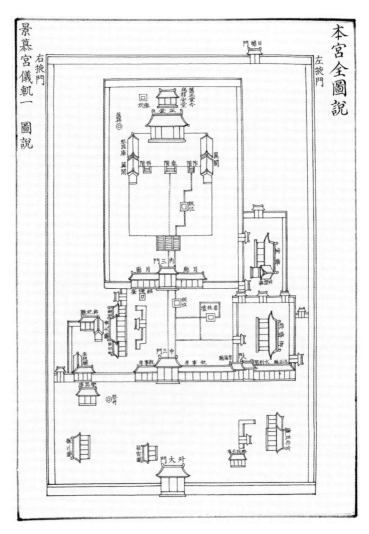

경모궁의 전체 모습(『경모궁의궤』, 규장각한국학연구원 소장)

같고, 자전(정순왕후)께서 두루 살피는 시기는 예조판서의 말이 더 나은 것 같고, 오직 국왕께서 절충하고 선처하는 데에 달려 있을 뿐입니다. 다만 원임 대신들에게 수렴한 의견 가운데 '둘레를 세 번 도는 것과 묘소와 사당이 일체'라는 말은 아마 반드시 그런 것은 아닐 것입니다. 사당은 체통이 지엄하여 묘소와 현격하게 다르므로, 『가례』의 '둘레를 세 번 돈다는 구절'을 사례로 드는 것은 합당하지 않은 것 같습니다. 삼가 국왕께서 판단하여 채택하시기 바랍니다."(부편 2, 경모궁전배, 계사)

이상에서 김종수는 우의정 이병모와 예조판서 민종현의 견해에 대체로 동의하였다. 더 구체적으로 들어가면 혜경궁이 절하는 자리는 이병모의 말처럼 경모궁의 뜰에 하는 것이 옳고, 정순왕후가 경모궁 안을 살피는 시기는 민종현의 말처럼 정순왕후가 먼저 경모궁 안에 들어가서 살피고 나온 후에 혜경궁이 경모궁 안으로 들어가 살피는 것이 적절하다고 주장하였다. 그리고 김종수는 사당과 묘소의 예는 한 가지라고 주장한 판중추부사 김희의 견해는 비판하였다.

반차도 작성을 명하다

•

1월 10일

정조는 1월 21일에 정순왕후와 혜경궁을 모시고 경모궁으로 행차할 때 문무백관이 늘어서는 차례와 행사 장면을 담은 반차도(班次圖)를 작성하라고 명령하였다. 반차도를 작성하는 임무는 승정원의 예방 승지와 병방 승지가 맡았다. 그리고 경모궁에서의 의례 절차는 정리소에서 담당하라고 명령하였다. 정조는 경모궁에 참배할 때의 의례에 대해, 왕비는 『속오례의』에 수록된 왕비나 세자빈이 종묘를 알현하는 묘현례(廟見禮)를 따르라고 하였고, 정순왕후와 혜경궁의 의례는 대신들과 예조 관리들의 의견을 들으라고 명령하였다.

구전(口傳)으로 하교하셨다. "이달 21일에 자전(慈殿, 정순왕후)과 자궁(慈宮, 혜경궁)을 모시고 거동할 때 마땅히 반차도(班次圖)가 있어야 한다. 내일부터 예방(禮房) 승지와 병방(兵房) 승지는 뜻을 아뢰어 거행하라. 경외(京外)의 거동은 의례를 거행할 때에 다르지 않으니, 홀기(笏記)의 절차는 정리소(整理所)에서 마련하여 아뢰어라."

이해 정월 21일은 바로 경모궁(景慕宮)의 회갑일이다. 갑인년(1794) 겨울에 빈청(賓廳)에서 자전과 자궁에게 존호(尊號)를 올리고 잔치를 베풀자고 요청한 계사(啓辭)로 인하여 '내년 봄에 자

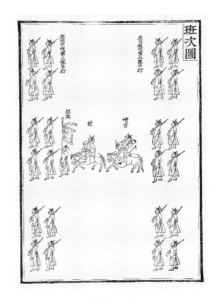

반차도(班次圖)

궁을 모시고 현륭원에 참배하겠다'는 명령이 있었다. 또 전교하시기를 '내월 21일에 경모궁에 참배할 때 자전과 자궁도 경모궁에 가셔야 할 것이니, 해당 부서에서 의당 행해야 할 의례 절차를 대신에게 물어보고, 또한 예관(禮官)들의 의견도 갖추어 초기(草記)하라. 중궁전이 거행하는 의례는 한결같이 『속오례의(續五禮儀)』의 묘현의(廟見儀)를 따라서 마련하라'고 하셨다. (부편 2, 경모궁전배, 전교)

경모궁 의례 절차의 절목을 만들다

•

1월 15일

이날 정조는 왕대비인 정순왕후에게 '수경(綏敬)'이란 존호를 올렸다. 정순왕후가 51세가 되는 것을 축하하는 행사였다.

이날에도 혜경궁이 경모궁을 방문하였을 때 거행하는 의례 절차에 대한 논의가 계속되었다. 규장각(奎章閣)에서는 중국의 역사서에 나오는 예지(禮志)와 『오례통고(五禮通考)』를 검토하였고, 명나라 황후가 황제의 능이나 친왕(親王)의 사당을 방문하였을 때의 의례를 검토하기도 하였다. 규장각의 견해는 주로 『명사(明史)』에 나오는 묘현례(廟見禮)를 따라 혜경궁이 절하는 자리는 국왕이 절하는 자리의 조금 앞쪽이면서 서쪽에 만들고, 혜경궁은 동쪽 문과 동쪽 계단을 통하여 이동한다고 하였다. 다만 혜경궁이 절하는 횟수에 대해서는 결론을 내리지 못하였다. 종묘에서는 두 번 절하고 황릉에서는 네 번 절하였기 때문이다. 규장각의 입장은 네 번 절하는 것이 더 합당하다는 입장이었다.

(1) 규장각에서 아뢰었다. "명나라에서 이미 행한 전례는 실로 오늘에 인용하여 모방하기에 합당합니다. 신들의 어리석은 견해로는 자궁(혜경궁)께서 의례를 거행하실 때 배위는 전하의 판위(版位) 오른쪽에서 약간 앞이면서 서쪽에 설치하고, 출입은 왼쪽 문을 경유하고, 오르내리는 것은 동쪽 계단을 거쳐야 합니다. 이는 모두 『명사(明史)』의 묘현례(廟見禮)를 준수하는 것입니다. 절하는 횟수에 있어서는 명나라의 묘현례를 따르면 재배를 해야 하고, 명나라의 알릉의(謁陵儀, 황릉을 참배하는 의례)를 따르면 사배를 해야 합니다. 능과 사당의 예가 다르므로 실로 절충하기가 어렵습니다. 삼가 생각건대 고례(古禮)에서 남자는 재배하되 일어나고 엎드리는 것을 배(拜)라 하며, 부인은 사배하되 무릎을 굽히는 것을 배라 합니다. 부인의 배는 협배(夾拜)라 하기도 하고 숙배(肅拜)라 부르기도 합니다." (부편 2, 경모궁전배, 계사)

정조는 규장각의 견해가 마음에 들지 않았다. 경모궁을 방문하는 의례는 일찍이 살펴본 적이 없고, 과거의 선례에도 근거할 만한 기준이 없으니, 조선에서 거행하였던 의례를 모방하여 거행하는 것이 좋겠다고 하였다. 정조는 여러 관리들의 의견을 들어본 후 다음과 같은 결론을 내렸다.

(2) 전교하셨다. "지금은 예를 거행할 날이 며칠 남지 않았는데, 고증하고 의견을 수렴하는 데 헛되이 날짜를 낭비하여 결론을 내리기가 쉽지 않다.

이런 의문(儀文)은 일찍이 강구한 적이 없고 또 한 시대를 고증하는 말로 기준을 삼을 수도 없으니, 차라리 우리 조정에서 이미 거행했던 의례를 따라서 모방하여 거행하는 것이 좋겠다. 자전(정순왕후)께서 사당에 임하는 절차는 특별히 다른 논의가 없으니 중론을 따르는 것이 마땅하다. 자궁(혜경궁)께서 절하는 장소는 묘현례의 옛 의례를 따라 계단 위에 자리를 설치하는 것이 좋을 듯하다. 절하는 횟수를 두 번으로 하느냐 네 번으로 하느냐 하는 문제에 있어서는 현재 사용하는 제도를 따르는 것이 이전의 사례를 준수하는 도리에 부합할 것 같다. 오르내리고 출입하는 것은 명나라의 묘현례를 따르려 하는데 적당할지 모르겠다. 이것은 압존(壓尊)의 혐의가 있어서 그런 것이니, 모두 예조에서 이러한 뜻을 알아 의주(儀注)를 마련하여 보고하라고 분부하라."(부편 2, 경모궁전배, 계사)

정조의 결론은 정순왕후의 의례에 대해서는 별다른 이견이 없으므로 그대로 시행한다, 혜경궁이 절하는 위치는 경모궁의 계단 위로 하며, 혜경궁이 절하는 횟수에 대해서는 두 번과 네 번의 논란이 있지만 조선의 이전 의례를 따르자고 하였다. 또한 혜경궁이 이동하는 경로에서는 명나라의 묘현례를 따르는 것은 적절치 않다고 보았다. 결국 이 문제는 혜경궁이 계단 위에서 두 번 절을 하고, 경모궁 안으로는 들어가지 않는 것으로 결정하였다.

이 무렵 예조에서는 정조가 정순왕후, 혜경궁, 왕비와 함께 경모궁을 방문하여 거행하는 의례 절차에 대한 절목을 만들었다. 그중 몇 가지 중요한 사항을 소개하면 다음과 같다.

1. 전하(殿下)가 익선관(翼善冠)과 곤룡포(袞龍袍)를 갖추고 궁궐을 나올 때 종친과 문무백관은 모두 흑단령(黑團領)을 입고 초엄(初嚴) 전에 홍화문(弘化門) 밖에서 동서로 나누어 차례로 섰다가 대가(大駕)가 이르면 몸을 굽혀서 공경히 맞이하고 차례로 모시고 따른다. 경모궁(景慕宮)에 도착하면 전하는 대차(大次)에 들어가 계시다가 왕대비전(王大妃殿)과 혜경궁(惠慶宮)이 경모궁에 도착할 때가 되면, 전하는 바로 익선관과 곤룡포를 갖추고 나와서 동구(洞口)밖 악차(幄次)로 들어간다. 왕대비전과 혜경궁이 도착하면 전하가 악차에서 나와 몸을 굽혀 공경히 맞이하고, 백관도 몸을 굽혀 공경히 맞이한다. 중궁전(中宮殿)이 도착하면 백관이 몸을 굽혀 공경히 맞이하고 뒤에 떨어진다. 전하는 돌아와 대차(大次)에 들어간다.

1. 예(禮)를 거행할 때가 되면, 전하가 면복(冕服)으로 갈아입고 사당 뜰의 판위(版位)로 나아가고, 왕대비전이 올라가 사당 안의 욕위(褥位)로 나아가고, 혜경궁과 중궁전이 들어와 판위로 나아간다. 의식에 따라 예를 거행한 후 전하는 대차로 돌아가 다시 익선관과 곤룡포를 갖추고 나와 지영악차(祇迎幄次)로 나아간다. 왕대비전과 혜경궁이 도착하면, 전하는 악차(幄次)에서 나와 몸을 굽히고 공경하게 맞이한다. 중궁전이 도착하면 백관이 몸을 굽히고 공경하게 맞이한다. 궁으로 돌아올 때 종친과 문무백관은 흑단령을 입고 동구 밖에 동서로 나누어 서서 대가가 도착하면 몸을 굽히고 공경히 맞이한 후 차례로 모시고 호위한다.

1. 묘현례(廟見禮)를 거행할 때, 혜경궁은 적의(翟衣)를 입고 수식(首飾)을

꾸미며, 전하는 면복(冕服)을 갖추고, 중궁전은 적의를 입고 수식을 꾸민다. 상궁(尚宮)이 앞에서 인도해서 판위로 나가고, 내외명부는 예복(禮服)을 갖추고 경모궁의 뜰로 나아가 재배례(再拜禮)를 거행한다.

1. 전작례(奠酌禮)를 거행할 때, 왕대비전은 적의를 입고 수식(首飾)을 꾸민다. 상궁이 앞에서 인도하여 정면 섬돌을 올라가 사당 안에 있는 욕위(褥位)로 나아간다. 혜경궁, 전하, 중궁전, 내외명부는 재배례(再拜禮)를 거행한다. 왕대비전이 전작례를 마치면 혜경궁, 전하, 중궁전, 내외명부는 다시 재배례를 거행한다.

이때 만들어진 절목에는 정순왕후, 혜경궁, 왕비를 수행하는 시위부대와 인원에 관한 규정도 있다. 이 절목은 병조에서 마련하였다.

왕대비전이 경모궁에 나아갈 때 시위

병조와 오위도총부의 당상(堂上)과 낭청(郞廳) 각 2원(員), 오위장(五衛將) 2원, 무신겸선전관(武臣兼宣傳官) 4원, 내금위(內禁衛) 30원, 겸사복(兼司僕) 10원, 우림위(羽林衛) 10원, 양산선(陽繖扇) 차비(내시부), 주장(朱杖) 차비(내시부)

혜경궁이 경모궁에 나아갈 때 시위

병조와 오위도총부의 당상과 낭청 각 2원. 오위장(五衛將) 2원, 무신겸선전관(武臣兼宣傳官) 4원, 내금위(內禁衛) 30원, 겸사복(兼司僕) 10원, 우림위

(羽林衛) 10원, 양산선(陽繖扇) 차비(내시부), 오장(烏杖) 차비(내시부)

중궁전이 경모궁에 나아갈 때의 시위

병조와 오위도총부의 당상과 낭청 각 2원, 오위장(五衛將) 2원, 무신겸선전관(武臣兼宣傳官) 4원, 내금위(內禁衛) 20원, 겸사복(兼司僕) 5원, 우림위(羽林衛) 5원, 양산선(陽繖扇) 차비(내시부), 주장(朱杖) 차비(내시부)

정순왕후, 혜경궁, 왕비의 시위부대를 보면 미묘한 차이가 있다. 시위부대의 인원은 정순왕후와 혜경궁이 동일하고, 왕비는 내금위가 10명, 겸사복이 5명, 우림위가 5명이 줄어들어 20명이 적다. 그러나 의장 가운데 장(杖)의 경우를 보면, 정순왕후와 왕비는 주장(朱杖)을 사용하고 혜경궁은 오장(烏杖)을 사용하였다. 왕비와 세자빈의 위상을 구분한 때문이다.

사도세자와 혜경궁에게 존호를 올리다

•

1월 17일

  이날 정조는 사도세자와 혜경궁에게 존호(尊號)를 올렸다. 하루 전날인 1월 16일에 정조는 왕대비인 정순왕후에게 '수경(綏敬)'이라는 두 글자의 존호를 올렸다. 왕비와 세자빈에게는 두 글자의 존호를 올리는 것이 관례였다. 1월 16일에 정조는 창경궁 명정전(明政殿)에서 새 존호가 새겨진 옥책(玉册)과 금보(金寶)를 전달하였으며, 수정전(壽靜殿)으로 이동하여 정순왕후에게 치사(致辭)와 전문(箋文), 옷감을 직접 올렸다. 정조는 사도세자와 혜경궁에게 존호를 올리기에 앞서 왕실의 최고 어른인 정순왕후에게 존호를 올린 것이다. 행사를 마치고 정조는 경모궁으로 이동하여 다음날 거행할 제사에 사용할 희생과 제기를 살폈다.

  1월 17일에 정조는 사도세자에게 '장륜 융범 기명 창휴(章倫隆範 基命彰休)'란 여덟 글자의 추상존호(追上尊號)를 올리고, 혜경궁에게 '휘목

(徽穆)'이란 두 글자의 가상존호(加上尊號)를 올렸다. 정조는 경모궁에 행차하여 새 존호를 새긴 옥책과 금인(金印)을 올렸고, 명정전(明政殿)에서 혜경궁에게 새 존호를 새긴 옥책과 옥인(玉印)을 전달하였으며, 수정전으로 이동하여 혜경궁에게 치사와 전문, 옷감을 올렸다. 사도세자와 혜경궁이 회갑이 되는 해가 된 것을 축하하기 위해서였다.

왕실 가족에게 존호를 추가할 경우, 국왕에게는 여덟 글자, 왕세자에게는 네 글자의 존호를 올리는 것이 관례였다. 그리고 존호를 새긴 도장도 국왕에게는 금보, 왕세자에게는 은인(銀印)이나 옥인(玉印)을 올리는 것이 관례였다. 이때 사도세자에게 여덟 글자의 존호를 추가하고 금인(金印)을 올린 것은 상당히 파격적인 예우에 해당하였다.

정조가 경모궁에서 거행한 행사에 대해서는 실록에 관련 기록이 나온다. 다음은 사도세자에게 올린 옥책의 전문이다. 옥책문의 글은 우의정 이병모(李秉模)가 지었다.

현악 소리가 천천히 퍼지니 올해가 어떤 해입니까? 옥책에 밝은 덕을 기록하고 큰 글씨로 특별히 썼으니, 백세토록 징험될 일이요 전국에서 장엄하게 노래합니다. 생각건대 황숙부(皇叔父)인 사도 수덕 돈경 홍인 경지 장헌세자(思悼綏德敦慶弘仁景祉莊獻世子) 저하(邸下)께서는 후덕하고 고명함은 천지를 본받았고, 인자하고 총명함은 요순(堯舜)에 어울렸습니다. 한(漢) 당(唐) 이래로는 규모가 좁다고 할 만큼 큰 도량을 넓혔고, 끝이 보이지 않는 강과 바다처럼 속마음이 깊었습니다. 온 나라 백성들이 노래 부르며 귀의하니 대리청정을 할 때의 업적이 빛나고, 말을 들으면 반드시 나무꾼에까지 통하니

한 사람이 곧다는 훌륭한 소문이 퍼졌습니다.

　아, 규모가 큰 제왕의 법도도 백행(百行)의 근원인 효성에 기초합니다. 정축년(1757)에 어린 나이로 끝없이 사모한 것은 모친께서 살피시기에 충분하였고, 갑오년(1774)에 연석(筵席)에서 분부한 것은 세자의 효성이 선조에게까지 닿았음을 더욱 알겠습니다. 아, 근년에 눈물이 나는 말들은 이것에서 드러나는데, 나라 사람들이 죽을 때까지 생각하는 것이 어찌 이해타산일 뿐이겠습니까. 소자(小子)가 밤낮으로 매우 바라는 것은 조금이라도 성대한 덕을 형용하는 것입니다. 전후로 아름다움을 드려내려 존호를 올렸으나, 지금까지 대롱으로 하늘을 보고 소라껍질로 바다를 재듯 감추어진 덕을 기리지 못하였습니다. 이번에 북두칠성의 자루가 인방(寅方)에 놓이면서 바로 만나기 어려운 구갑(舊甲)을 맞았습니다. 돌아보건대 혜경궁께서 시집오신 것이 이달의 이날이었고, 새해가 돌아와 정월이 되니 이때 사모하는 마음을 어떻게 견디겠습니까? 자궁(慈宮, 혜경궁)께서 칠순의 나이를 바라보니 실로 돌보아주심을 받은 것이요, 변변치 못한 제가 20년이나 다스린 것은 빛나는 업적이 남겨 준 경사입니다. 우리 집안의 융성함을 더하는 전범을 돌아보니 커다란 책임이 오늘을 기다린 것 같습니다.

　예(禮)는 본래 인정(人情)을 따르니 인정에 부합해야 예가 되고, 명호(名號)는 사실을 기록하니 실제가 있어야 명호가 있습니다. 일곱 줄 면류관이 은은하게 빛나는 것을 생각하니 삼가 다시 뵙는 것 같고, 온 나라의 칭송을 모아보니 우러러보는 마음이 더욱 높아집니다. 생전의 자취를 어떻게 온전히 그려 내겠습니까마는 이렇게라도 해야 인정과 절문(節文)이 갖춰집니다. 정성스레 사랑하신 것이 독실하고 지극하여 인륜이 크게 밝아졌고, 규모와 도량이 크고도 깊어 우주와 같이 넓었습니다. 역년(歷年)과 길(吉)함을 명받아 태산과 반석처럼 큰 바탕을 열었고, 해가 뜨고 달이 차오르듯 후손을 편안하게 해주신 공적이 빛납니다. 삼가 옥책을 받들어 '장륜 융범 기명 창휴(章倫隆範基命彰休)'라는 존호를 추가로 올리니, 깊이 살피시어 미약한 정성을 헤아려 주십시오. 우리 자손과 백성을 보호하여 만물이 그 교화를 입게 하시고, 상제의 좌우에서 오르내리며 공적이 천지(天地)와 하나가 되도록 해주소서. (『정조실록』 권42, 정조 19년 1월 17일)

이를 보면 정조는 자신의 친아버지인 사도세자를 '황숙부(皇叔父)'라 불렀고, 추가로 존호를 더하는 행사를 거행함으로써 인정과 예법이 모두 갖춰진다고 하였다.

정순왕후와 혜경궁,
왕비가 처음 경모궁을 방문하다

•

1월 21일

정조는 사도세자의 회갑 날을 맞아 왕실의 어른들과 함께 경모궁을 방문하였다. 정조는 국왕이 된 직후 사도세자의 위판을 모신 경모궁을 창경궁 근처에 설치하고, 매월 이곳을 방문하면서 참배하였다. 그러나 이때는 정조 혼자가 아니라 정순왕후와 혜경궁, 왕비가 함께하였으며, 정순왕후와 혜경궁, 왕비는 처음으로 경모궁을 방문하였다.

이날 정조는 창덕궁에 있으면서 상참(常參)과 경연(經筵)을 개최하지 않았다. 아침 일찍 경모궁을 방문하기 위해서였다. 상참은 국왕이 매일 편전에서 조정의 주요 관리들과 함께 거행하는 약식 조회였고, 경연은 국왕이 매일 경연관을 만나 경서와 역사서를 공부하던 모임이었다. 조선의 국왕은 국가에 주요 행사가 있을 때 그날에 있는 상참과 경연을 정지하곤 하였다.

정조는 새벽 6시 45분에 창경궁에서 경모궁으로 이동하였다. 정조가 새벽에 이동을 하자 검교직제학으로 있던 이만수(李晩秀)가 정조를 만나 건강이 어떠하신지 문안을 여쭈었다. 경모궁으로 이동할 때 정조는 익선관(翼善冠)에 곤룡포(袞龍袍)를 갖추어 입었다. 정조는 여(輿)를 타고 교태문(交泰門), 영청문(永淸門), 명정문(明政門)을 경유하였다. 그리고 명정문 밖 강여소(降輿所)에서 연(輦)으로 갈아타고 홍화문(弘化門)을 나왔으며, 이현(梨峴)을 거쳐 경모궁 대문에 이르렀다. 정조는 대문 밖에서 연(輦)에서 여(輿)로 갈아타고 경모궁 안으로 들어가 진설(陳設)된 물품을 살핀 후 장경교(長慶橋)에 설치된 악차(幄次)로 나갔다.

이날 승정원과 규장각에 소속된 관리들이 정조를 수행했다. 승정원 소속의 관리는 행도승지 심환지(沈煥之), 행좌승지 이만수(李晩秀), 행우승지 홍인호(洪仁浩), 행좌부승지 이익운(李益運), 우부승지 임희존(任希存), 동부승지 이조원(李肇源), 기사관(記事官) 정문시(鄭文始), 가주서(假注書) 서준보(徐俊輔), 기주관(記注官) 김양척(金良倜), 기사관 오태증(吳泰曾)이 있었다. 규장각 소속의 관리로는 검교직제학(檢校直提學) 서유방(徐有防), 원임직제학 서정수(徐鼎修), 일직제학(一直提學) 서용보(徐龍輔), 원임직각(原任直閣) 윤행임(尹行恁), 검교직각 서영보(徐榮輔)와 남공철(南公轍)이 있었다.

8시 45분에 자전(慈殿, 정순왕후), 자궁(慈宮, 혜경궁), 내전(內殿, 효의왕후)이 연(輦)을 타고 경모궁으로 이동하였다. 정순왕후는 수정문(壽靜門), 의춘문, 청양문, 명광문, 숭지문을 경유하여 홍화문으로 나왔다. 혜경궁은 영청문과 명정문을 경유하고, 효의왕후는 선화문(宣化門),

협양문, 건양문, 동룡문, 경화문, 집례문을 경유하여 홍화문으로 나왔다. 이들은 이현을 경유하여 경모궁에 이르러 재실로 들어갔다. 이날 정순왕후와 혜경궁, 왕비는 적의(翟衣)에 머리 장식을 하였다. 의장으로 정순왕후와 왕비는 주장(朱杖)을 사용하였고, 혜경궁은 오장(烏杖)을 사용하였다.

먼저 도착해 있던 정조는 이들이 이동하는 동안 행렬이 어디까지 왔는지를 물었고, 직제학 서유방에게 이들이 연(輦)을 내리는 곳에 옥교(玉轎)를 미리 대기해 두라고 명령하였다. 또한 도승지 심환지에게는 경모궁 대문 근처에서 정순왕후가 재실에 들어가기를 기다렸다가 탕제(湯劑) 1첩을 데워서 들이라고 하였다. 이날 날씨는 좋았지만 정순왕후가 현기증이 있어 정조는 행렬을 천천히 이동하라고 지시하였다.

얼마 후 정순왕후와 혜경궁의 연(輦)이 도착하자, 정조는 장경교의 지영소(祗迎所)에 나가 허리를 숙여 정순왕후와 혜경궁을 맞았다. 또한 효의왕후의 연(輦)은 국왕을 시위한 백관들이 허리를 숙여 맞이하였다. 이후 정조는 여(輿)를 타고 재실로 들어가 면복(冕服)으로 갈아입었다.

행사가 시작되자 혜경궁은 경모궁 계단 위의 중앙에서, 정조와 왕비는 길의 동서에 나눠 서서 사도세자의 위판을 향해 두 번 절을 하였다. 다음으로 사도세자의 신주를 감실(龕室)에서 내어와 신좌(神座)에 설치하였고, 정순왕후가 막차에서 나와 경모궁 건물 안의 중앙에 마련된 자리로 가서 섰다. 혜경궁과 정조, 왕비는 다시 두 번 절을 올렸고, 정순왕후는 세 번 향을 올린 다음에 술잔을 올렸다. 정순왕후는 절을 하지 않은 상황에서 전작례(奠爵禮)만 거행한 것이다. 정순왕후가 술잔을 올리고 나자 혜경궁과 정조, 왕비가 다시 두 번 절을 올리는 것으로 행사는 끝이 났다. 혜경궁과 왕비는 묘현례를 거행한 것이다.

경모궁 전작례가 끝나자 정조는 재실로 돌아가 익선관과 곤룡포로 갈아입었다. 이때 약방(藥房)의 도제조 홍낙성(洪樂性), 제조 서유방, 부제조 심환지 등이 국왕의 안부를 여쭈려고 만나 뵙기를 요청하였다. 이날 정조는 격기(膈氣, 기가 가슴에 몰리는 것)가 있었기 때문이다. 그러나 정조는 그냥 물러가라고 명령하였다. 정조는 재실에 있으면서 서유방에게 명령하여 정순왕후에게 탕제 1첩을 데워 올리게 하였다.

얼마 후 정조는 장경교의 지영소로 나가 정순왕후와 혜경궁의 가마가 경모궁을 떠나가는 것을 전송하였다. 이때 정조는 우승지 홍인호에게 자전과 자궁의 가마를 따라가 반차(班次)와 돌아가는 길이 편안한지를 잘 살피고 와서 보고하라고 명령하였다. 자전, 자궁, 내전은 올 때와 같은 길을 선택하여 이현을 경유하여 홍화문으로 들어갔다. 자전은 수정문(壽靜門), 자궁은 영청문(永淸門), 내전은 선화문(宣化門)을 거쳐 대내로 돌아갔다.

정조는 이들을 전송한 후 다시 여(輿)를 타고 경모궁 안으로 들어가 철찬(撤饌)하는 것을 살펴보고, 경모궁 소속 관리와 수행 관리들에게 음식을 나누어 주었다. 이때 정조는 정순왕후에게 하루에 두 번 올리는 탕제에 인삼 1전(錢)을 더하여 올리게 하였고, 혜경궁에게는 삼령차(蔘苓茶) 1첩을 올리라고 명령하였다.

이후 정조는 여(輿)를 타고 경모궁 대문 밖으로 나왔다. 이때 영의정 홍낙성이 다가와 정조와 대화를 나누었다.

영의정 홍낙성이 앞으로 나와서 문안하였다. "직접 자전과 자궁을 모시고 무사히 예를 행하시고, 곤성(坤聖, 왕비)께서 참배하신 것도 같은 날입니다. 의문(儀文)이 크게 갖추어지고 정(情)과 예(禮)가 모두 펴졌으니 참으로 경사에 대한 기쁨을 이기지 못하겠습니다."

상이 말씀하셨다. "이달 이날을 맞으니 내 마음에 품은 것이 어떠하겠는가. 혹시나 자궁의 생각에 영향을 끼칠까 하여 감정을 누르고 예를 거행하였다." (부편 2. 경모궁전배, 연설)

이후 정조는 여(輿)에서 연(輦)으로 갈아탄 후 이현을 경유하여 홍화문으로 들어왔다. 명정문 밖에서 다시 여(輿)를 타고 명광문(明光門), 청양문(靑陽門), 의춘문(宜春門)을 경유하였다. 정조는 의춘문을 지난 후 자전(정순왕후)께 안부를 여쭈고, 연생문(延生門)을 거쳐 대내로 돌아갔다.

한강에 배다리 설치를 명하다

•

1월 28일

이날 정조는 한강에 주교(배다리)를 설치하라고 명령하였다. 화성에 행차할 날이 다가왔기 때문이다. 이때 정조는 정리당상으로 있던 이시수를 호조판서로 임명하고 사복시 제조를 겸하게 하였으며, 총융사 서용보를 주교 당상으로 임명하였다. 이시수와 서용보는 모두 정리소 당상을 겸하고 있는 정조의 측근 관리였다.

전교하셨다. "현륭원 행차가 가까이에 있어 주교 공사를 시작해야 하므로, 주관하는 사람을 갖추어야 한다. 게다가 탁지(호조)의 막중한 임무도 오랫동안 비워둘 수 없다. 예의염치의 도가 중요하니, 명령을 내려 부신(符信)을 받게 하는 것은 예의로 부리는 의리가 아니다. 병조판서 이시수를 탁지의 직임으로 옮겨라. 재주와 그릇이 자리에 잘 어울리니 적임자를 얻었다고

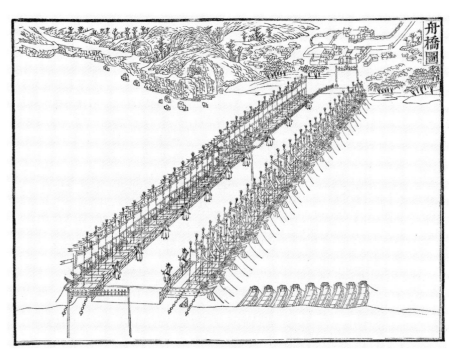

정조의 화성행차를 위해 한강에 놓은 배다리

하겠다. 즉시 패초(牌招)하여 직임을 맡게 하라. 총융사 서용보는 주교당상

(舟橋堂上)에 임명하라." (권1, 전교)

정조, 화성행차의 구체적인
일정을 보고받다
•
2월 1일

화성에 행차할 날이 다가오자 정리소에서 구체적인 행사 일정을 정
조에게 보고하였다. 시흥에서 하루를 묵고 수원에 도착하며, 현지에서
는 현륭원 참배, 혜경궁의 회갑 잔치, 문과와 무과 시험, 시흥에서 하루
를 묵고 궁궐로 돌아오는 일정이었다. 이때까지 정조는 화성에 도착한
후 사도세자의 현륭원을 제일 먼저 방문할 생각이었다.

정리소(整理所)의 낭청(郎廳)이 당상(堂上)의 뜻으로 아뢰었다. "이번에 현
륭원에 행차하실 때의 군령(軍令)에 의하면 궁궐을 나서는 첫째 날에 노량진
(鷺梁津)에서 휴식과 점심을 취하고, 시흥(始興)에서 숙박합니다. 둘째 날에
는 사근평(肆覲坪)에서 휴식과 점심을 취하고, 수원(水原)에서 숙박합니다.
셋째 날에는 현륭원을 참배하고 수원으로 돌아와서 숙박합니다. 넷째 날에

는 혜경궁(惠慶宮)의 회갑을 축하하는 잔치를 엽니다. 다섯째 날에는 문과와 무과의 시험을 실시합니다. 여섯째 날에는 사근평에서 휴식과 점심을 취하고, 시흥에서 숙박합니다. 일곱째 날에는 노량진에서 휴식과 점심을 취하고, 당일에 궁으로 돌아옵니다. 이렇게 마련하라는 뜻을 병조에 분부하시는 것이 어떻겠습니까?"

전교하셨다. "허락한다. 날짜는 그때 가서 다시 보고하여 명령을 받은 후 예조에 분부하여 추가로 택하게 하여도 좋겠다." (권2, 계사)

함흥본궁의 제사를 직접 지내듯이

•

2월 10일

이날 정조는 다음날 함흥본궁에서 거행될 큰 제사를 앞두고 편전에서 재계하며 밤을 새웠다. 정조는 서울과 함흥은 거리가 멀리 떨어져 있지만 이날은 자신이 직접 작헌례(酌獻禮)를 올리는 것처럼 재계를 하겠다고 하였다. 또한 환조의 여덟 번째 회갑이 되는 2월 13일에는 진전(眞殿)에 제사를 지낼 때 재계하던 곳에서 재계를 하겠다고 하였다. 판중추부사인 김희(金憙)를 함흥으로 파견하여 국왕을 대신하여 지내게 하는 제사이지만, 자신이 직접 제사를 지내는 마음으로 재계하겠다는 발언이다.

전교하셨다. "내일은 바로 함흥본궁에 특별히 대신을 파견하여 제사를 거행하게 한 날이다. 제사 지내는 날 밤에 몸을 정결히 하고 마음속의 정성이 위로 전해지기를 바라는 자라면 어찌 거리가 멀다고 조금이라도 소홀히 할 수 있겠는가. 오늘 밤 편전으로 나가 재계하면서 제사가 끝나기를 기다릴 것이니, 재계와 관련된 의절은 모두 직접 작헌례를 거행할 때의 전례대로 하라고 분부한다."

전교하셨다. "13일은 정릉의 여덟 번째 회갑이 되는 탄신일이니, 특별히 대신을 파견하여 제사를 섭행할 때에도 나가서 재계해야 한다. 재계하면서 밤을 샐 장소는 진전에서 의례를 거행할 때 재계하던 곳으로 하겠다. 하루 전에 재계하는 일을 해당 관리에게 알아두게 하라." (부편 3, 영흥본궁제향, 전교)

정조는 함흥본궁에서의 제사를 마치 자신이 직접 지내는 것처럼 경건한 마음을 가지고 근신하면서 지내고 있었다.

춤추는 무용수를 추가로 선발하다

•

2월 12일

정조는 화성행궁에서 혜경궁의 회갑 잔치를 거행할 때 춤추는 무용수를 추가로 선발할 것을 결정하였다. 이보다 앞서 정조는 왕실에서 큰 행사가 있으면 전국에서 무용수를 선발하여 올려 보내는 일을 중단시켰다. 자신이 화성에 행차하는 일을 간략하게 한다는 의지를 보이기 위해서였다. 그러나 수원부에 소속된 무용수를 동원하여 회갑 잔치를 준비해 보니 인원이 크게 부족하였고, 결국은 중앙 관청에 소속된 의녀(여의사)와 침비(바느질 하는 종)를 선발하여 내려 보내는 방법을 채택하였다. 이때 선발된 의녀와 침비는 원래 무용을 전공으로 하던 사람이 아니었으므로, 한 달 후에 개최될 회갑 잔치를 준비하기 위해서는 많은 연습을 해야 하였다.

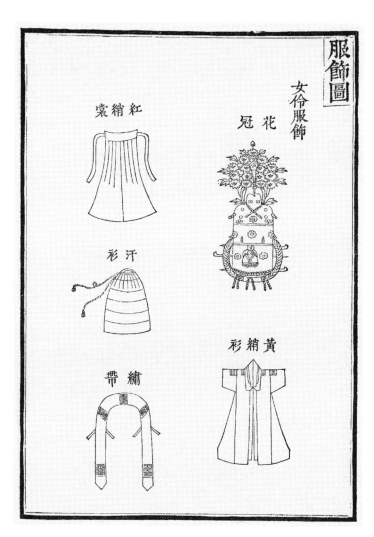

服飾圖

女伶服飾

花冠

紅綃裳

彩汗

繡帶

黃綃衫

무용수(여령)들이 입었던 복식

정리소의 낭청이 당상의 뜻으로 아뢰었다. "이번 화성부에서 회갑 잔치를 할 때 춤을 추는 여령(女伶)들을 각 도에서 선발하여 올리는 것을 모두 생략하여 행차를 간소하게 하려는 뜻을 보이도록 하라는 사항에 대해 이미 연교(筵敎)에서 들었습니다. 여령에 필요한 인원을 수원부의 여령으로 간략하게 분배하였지만 부족한 숫자가 많습니다. 내의원(內醫院)과 혜민서(惠民署)에 소속된 의녀(醫女), 공조와 상방(尙方, 상의원)에 소속된 침비(針婢) 중에서 약간 명을 추가로 수원부로 내려 보내도록 분부하시는 것이 어떻겠습니까?"

전교하셨다. "허락한다." (권2, 계사)

을묘년을 기념하여
창덕궁에서 회방연을 열다

•

2월 14일

이날 창덕궁 만팔문(萬八門)에서 회방연(回榜燕)이 있었다. '회방(回榜)' 이란 과거 시험에 합격한 사람이 60주년을 맞이하는 것을 말한다. 이때 가 되면 정부에서는 회방한 사람에게 홍패나 백패를 다시 나누어 주었고, 1786년(정조 10)부터는 자품을 한 등급씩 올려주었다. 1795년에 회방을 맞이한 사람은 사마시(司馬試, 소과) 급제자로는 영의정 홍낙성(洪樂性)과 첨지중추부사 권연(權挺)이 있었고, 문과 급제자로는 지중추부사 이홍직(李弘稷), 무과 급제자로는 지일휘(池日輝), 잡과 급제자로는 관상감정 송문규(宋文奎)가 있었다. 이때 행사의 주인공은 사마시에 급제한 후 60년이 지난 영의정 홍낙성이었다.

이날 정조의 좌석은 만팔문 중앙에 남향으로 설치한 장전에 설치되었고, 그 앞에는 방안과 홍패안, 백패안이 놓였다. 정조는 익선관에 곤룡포를 입었고, 관리는 흑단령, 회방을 맞이한 대신(大臣)들은 유건(儒巾)에 청영(靑纓)과 청삼(靑衫)을 입었고, 회방을 맞이한 사마와 문무과 급제자는 공복(公服)을 입었다. 그리고 이해에 새로 합격한 사람은 난삼(襴衫)과 연두건(軟頭巾)을 갖추었다. 회방 대신, 문과, 사마와 새로 합격한 생원의 방방관(放榜官, 과거 합격자의 이름을 적은 방을 읽는 관리)은 이조정랑과 예조정랑이 맡았고, 회방 무과와 새로 합격한 진사의 방방관은 병조정랑과 예조정랑이 맡았다.

정조가 좌석에 앉자 종친과 문무 2품 이상의 관리들이 네 번 절하고 각자의 자리에 섰다. 승지 2인이 방방관에게 방을 내주었고, 방방관은 합격자를 한 명씩 호명하였다. 회방이 되는 문신, 문과, 사마, 신방 생원은 동쪽 자리로, 회방이 되는 무과와 신방 진사는 서쪽 자리로 나아가 네 번 절을 하였다. 예조정랑은 회방 대신에게 백패를 주었고, 이조, 병조, 예조정랑은 나머지 합격자에게 홍패와 백패를 나눠주고 꽃, 우산, 무동(舞童), 술과 안주를 주었다. 춤추는 무동은 회방을 맞이한 문과와 무과 합격자에게만 나눠주었다. 합격자가 네 번 절하고 물러나면, 종친과 문무 관리가 네 번 절을 하는 것으로 행사는 끝이 났다.

행사가 끝난 후 회방을 맞이한 관리들과 사관(四館, 과거 급제자가 배치되는 성균관, 교서관, 승문원, 예문관을 말함)에 방을 붙였던 선방관(宣榜官)들은 정조에게 행사를 축하하는 전문(箋文)을 올렸다. 이때 사관을 담당한 관리는 능은군(綾恩君) 구윤명(具允明)이었고, 선방관을 맡은 관리는 예문관 제학 이병정(李秉鼎)이었다. 이들은 보정문 밖으로 나가 흑단령으로 갈아입었고, 정조는 그대로 익선관에 곤룡포를 입고 있었다. 회방 대신과 선방관이 배위로 가서 네 번 절을 하면, 공복을 입은 전전관(展箋官)이 정조 앞으로 나가 전문(箋文)을 펼쳤고, 독전관(讀箋官)이 전문을 읽었다. 회방 대신과 선방관이 다시 네 번 절을 하고 나오는 것으로 행사는 끝이 났다.

정조는 이날의 기쁨을 축하하는 시를 지었다.

영의정(홍낙성)이 과거에 급제한 지 예순 돌이 되어 새로 급제한 자들과 함께 이름이 불려졌다. 방(榜)을 내던 날 특별히 어사화 한 가지를 내려주었고, 능은군(綾恩君) 구윤명(具允明)에게 명하여 선진(先進)의 일을 거행하게 하였다. 문과에 이홍직(李弘稷), 무과에 지일휘(池日輝), 사마에 권연(權挻)도 회방(回榜)에 참여하였으니, 참으로 세상에서 보기 드문 일이다. 근체시를 지어 기쁨을 기록한다.

아침의 빛나는 햇살이 궁궐 동산을 둘러싸고
어사화는 봄날의 연회석 술잔에 비친다.
한 갑자를 지나서 다시 사마방(司馬榜)에 돌아오니
온갖 상서로움이 궁궐 문에 모여 드네.
복성(福星, 목성)은 중서성을 두루 비춘지 오래되었고
원로들은 막 급제한 상사(上舍, 유생)들과 술잔을 함께한다.
나이 팔십의 원로가 다시 사관(四館)에 앉았으니
장차 문무 관원들이 새 장원을 송축하리.(권1, 어제)

정조가 과거에 급제한 지 60주년을 맞이하는 홍낙성 등 관리들을 특별히 드러내는 행사를 한 것은 이들이 사도세자가 태어났던 해에 치러진 과거에 합격한 사람들이었기 때문이다. 정조는 사도세자가 환갑이 되는 을묘년을 기념하는 행사들을 기획하면서, 사도세자가 태어난 해에 과거 시험을 치렀던 합격자에 대한 기억도 환기시켰다.

곡식은 모두 국왕이 내려주는
돈으로 충당하라

•

2월 15일

정조는 화성에 행차하여 혜경궁의 회갑 잔치를 거행한 후 쌀을 하사할 대상을 미리 선정하라고 명령하였다. 정조는 대상자를 선정하는 일을 하급 관리에게 맡길 것이 아니라 화성의 판관이 직접 현장을 돌아다니며 확인하고 총리대신이 이를 감독할 것이며, 이를 제대로 시행하지 못하면 객사에서 곤장을 치라고 지시하였다. 그리고 이 행사에 사용하는 곡식은 모두 국왕이 내려주는 돈으로 충당하라고 하였다. 지방 관아나 백성들에게 조그만 피해라도 돌아가지 않게 하겠다는 배려였다.

전교하셨다. "이번에 현륭원에 행차할 때 화성부에 가서 잔치를 여는 날화성부 지역의 사민(四民)들에게 특별히 쌀을 지급하고 기민(饑民, 굶주린 백성)들에게 따로 한 차례 식사를 제공하겠다고 이미 하교하였다. 사민을 널리

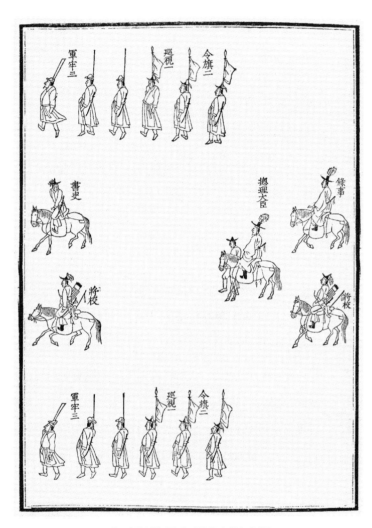

정조의 화성행차를 총괄한 총리대신 채제공

선발하고 기민을 덧붙이려면 지금부터 서둘러 거행하여야 정밀하게 가려서 빠트리는 폐단이 없을 것이다. 근래에 듣기에 화성부의 지방관이 거행하는 데 소홀함을 면하지 못한다고 하니 매우 놀랍다. 조정의 명령이 지엄함을 안다면 어째서 마을마다 두루 답사하지 않고 하인배들이 농간을 부리게 하는가? 엄하게 처벌해야겠지만 행차가 가까이에 있으니 우선 충분히 참작하여 정리소에서 급히 알리게 하라. 내일부터 판관(判官)이 직접 거행하고, 총리대신은 이를 잘 알아서 특별히 살피게 하라. 다시 소홀히 하는 단서가 드러나면 총리대신이 총괄하여 다스리고, 판관은 이를 보좌하며, 총리대신은 먼저 가는 날 객사에 앉아서 잡아들여 엄하게 곤장을 쳐서 성실하지 못한 버릇을 징계하라. 사민에게 쌀을 주고 기민을 진휼하는 방식은 총리대신이 서울에서 사민에게 쌀을 주고 지방에서 기민을 진휼하는 것보다 조금 더 마련하고 이치를 따져 기록하여 보고하라. 사용하는 곡식은 모두 국왕이 내려주는 돈으로 충당할 것이니, 이러한 뜻도 잘 알아서 마련하게 하라."

(권1 전교)

화성행차 날짜를
회방 행사 이후로 잡은 이유

•

2월 16일

이날 정조는 사마시에 합격한 지 60주년을 맞은 영의정 홍낙성에게 특별한 명령을 하였다. 영의정이 과거에 급제한 지 60주년이 되는 것은 매우 특별한 일이고, 그 때문에 자신은 화성에 행차하는 날짜를 회방 행사 이후로 잡았다고 했다. 이는 모두 홍낙성을 우대하는 조치였다. 그리고 정조는 홍낙성이 과거에 급제하던 해, 즉 사도세자가 태어났던 해에 치러진 과거 시험에서 합격한 사람의 손자들이 60년 후의 과거에서 급제한 사실을 중시하고, 급제자의 명단을 기록한 『사마방목(司馬榜目)』을 편찬하게 하였다. 이 책자에는 60년 전에 급제한 사람의 명단과 이번에 급제한 사람의 명단을 수록하며, 이 책자는 규장각에 소속된 주자소에서 인쇄하여 배포하라고 명령하였다. 이때 과거에 급제한 홍석주(洪奭周)는 바로 영의정 홍낙성의 손자였다. 홍석주는 훗날 헌종 대에 좌의정에까지 오르는 고위 관리가 되었다.

전교하셨다. "회방 노인(과거에 급제한지 60년이 되는 노인)으로 강원도, 충청도, 전라도에 사는 사람을 올려 보내자는 뜻을 경(홍낙성)이 이미 건의하였다. 다시 올해의 회방을 생각하니 노인을 우대하는 것을 어찌 평상시와 같이 하겠는가? 노인이 올라올 때 말을 제공하고 음식을 주선하며, 고향으로 돌아갈 때에도 이 일에 준해서 하라고 경이 본사(本司)에서부터 즉시 알려라. 경은 한 나라의 상상(上相, 영의정)이다. 상상의 회방이 옛날에 어찌 있었겠는가? 현륭원 행차 날의 택일을 회방이 지나간 다음으로 잡으려는 것은 높이는 예로 공경하고 중하게 여기는 뜻에서 나온 것이다. 이러한 뜻을 경과 정리소는 잘 알아야 할 것이다.

대우할 일은 실로 한 가지가 아닐 것이다. 경(홍낙성)의 손자인 홍석주와 같은 날 급제한 이영하(李泳夏)는 그 할아버지가 경과 동방 급제하였다 하고, 또한 그의 고조는 경의 증조와 동방 급제하였다고 한다. 이번에 특별히 진사에 합격한 한 사람은 또 이해의 증광시와 사마시에 합격하였던 사람의 아들이라고 한다. 이외에도 이처럼 희귀한 일이 어찌 없을 줄 알았겠는가?

경은 이런 일을 채집하여 보고하고, 방목을 인쇄하여 배포할 때 같이 편집하여 넣게 하라. 선조 을유년(1765, 영조 41)에 경사스런 해가 거듭 돌아왔기 때문에 역시 소과 합격자 명단을 발표하던 날 소과방목을 인쇄하여 배포했던 특별한 은혜가 있다. 하물며 올해의 회방에 있어서이겠는가? 첫 머리에 경(홍낙성)과 사관(성균관 예문관 승문원 교서관)의 일을 진행하는 능은군(綾恩君, 구윤명)의 성명을 올리고, 다음에 원래의 방목을 기록하며, 규장각의 주자소에서 인쇄하여 배포할 것을 감인소에 분부한다. 경도 잘 알아야 할 일이기에 영의정에게 명령한다." (권1 전교)

2월 14일에 있었던 홍낙성의 회방연은 60년 전 사마시 합격자와 이때의 사마시 합격자 명단을 함께 수록한 『사마방목』을 간행하는 것으로 마무리되었다.

환조 탄생 480주년 제사를 마치다

●

2월 17일

이날 정조는 판중추부사 김희로부터 2월 13일에 거행된 함흥본궁의 제사를 무사히 마쳤다는 보고를 받았다. 환조의 탄생 480주년을 기념하는 제사였다. 정조는 이에 대한 기쁨을 표시하면서, 제사를 지내던 날 자신이 재계하면서 지었던 시를 김희에게 보내어 현판을 만들게 하고, 이를 함흥의 정릉과 함흥본궁의 재실에 걸어놓게 하였다. 자신이 조상들의 은덕에 보답하기 위해, 환조 탄생 480주년이 되는 해에 이런 제사를 거행하였음을 함흥 현지에 있는 사람들에게 널리 알리기 위해서였다.

행판중추부사(行判中樞府事) 김희(金憙)의 '이달 13일 자시(子時)에 정릉(定陵)의 여덟 번째 회갑이 되는 탄신에 작헌례를 섭행하는 일이 순조롭게 이루어졌다'는 장계에 대해 전교하셨다. "좋은 아침에 축문을 전해주고 재계하던 날 밤에 경건하게 정성을 쏟으며, 마음을 진정시키지 못한 채 오직 나의 마음이 위에 전달되어 혼령께서 임해주시기만을 바랐다. 지금 경의 장계를 보니, 제사를 올리던 날 날씨가 맑고 제사 의례도 순조롭게 이루어졌다고 한다. 이렇게 만나기 어려운 경사를 만나 더욱 기쁘고 다행이라는 생각이 절실해진다. 헌관을 맡은 경에게 내구마(內廐馬) 한 필을 직접 줄 것이니, 경이 도성 밖에 도착하기를 기다려 사복시의 내승(內乘)을 시켜 전할 것이니 경은 받아주기 바란다. (중략) 재계하던 날 밤에 지은 연운(聯韻)을 역마(驛馬)를 통해 경에게 보낸다. 경의 연운이 올라온 뒤에 경에게 이를 정서하게 하여 본릉(本陵)과 본궁(本宮)의 재실에 현판으로 걸도록 할 것이니, 아울러 알아두라고 회유(回諭)하라. 이번의 작헌례는 예(禮)로 인하여 의리를 일으킨 것이니, 올해를 만나 이 예를 거행함으로써 조상의 음덕에 보답하려는 마음을 담은 것이다. 이런 뜻으로 정리소의 총리대신은 글을 만들어 함경도 관찰사에게 분부하고, 관찰사는 이 전교를 제사의 집사를 맡은 수령들에게 반포하여 북로(北路)의 인사(人士)들 모두에게 이해에 이런 예가 있었음을 알게 하라." (부편 3, 영흥본궁제향, 전교)

반차에 참여하는 내빈의
옷값과 노잣돈을 받지 않다

•

2월 19일

정조는 혜경궁의 회갑 잔치에 참석하는 손님에게 의복비와 교통비를 지급하는 조치를 내렸다. 그러나 정조의 두 여동생인 청연군주(淸衍郡主, 김기성의 부인)와 청선군주(淸璿郡主, 정재화의 부인)는 이 비용을 받기를 거절하였다. 천년에 한 번 있을까 하는 성대한 행사에 참석하는 것만으로도 충분히 영광이며, 행차에 필요한 비용은 스스로 마련하겠다고 알려왔던 것이다. 정조는 두 여동생들의 요청을 들어주었다. 사도세자와 혜경궁의 딸이었던 두 군주는 정조와 함께 화성에 행차하여 부친의 묘소를 방문하고 모친의 회갑 잔치에도 참석하였다.

(정리소의 낭청이 당상의 뜻으로) 아뢰었다. "이번 현륭원에 행차하실 때 반차에 참여하는 내빈(內賓, 여성 손님)들에게 옷값과 노잣돈을 마련하여 보냈

습니다. 청연군주방(淸衍郡主房)과 청선군주방(淸璿郡主房)에서는 '이번에 천년에 한 번 만나기 어려운 기회를 맞아 국왕의 행차를 따라 화성에 가서 성대한 예식에 참석하게 되었으니 진실로 매우 경사스럽고 다행입니다. 옷값과 노잣돈은 이미 조치하여 마련해 두었으니, 은혜롭게 내려주시지만 감히 받을 수 없습니다'라고 하니, 어떻게 해야 합니까? 감히 여쭙니다."

전교하셨다. "그렇다면 보내지 말도록 하라."(권2, 계사)

혜경궁의 회갑 잔치에 참석하는 손님들에게 지급한 비용의 내역은 『정리의궤』 권4의 반전(盤纏) 항목에 잘 나타난다. 이를 보면 여성 손님인 내빈(內賓)에게는 청연군주와 청선군주에게 각각 100냥을 지급하였지만 이들은 모두 반납하였다. 그다음에는 사망한 판서(判書) 조엄(趙曮)의 처인 홍씨(洪氏)와 동돈녕부사(同敦寧府使) 홍용한(洪龍漢)의 처인 송씨(宋氏) 등 6인에게 의복비로 70냥씩 지급하고, 유학(幼學) 심능정(沈能定)의 처 홍씨(洪氏) 등 3인에게는 의복비로 50냥씩, 행 부사직(行副司直) 홍의영(洪義榮)의 처 심씨(沈氏) 등 2인에게는 의복비로 30냥씩을 지급하였다. 회갑 잔치에 참석한 내빈들은 모두 혜경궁 홍씨의 친정 식구들이었다. 남성 손님인 외빈(外賓) 62인에게는 각각 16냥씩의 교통비가 지급되었고, 내빈과 외빈을 수행하는 종인(從人)은 각각 2명씩 계산하여 노자(路資) 2냥을 지급하였다. 이를 보면 남성보다 여성에게 지급하는 비용이 훨씬 많았다.

사민에게 쌀을 하사하다

●

2월 20일

정조는 이날 화성부에 5천 냥을 보내어 사민에게 쌀을 하사하는 비용을 충당하게 하였다. 5천 냥의 돈은 정리소에서 지급하였다. 정조가 내린 비용으로 쌀을 하사하는 행사는 윤2월 14일에 진행되었다.

전교하셨다. "화성행궁에서 잔치를 할 때 사민(四民)에게 쌀을 주고 기민 (飢民)에게 양식을 지급하는 일은 자궁의 뜻을 받들어 자궁의 은혜를 알게 하려는 데서 나온 것이다. 정리소에서 필요한 것이 경상비를 많이 소비하지는 않겠지만 여기에서 떼어내어 주는 것도 본래의 뜻은 아니다. 국왕이 내려 주는 돈 5,000냥을 화성부로 내려 보내어 후하게 먹이는 일로 삼을 것이니, 정리소에서 자세히 알도록 분부하라." (권1 전교)

이날 정리소에서는 화성행궁에서의 진찬과 양로연을 연습하였다. 한 편 정조의 행차가 방문하게 될 노량참(鷺梁站), 시흥참(始興站), 사근평참(肆覲坪站), 원소참(園所站)에서 행차 인원에게 제공할 음식을 마련하는 데 필요한 비용과 현지에서 근무하는 관리에게 들어가는 노자 액수를 수본(手本)으로 보고하였다. 노량참에서는 음식 비용이 323냥 3전에 그 릇값이 52냥 1전 9푼이었고, 서리 1인이 7일 동안 먹는 식대는 하루에 4전씩 계산하여 2냥 8전이었다. 시흥참에서는 음식 비용이 1,015냥 2전 이었고, 사근평참에서는 음식 비용이 330냥 8전이었으며, 원소참에서 는 음식 비용이 177냥 8전이었다. 각 참에서 요청한 비용은 정리소에서 마련하여 지급하였다.

8일간 20끼니의 식사 비용을 요청하다

●

2월 24일

이날 장용영에서 정조의 행차를 수행하는 장관(將官), 장교(將校), 군병(軍兵)의 숫자가 1,855명임을 보고하고, 이들이 8일간 20끼니의 식사를 하는 데 필요한 비용을 요청하였다. 정리소를 통한 보고였다.

정리소에서 올린 장용영 점목(粘目). "이번에 현륭원에 행차하실 때 국왕의 수레를 수행하는 장관(將官), 장교(將校), 군병(軍兵)이 목적지까지 갔다가 돌아오는 8일간 20끼니의 식량을 마련하여 뒤에 기록하였으니 정리소에서 지급할 일입니다."

국왕의 판부(判付). "아뢴 대로 하라."(권3, 계목)

여기에 첨부된 문서를 보면, 총 1,855명의 인원이 20끼니를 먹는 장소는 시흥참(始興站)에서 4끼니, 사근평참(肆覲坪站)에서 2끼니, 수원참(水原站)에서 13끼니, 원소참(園所站)에서 1끼니였고, 각 인원에게 지급하는 식량은 매 끼니마다 쌀 1되씩이었다. 또한 좌사(左司) 삼초(三哨)에 소속된 향군(鄕軍) 381명은 나루터에서 2끼니를 먹게 되는데, 각 인원에게 매 끼니마다 쌀 1되와 연료비를 지급하고, 짐을 싣는 복마(卜馬)에게는 풀을 매 끼니마다 2푼씩과 연료비를 지급하였다. 정조의 행차 기간 동안 필요한 식사비와 연료비를 한꺼번에 지급한 것이다.

새로 만든 가마의 시승식을 거행하다

●

2월 25일

정조는 창덕궁에서 혜경궁을 모시고 새로 만든 가마를 타는 시승식을 하였다. 정조는 지난 해 11월 20일에 제작 중인 가마를 가져오게 하여 살펴본 적이 있었다. 이번에는 화성행차를 앞두고 혜경궁에게 직접 가마를 타 보게 한 것이다. 혜경궁은 거처인 영춘헌 앞뜰에서 새로 만든 가마를 탔고, 정조는 걸어서 가마를 따라가다가 연생문 밖에서 말을 타고 따랐다. 혜경궁과 국왕 뒤에는 정리사들이 말을 타고 따랐으며, 정조의 두 여동생인 청연군주와 청선군주는 쌍가마를 타고 따랐다. 다음 달에 있을 화성행차의 예행연습이었다.

정조는 혜경궁의 가마가 경사진 길에 이르면 말에서 내려 안부를 여쭈었고, 혜경궁이 농산정(籠山亭)에 올랐을 때 점심과 차를 직접 올렸다. 이날 정조는 외뿔소로 만든 술잔을 정리소에 내려, 화성행궁에서의

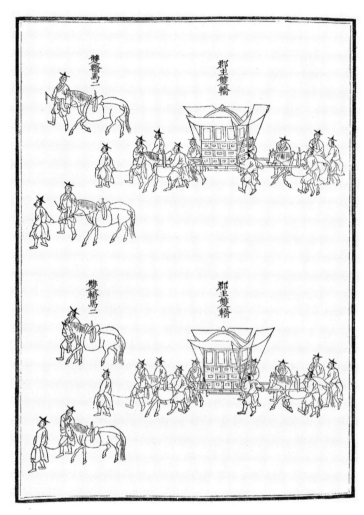

청연군주와 청선군주의 쌍가마

혜경궁의 가마인 자궁가교

잔치에 사용하라고 하였다. 장수를 기원하는 외뿔소 술잔이었다.

국왕께서 자궁을 모시고 가마 연습을 거행하려고 입시하였을 때, 행 좌승지 이만수, 행 우승지 이익운, 동부승지 이조원, 가주서 구득노, 기주관 김양척, 기사관 오태증, 정리 당상 심이지 · 서유방 · 이시수 · 서용보 · 서유대 · 윤행임이 차례로 모시고 섰다. 사복시에서 자궁의 가교를 만팔문 안에 들여놓았다.

묘시(아침 6시)에 자궁이 영춘헌의 앞뜰에서 가마에 올랐다. 국왕은 군복을 갖추고 걸어서 따라가다가 연생문 밖에 이르러 말을 타고 직접 자궁의 가마 뒤에서 모시었다. 정리사 이하가 행렬을 따르는 복식으로 각자 자신의 반열에서 말을 타고 따랐다. 청연군주와 청선군주는 쌍교를 타고 그 뒤를 따랐다. 길은 명광문과 청양문을 지났으며, 산상로에서 다시 중산로를 지났다. 길이 조금 옆으로 경사진 곳에서는 매번 국왕이 말에서 내려서 가마 옆으로 가서 문안을 여쭈었다. 옥류천 동구에 이르러 자궁은 가마에서 내렸고 보여(步輿)를 타고 농산정에 들어갔다. 점심 식사와 차를 올릴 때에는 국왕이 직접 살펴서 올렸다. 국왕은 얼마 후 소차를 나와 행렬을 따라온 신하들과 군교, 서리, 하예들에게 음식을 내렸고, 북을 울리라고 명령하여 향악과 당악의 합주로 여민락을 번갈아 연주하게 하였다. (중략)

궐내에 보관하였던 시작(兕爵, 외뿔소잔) 하나를 정리소에 내려주며 말씀하셨다. "『시경』에서 '저 시굉(兕觥, 외뿔소잔)을 들어 만세무강 하소서'라 하였다. 이 잔이 비록 작지만 바로 궁궐 안에서 오랫동안 보관한 것이니, 시굉을 대신하여 수주정(壽酒亭)에서 사용할 수 있을 것이다." (권1 연설)

정조는 1794년 가을에 화성 행차에 사용할 혜경궁의 가마와 두 군주의 가마를 제작하게 하였다. 혜경궁이 타는 가마는 장거리를 이동할 때 사용할 가교(駕轎) 1좌(坐)와 현륭원에 이동할 때 사용할 유옥교(有屋轎) 1좌를 새로 만들었다. 그리고 두 군주가 탈 가마는 육인교(六人轎) 2좌를 새로 만들었다. 혜경궁의 가마는 사복시에서 제작하였고, 두 군주의 가마는 전

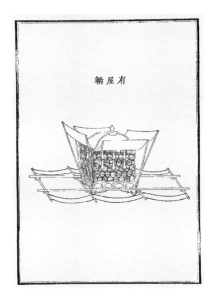

유옥교(有屋轎)

주 감영에서 제작하였다. 가마를 제작하는 데 들어간 비용은 혜경궁의 가교에 2,785냥 9전 3푼, 혜경궁의 유옥교에 732냥 3전 2푼, 두 군주의 육인교에 278냥 3전 3푼이 소요되었다. 정조가 타는 가교는 기존에 사용하던 가마를 수리하여 사용하였다. 가교의 수리비는 122냥 4전 7푼이었다. 혜경궁이 화성에 행차할 때 탔던 가교는 당시로서는 최고로 비싼 가마였다.

호조참판 조윤형이 편액을 맡다

•

2월 27일

　화성행차를 앞두고 혜경궁의 가마가 지나가게 될 문을 넓히고 편액
을 조윤형 글씨로 써서 달았다. 새로 이름을 정한 천오문(千五門)이나
만팔문(萬八門)은 모두 천만년 동안의 경사를 축하한다는 뜻이 담겨있
었다. 이 문의 제작은 호조에서 담당하고, 편액의 글씨는 호조 참판 조
윤형이 맡았다. 이 무렵 정조는 자신이 지은 글을 조윤형에게 맡겨서
쓰게 하는 일이 많았다.

　국왕께서 영춘헌에 행차하시니 호조판서가 입시하였다. 이때 국왕께서
호조판서 이시수에게 말씀하셨다. "자궁의 가마 길에서 안쪽 문은 이미 수
리를 마쳤다. 그러나 교태문 길은 매우 좁아서 가마로 모시기 어렵다. 이번
에 수리하는 문은 직선 길을 취하고, 또 바깥쪽 문을 증수하되 그 편액(扁額)

은 안쪽은 '천오(千五)'라 하고 바깥쪽은 '만팔(萬八)'이라 하여, 천만년 동안 경사를 축하하는 뜻을 담아라. 연생문의 북쪽에 다시 하나의 문을 세우되 이름을 '보정(保定)'이라 하여 『시경』에 나오는 구여지송(九如之頌, 장수를 축하하는 노래)을 본받게 하여라. 경이 담당하는 호조에서 속히 건설하고, 편액은 호조 참판 조윤형에게 써서 올리게 하라."(권1 연설)

정조, 삭망제를 직접 지내다

•

2월 28일

정조는 사도세자의 회갑이 되는 을묘년을 맞아 매월 초하루와 보름이 되면 경모궁을 방문하였다. 부친을 사모하는 정을 펴기 위해 매달 초하루와 보름에 있는 삭망제(朔望祭)를 직접 지내기 위해서였다. 이날 정조는 다가오는 윤2월 초하루에 경모궁을 방문하여 삭제(朔祭)를 거행할 것이며, 돌아오는 길에 진전(眞殿, 선원전)에 들러 분향을 하겠다고 하였다. 그리고 윤2월 보름에는 현륭원에 행차할 예정이므로 망제(望祭)를 지내기는 어렵다고 보았다. 이후에도 정조는 계속 경모궁을 방문하여 삭망제를 지내면서, 사도세자의 복권이 필요하다는 신호를 온몸으로 보냈다.

전교하셨다. "이해에 어버이를 사모하는 정성을 어떻게 해야 조금이라도 펼 수 있을까. 대개 정(情)이 지극한 곳에는 예(禮)도 자연히 따르게 마련이니, 전례에 없는 일이라고 어찌 논할 수 있겠는가? 지금 내가 이해를 맞아 사모하는 마음을 조금이라도 펴는 길은 큰 제사를 지내는 것 외에 달마다 한 번씩 직접 제사를 올리는 일 밖에 없다. 그런데 다음 달 보름쯤에는 현륭원에 행차하게 된다. 모레 경모궁에 가서 재숙(齋宿)하고 삭제(朔祭)를 지내며, 제사가 끝나면 돌아오는 길에 진전(眞殿)에 가서 삭제 분향(焚香)을 직접 거행하고 봉심(奉審)하고 전배(展拜)할 것이다. 예조에서 잘 알게 하라. 경로는 일첨문(日瞻門)을 경유할 것이다." (부편 2, 경모궁전배, 전교)

화성행차의 구체적인 순서를 지시하다

•

윤2월 1일

　정조는 화성행차를 앞두고 행사의 순서를 구체적으로 지시하였다. 정조의 명령을 보면 그는 화성에 행차한 후 제일 먼저 현륭원을 참배하고, 그다음에 회갑 잔치, 양로연, 문묘 참배, 과거, 주간 훈련과 야간 훈련, 호궤의 순으로 행사를 진행하려 하였다. 그러나 실제로 화성에서 행사를 진행할 때에는 그 순서가 바뀌었다. 정조는 혜경궁이 이틀에 걸쳐 장거리 여행을 하느라 피곤해 하는 것을 염려하여 현륭원을 방문하는 날짜를 하루 늦추었다.

　전교하셨다. "현륭원에 행차하는 일자를 영상(영의정 홍낙성)의 회방(回榜) 이후를 기다려서 하자고 일찍이 하교하였다. 윤2월 초9일에 자궁을 모시고 현륭원에 가서 참배한다. 화성행궁에 이르러 자궁께 잔치를 올리고 연이어

양로연을 거행한다. 다음으로 향교의 대성전에 가서 선성인 공자께 배알하고 행궁으로 돌아와 과거를 열어 사람을 뽑는다. 다음날 서장대에 올라 주간 훈련과 야간 훈련을 직접 사열하고, 장사들에게 호궤(犒饋, 음식을 베풀어 위로함)한다. 윤2월 16일이 되면 환궁할 것이다. 정리소에서 자세히 알게 하라." (권1, 전교)

사마방목(司馬榜目)을 배포하다

●

윤2월 4일

이날 새로 인쇄한 『사마방목(司馬榜目)』을 배포하였다. 이 책자는 장지 (壯紙)에 인쇄한 것과 백지(白紙)에 인쇄한 것이 있었다.

전교하셨다. "새로 인쇄한 을묘년의 『사마방목(司馬榜目)』 가운데 장지(壯 紙)로 인쇄한 것은 25건(件)을 궁궐 안으로 들이고, 서고(西庫), 다섯 군데의 사고(史庫), 내각(內閣), 외각(外閣), 옥당(玉堂, 홍문관), 춘방(春坊, 세자시강원), 남궁(南宮, 예조)의 서루(西樓), 승정원, 성균관, 외규장각, 화성행궁, 회방 (回榜)이 된 영의정(홍낙성), 원방(原榜)에 있던 생원과 진사 197인, 화성 출신 에게 특별히 내린 생원과 진사 2인, 특별히 붙인 생원과 진사 4인, 70세 이 상의 노인으로 다시 시험을 본 정원 외의 생원과 진사 7인에게 각각 1건씩 하사하라. 백지(白紙)로 인쇄한 것은 10건을 궁궐 안으로 들이고, 사관(四館)

에 회방(回榜)한 능은군(綾恩君, 구윤명), 회방이 된 문과와 무과, 사마과의 이홍직(李弘稷), 지일휘(池日輝), 권연(權挺), 선방관(宣榜官) 이병정(李秉鼎), 정리소(整理所)의 총리대신(摠理大臣) 우의정(右議政, 채제공), 정리소의 당상관인 심이지(沈頤之), 서유방(徐有防), 이시수(李時秀), 서유대(徐有大), 서용보(徐龍輔), 윤행임(尹行恁), 정리소의 낭청(郎廳)인 홍수영(洪守榮), 홍대영(洪大榮), 구응(具膺), 이노수(李潞秀), 김용순(金龍淳), 시임 대신, 원임 대신(原任大臣), 시임 각신(閣臣), 감인(監印)을 맡은 각신, 회시(會試)의 시관(試官), 정리소의 공사(公事)를 출납하는 별입직(別入直)인 승지(承旨)와 한림(翰林), 과거 합격자의 아들, 검서관(檢書官) 박제가(朴齊家)에게 각각 1건을 하사하라."(권1, 전교)

이를 보면 장지로 인쇄한『사마방목』은 국가의 주요 기관과 화성 행궁, 사마시에 합격한 지 60주년이 되는 생원과 진사 197인에게 일일이 배포되었고, 여기에는 영의정 홍낙성도 포함되었다. 다음으로 백지로 인쇄한『사마방목』은 문과에 급제한 지 60주년이 되는 이홍직, 무과에 급제한 지 60주년이 되는 지일휘, 사마시에 급제한 지 60주년이 되는 권연과 2월 14일의 회방연 행사를 진행한 구윤명과 이병정, 정리소에 소속된 당상관과 낭청,『사마방목』의 편찬에 참여한 규장각 관리들에게 배포되었다. 규장각 검서관이었던 박제가도 그중 한 사람이었다.

화성 향교에 고유제를 올리다

●

윤2월 5일

    정조는 국왕 일행이 화성을 방문하기 전에 수원 향교의 대성전에서 미리 고유제를 올리게 하였다. 고유제를 올리는 일시는 윤2월 8일 새벽이며, 고유제를 올리는 제관은 화성유수였다. 국왕이 화성 향교에 참배하는 것은 이때가 처음이기 때문에 미리 고유제를 올리게 하였다.

    제사를 올리는 대상은 정위에 있는 공자와 그 제자인 사성(四聖, 안자, 증자, 자사, 맹자)과 십철(十哲), 동무와 서무에 있는 우리나라 유학자였으며, 이들 각자에 대한 축문이 있었다. 제사 음식을 보면 공자의 신위에는 희생으로 소, 양, 돼지가 모두 있었지만, 사성에게는 희생 가운데 하나가, 십철과 우리나라 유학자에는 희생이 없었다. 이를 보면 고유제의 주 대상은 공자와 사성이었다. 그리고 고유제에 사용할 향과 축문은 중앙에서 내려 보내고, 제사 음식은 화성부에서 마련하였다.

전교하셨다. "화성의 대성전 참배는 바로 처음 거행하는 의례이다. 장차 예를 거행한다는 사유를 관리를 파견하여 알리는 것이 예(禮)에도 합당하다. 이번 초8일 새벽에 화성유수에게 대성전에서 고유제를 올리게 하라. 공자의 정위(正位)에는 소 하나, 양 하나, 돼지 하나, 두(豆) 3과 변(籩) 2, 국그릇 밥 떡 각 1색(色), 술잔 하나, 폐백 하나로 하고, 건물 밖에 청주(淸酒) 1준과 현주(玄酒) 1뢰(罍)를 배설한다. 향과 축문은 내려 보내고 제물은 화성부에서 마련한다. 사성(四聖)의 위(位)에는 희생 하나, 두 2와 변 1, 국그릇 밥 떡 각 1색, 술잔 하나, 폐백 하나로 하고, 향축이 있다. 십철(十哲)의 위는 두 변 작 각 1이며, 동무와 서무에 모신 동유(東儒) 각 위에도 이와 같이 하고 각각 축문이 있다. 정리소, 화성 유수, 태상시 제거, 대사성은 잘 알도록 하라." (권1, 전교)

방방례를 거행하다

●

윤2월 6일

　　이날 과거 시험의 방방례(放榜禮)를 거행하였다. 금년에 사마시에 합격한 사람과 60년 전 사도세자가 태어났을 때 문과와 무과, 사마시에 합격한 사람들의 명단을 방으로 내건 것이다. 정조는 영의정 홍낙성과 능은군 구윤명에게 특별히 어사화를 주어 연건(軟巾)에 꽂게 하고, 사마시 합격자에게는 축하주를 주었다. 실록에는 이날의 행사를 다음과 같이 기록하였다.

　　천오문(千五門)에 거둥하여 사마시(司馬試)에 새로 합격한 사람과 문과, 무과, 사마시에 합격한 지 60주년이 되는 사람들에 대한 방방(放榜)을 거행하였다. 영의정 홍낙성(洪樂性)과 능은군(綾恩君) 구윤명(具允明)이 연건(軟巾)에 난삼(襴衫)을 입고 방방하기를 의례대로 하였다. 홍낙성과 구윤명에게 꽃 한 가지를 내려주어 연건에 꼽으라고 하였다. 그리고 승지와 사관에게 명령하여 선온(宣醞, 술을 내려줌)하게 하였다.(『정조실록』 권42. 정조 19년 윤2월 6일)

이날 정조가 방방례를 거행한 천오문은 며칠 후 혜경궁이 화성으로 행차할 때 지나가게 될 문이었다. 정조는 이 문의 안에는 '천오문(千五門)', 밖에는 '만팔문(萬八門)'이라는 현판을 새로 만들어 달았다. 앞으로 천만년 동안 혜경궁의 경사를 축하하겠다는 소망을 담은 이름이었다.

홍낙성의 부친인 홍상한(洪象漢)과 정조의 외조부인 홍봉한(洪鳳漢)은 사촌 간이면서, 대과(大科)와 소과(小科)에도 함께 합격한 인연이 있었다. 정조는 이 일을 거론하며 홍봉한의 제삿날인 2월 23일에 특별히 제문을 지어 보냈다. 정조가 외가 어른들을 이처럼 우대한 것은 결국 혜경궁을 위로하기 위해서였다.

화성행차를 시작하다

•

윤2월 9일

    정조가 화성으로 행차하는 날이 시작되었다. 이날 정조는 혜경궁을 모시고 창덕궁을 출발하여 시흥행궁으로 가서 머물렀다. 『정리의궤』에서는 이 행차를 '현륭원으로 가는 거동'이라 표현하였다. 이는 정조의 화성행차에서 가장 중요한 행사가 현륭원을 방문하는 것이었음을 의미한다. 행차가 출발하기 전, 정조는 수정전으로 가서 할머니인 정순왕후에게 인사를 드렸다.

    정조가 행차하는 도로의 양쪽에 백성들이 나와서 국왕의 행차를 관광하였고, 행차가 한강에 이르러서는 주교를 건넜다. 주교의 중간쯤 이르렀을 때 정조는 혜경궁에게 문안을 여쭌 후 미리 용양봉저정으로 달려가 방안을 살피고 혜경궁에게 올릴 점심 식사를 살폈다. 정조는 창덕궁을 출발할 때에는 곤룡포에 철릭을 입었으나 점심 식사를 마친 후에는 군복으로 갈아입었다.

1) 묘시(6시)에 국왕께서 자궁을 모시고 현륭원에 가기 위해 거둥하셨다. (중략) 국왕께서 영춘헌에 행차하여 말씀하셨다. "궁을 나서기 전에 들어가 자전(慈殿, 정순왕후)을 뵈어야 하니, 시위는 먼저 합문에 가서 반차를 정돈해 놓고 기다려라." 이어서 말을 타고 수정전(壽靜殿)에 가셨다. 조금 있다가 영춘헌으로 돌아와 정리당상 윤행임에게 말씀하셨다. "지금 자궁의 가교를 모시고 화성에 가는 길이 거의 100리이고 갔다가 돌아오는 데 8일이 넘을 것 같다. 내 마음이 걱정스러워 감히 조금도 해이해질 수 없다. 각 참의 수라와 온돌방의 점화, 진찬을 배설하는 등의 일에 각각 분장이 있으니 미리 신칙하여 방심하지 말게 하라."

묘시 정각 3각(6시 45분)에 이르러 삼엄(三嚴)을 쳤다. 국왕께서는 곤룡포에 철릭을 입고 말을 탔으며, 자궁은 가교를 타고 영춘문·천오문·만팔문·보정문·숭지문·집례문·경화문·동룡문·건양문·숙장문·진선문을 지나 돈화문과 숭례문을 나왔다. 율원현 앞길에 이르러 백성들이 도로변에서 관광하는 것을 금지하지 말라고 명령하셨다. 만천교를 지나 노량의 주교(舟橋)에 이르러 중앙에 있는 홍전문(紅箭門)에 가서, 국왕께서 말에서 내려 자궁의 가교 앞으로 가서 문안을 여쭈셨다. 이어서 먼저 용양봉저정에 가서 자궁께서 계실 방의 온돌과 수라, 찬품을 직접 살펴보고, 다시 막차로 나와 자궁의 가교를 맞이하여 내차(內次)로 따라 들어가셨다. 정리사가 오선(午膳, 점심)을 올리자 국왕이 직접 살피고 자궁께 올리셨다.

오시 초2각(11시 30분)에 삼취(三吹)하였다. 때가 되자 국왕께서 군복으로 갈아입고 자궁의 가교를 모시고 출발하셨다. 만안현을 지나 문성동 앞길에 이르렀을 때 청색 포장을 설치하라고 명령하시고, 자궁의 가교를 모시고 잠시 머물며 문안을 여쭈셨다. 정리사가 미음다반(米飮茶盤)을 올리자, 국왕께서 직접 받아서 자궁의 가교 안에 올리셨다.

윤행임에게 말씀하셨다. "그대는 먼저 주정소에 가서 행궁의 여러 일들을 직접 살펴라. 이후로 참(站)들도 모두 이와 같이 해라." 조금 있다가 말씀하셨다. "내가 먼저 행궁에 가서 직접 살펴야겠다. 시위와 백관들은 전과 같이 자궁의 가교를 모시고 따라가고, 다만 병방승지(兵房承旨)와 사관은 내 뒤를 따라라."

이어서 시흥현 행궁에 가서 두루 살피고 다시 막차로 나와 장용영에 명령하여 당마(塘馬)를 배열하여 자궁의 가교가 도착하는 곳을 차례차례 아뢰도록 하셨다. 자궁의 가교가 시흥현의 문 밖에 이르자 국왕이 맞이하고 내차로 따라 들어가셨다. 정리사가 석선(夕膳, 저녁)을 올리자 국왕이 직접 살피고 자궁께 올리셨다. 조금 있다가 막차로 나와 말씀하셨다. "날씨가 화창하고 자궁의 기후가 만강(萬康)하시니 경사와 행운을 이기지 못하겠다." 조금 있다가 승지·사관·각신과 시위하는 신하들에게 음식을 내리고 말씀하셨다. "이것은 자궁께서 내리신 것이니 각자 마음껏 들어라."

국왕께서는 각 참마다 중간에 자궁의 가교를 받들어 잠시 머물면서 직접 미음다반을 올렸다. 참에 도착하면 반드시 먼저 가서 두루 살펴보고, 음식을 올릴 때마다 직접 살펴보고 올리기를 시흥참에서와 같이 하셨다. (권1, 연설)

이날 정조는 다음날 궐리사(闕里祠)에서 거행될 제사에 대한 지시를 하였다. 궐리사는 1792년에 정조가 공자의 후손인 공서린(孔瑞麟)이 살았던 화성의 연고지에 공자의 영정을 모시고 제사를 지내게 한 사당이었다. 정조는 공자의 영정을 화성에 모신 것은 우연이 아니라고 하였다. 화성은 공자의 후손과도 깊은 인연이 있는 도시라는 의미였다. 정조는 자신이 화성에 도착하는 날, 예조판서 민종현(閔鍾顯)을 궐리사로 파견하여 국왕이 지은 제문으로 제사를 지내게 하였다. 그리고 제사를 돕는 집사들은 모두 공서린의 후손이 담당하게 하였다.

2) 전교하셨다. "우리 부자(夫子, 공자)의 영정을 화성에 편안히 모신 것이 어찌 우연이겠는가? 많은 선비를 거느리고 향교를 배알하고 삼가 사우(祠宇)를 우러러보면 공자의 순수한 덕에 대한 생각을 더욱 금할 수 없을 것이다. 내일 어가가 화성에 도착하는 날에 종백(宗伯, 예조판서)을 보내어 작헌례를 대신하게 하는 일을 예조에 분부하라. 제물은 이미 연석에서 경기감사에게 지시하였으나, 제관은 전적(典籍) 공윤항(孔胤恒)을 대축(大祝)으로 하고, 내섬시(內贍寺)의 관리 공윤동(孔允東)과 장용영 초관(壯勇營哨官) 공술조(孔述祖)를 재축(齋祝)으로 하여, 향을 받게 하라." (권1, 전교)

화성행궁에 도착하다

•

윤2월 10일

이날 정조는 혜경궁을 모시고 시흥행궁을 출발하여 화성행궁에 도착하였다. 이날은 비가 많이 내렸기 때문에 정조는 사근참 행궁에서 하룻밤을 묵을 것도 고려하였다. 그러나 현지 사정이 많은 인원이 묵을 곳이 마땅치 않았고, 화성에서 거행해야 할 행사 일정도 있었기 때문에 빗속을 뚫고 강행군을 하였다.

정조의 행렬이 진목정에 도착하자 총리대신 채제공이 장용외영의 군대를 거느리고 나와서 맞이하였다. 정조가 화성에 들어갈 때에는 화성유수 조심태가 부하들을 거느리고 나와 맞이하였다. 정조는 병조판서 심환지에게 화성의 성문을 통과할 때에는 군문(軍門)에 들어가는 절차를 밟으라고 지시하였다. 화성에 들어갈 때 정조의 모습은 전장에 나서는 모습이었다.

1) 묘시에 국왕께서 자궁을 모시고 시흥현에서 화성으로 가셨다. 거동할 때 국왕께서 시흥행궁에 나가서 말씀하였다. "비가 오려고 잔뜩 흐리니 일찌감치 출발하지 않을 수 없다. 시위하는 군사들은 즉시 정돈하고 대기하라."

묘시 정각 3각(6시 45분)에 삼취(三吹)하였다. 때가 되자 국왕께서 군복을 갖추고 말을 탔으며 자궁이 탄 가교가 출발하였다. 대박산 벌판을 지나 안양점 앞길에 도착하자 자궁의 가교를 모시고 잠시 머물며 미음다반을 올렸다. 장산 모퉁이를 지나 청천 벌판에 이르러 국왕이 말에서 내려 자궁의 가교 앞으로 나가 안부를 여쭈었다. 이어서 원동천을 지나 사근참행궁에 먼저 가서 자궁의 가교를 맞이하고 내차로 따라 들어가 점심 식사를 올렸다. 말씀하셨다. "빗줄기가 그치지 않더라도 행궁에 새로 지은 방이 얕고 드러난 곳이 많아 모시고 하룻밤을 지내기에는 어렵다. 또한 백관과 군병이 노천에서 비에 젖는 것도 생각해야 한다. 이곳에서 화성까지의 거리는 1사(舍, 30리)도 안되니 오늘 들어갈 수 있을 것이다."

조금 있다가 곧바로 삼취를 내리라 명령하셨다. 국왕께서 우비 차림으로 자궁의 가교를 모시고 출발하였다. 미륵현에 이르러 길이 매우 질고 미끄러우니 국왕은 말에서 내려 자궁 가교 앞에 가서 안부를 여쭈었다. 괴목정 다리를 지나 진목정에 도착하자 총리대신 채제공이 길 왼편에서 맞이하였고, 장용외영의 친군위가 협로에서 어가를 맞이하였고, 고취와 여령도 나와서 기다렸다. 국왕께서 자궁의 가교를 보시고 잠시 머물며 미음다반을 올렸다.

조금 있다가 출발하여 장안문에서 몇 리를 남겨놓고 병조판서 심환지에게 말씀하셨다 "어가가 화성의 성문에 도착하면 군문(軍門)에 들어가는 절차가 있어야 하니, 경은 여러 장신들이 있는 영접소에 먼저 가거라." 이어서

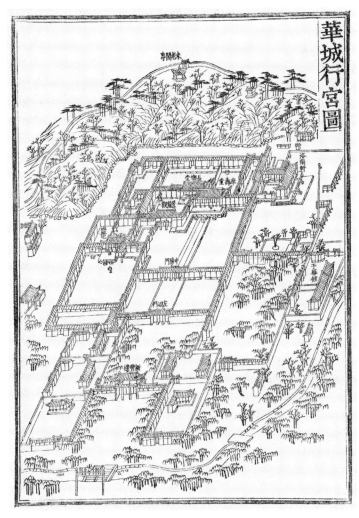

華城行宮圖

화성행궁의 전체 모습

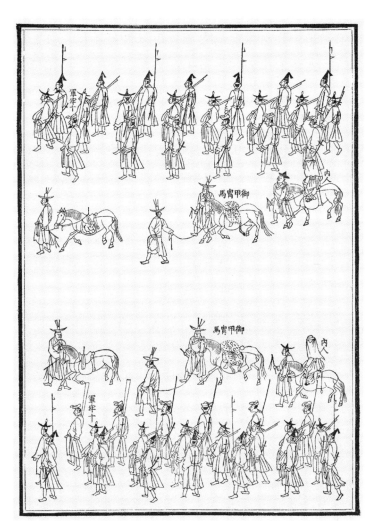

정조가 장안문을 들어갈 때 입은 갑주를 실은 어갑주마

막차를 설치하라고 명령하시고 갑주(甲冑)로 고쳐 입고 출발하셨다. 작문 (作門, 군영의 입구) 안에 들어가시니, 여러 장신과 화성유수 조심태가 장관 이하를 이끌고 길 왼편에서 무릎을 꿇고 맞이하였다. 국왕의 가마가 장안문 으로 들어가 종가 좌우의 군영 앞길과 신풍루·좌익문을 지나 중양문으로 들어가 화성행궁의 봉수당에 이르러 말에서 내렸다. 자궁의 어가를 따라 장 락당(長樂堂)으로 들어가 저녁 식사를 올리셨다.

국왕께서 유여택에 가셔서 시신(侍臣)에게 말씀하셨다. "오늘 비에 젖는 것이 미안하지만 나는 스스로 마음에 걸리는 것이 없다고 생각한다. 모든 일에 충분히 원만한 것을 구할 수는 없다. 어제는 이미 화창하고 따뜻하였 고 내일은 또 경례(慶禮)가 많다. 수십 리 사이에 잠깐 비가 왔다가 곧 개이 니 다행이라 하겠다. 게다가 농사일이 막 시작되는데 밭두둑을 흠뻑 적셨으 니 어찌 농부들의 경사가 아니겠는가?"

암행어사 홍병신에게 입시하라고 명령하시고 말씀하였다. "각 군영과 각 아문에서 과연 모두 『원행정례(園幸定例)』를 잘 지켜서 혹시 위반한 일이 없 는가? 액속(掖屬)과 군병들이 말썽을 일으키지 않았는가? 지방관도 백성들 을 사역하는 일이 없었는가?"

홍병신이 말하였다 "이미 『원행정례』가 있을 뿐만 아니라 앞뒤로 경계하 시기를 거듭 반복하셨으니, 안으로는 각 관청과 밖으로 화성부가 감히 어기 는 일이 없었습니다." (권1, 연설)

정조는 원래 화성에 도착한 다음 날 현륭원을 방문할 예정이었다. 정 조가 말한 '내일의 경례(慶禮)'란 바로 혜경궁을 모시고 장헌세자의 묘소인 현륭원을 방문하는 일이었다. 그러나 혜경궁이 이틀 동안 장거리 여행을 하느라 몹시 피곤하였기 때문에, 정조는 이틀 후에 거행할 예정이던 향교 방문과 문과 무과 시험을 하루 앞당겨 시행하였다.

2) 전교하셨다. "오늘 자궁 가교를 편안히 모시고 화성행궁에 왔으나 여러 날 고단하고 어지러웠으니 매우 송구하고 민망스럽다. 지금 들으니 약원(藥院)의 도제거(都提擧)도 이런 뜻으로 입시한 승지에게 아뢰게 하였고, 대신들의 말도 과연 그러하다. 모레 현륭원으로 가서 예식을 거행해야 하는 것은 해당 방(房)에서 잘 알 것이다. 그러므로 배정 일자를 조금 조정한 후에 거행할 수 있을 것이다. 내일 먼저 성묘(聖廟, 대성전)를 배알하는데, 성묘를 배알하면 과거를 열어 사람을 뽑는 것도 내일 해야 한다. 이것을 모두에게 분부하라." 내일 유생들이 들어가는 장소는 우화관으로 하고, 무과 시험 장소와 문과 무과의 방방은 낙남헌으로 하라고 탑전에서 말씀하셨다. (권1, 전교)

이날 혜경궁의 숙소는 봉수당(奉壽堂) 뒤에 있는 장락당(長樂堂)이었다.

문과와 무과 시험을 거행하다

•

윤2월 11일

정조는 화성 향교에 가서 참배하고 문과와 무과 시험을 실시하였다. 6시 45분에 정조는 말을 타고 화성행궁을 출발하였다. 이때 정조와 신하들은 융복을 입었다. 정조는 향교 문밖에서 말에서 내려 명륜당으로 들어가 면복으로 갈아입었다. 신하들은 조복(朝服)으로 갈아입고, 유생들은 청금복을 입었다. 정조는 대성전을 참배하였다.

화성 향교의 대성전에는 정위에 대성지성문선왕(大成至聖文宣王)이라 불리는 공자가 있었고, 배위에는 복성공(復聖公)이라 불리는 안자, 종성공(宗聖公)이라 불리는 증자, 술성공(述聖公)이라 불리는 자사, 아성공(亞聖公)이라 불리는 맹자가 있었다. 대성전의 동쪽과 서쪽에는 공자의 제자인 10철(哲)과 송나라 성리학자인 6현(賢)이 있었다. 대성전 앞의 동무(東廡)와 서무(西廡)에는 우리나라의 선현(先賢) 15인의 신위가 있었다.

동무에는 설총, 안유, 김굉필, 조광조, 이황, 성혼, 송시열, 박세채가 있었고, 서무에는 최치원, 정몽주, 정여창, 이언적, 이이, 김장생이 있었다.

대성전에서 정조의 자리는 건물 앞 기둥 밖에 동쪽에서 서쪽을 향해 있었다. 정조는 규(圭, 국왕이 잡는 홀. 위가 뾰족하고 아래가 사각인 옥이다)를 잡고 동협문으로 들어가 동쪽 계단을 올라 자리로 나아갔고, 네 번 절을 한 다음 대성전 안으로 들어가 내부를 살폈다. 정조는 단청이 더러운 것과 제사 용품이 제대로 갖춰지지 못한 것을 보고 당장에 수리하라고 명령하였다.

대성전을 나온 정조는 함께 참배하였던 36인의 유생들에게 오늘 과거에 응시하는지를 물었고, 과거에 응시할 때 답안지 오른쪽에 '성묘집사유생(聖廟執事儒生)'이라 표시하라고 명령하였다. 대성전 참배에 동참한 유생들에게 약간의 배려를 하겠다는 약속이었다. 정조는 명륜당으로 돌아와 군복으로 갈아입었고, 화성 향교에 서적과 노비, 토지를 지급하라고 명령하였다. 서적은 규장각에서 새로 인쇄한 『사서삼경대전』에 규장지보(奎章之寶)를 찍어서 주었다. 향교에 노비와 토지를 하사하는 것은 1740년(영조 16)에 영조가 개성에 행차하였을 때의 조치를 계승한 것이었다.

이익운에게 말씀하셨다. "수원부 향교에서 들으니, 옛날에는 노비와 전결(田結)이 있었지만 주관하는 사람이 없어 지금은 모두 없어져버렸다고 한다. 선조 경신년(1740, 영조 16)에 개성에 행차하여 성묘(대성전)에 참배하고 노비를 내려준 것은 오늘날 우러러 계승하는 도리에 합당하다. 경신년의 전례를 따라 전토와 노비를 따질 것 없이 호조에서 헤아려 지급하는 일을 유사당상에게 대신과 의논하여 거행하게 하라." (권1, 연설)

전교하셨다. "기억하건대 예전에 향교의 대성전을 배알하면 경적(經籍)과 노비, 전결을 향교에 하사하였으니, 이번에도 이를 계승하여야 한다. 새로 인쇄한 『사서삼경』을 내각(규장각)에서 규장지보를 찍어 내려 보내라. 노비는 묘당에서 경신년(1740, 영조 16)의 고사를 살피고 해당 관서에 분부하여 지급하게 한 후에 보고하라." (권1, 전교)

아침 8시에 정조는 낙남헌에 가서 문과와 무과 시험을 거행하였다. 문과 시험은 당일에 거행되었으나, 무과 시험은 이미 2월 10일과 2월 15일에 1차 시험을 치르고, 이날은 2차 시험을 시행하였다. 이 행사에 병조판서 심환지와 공조판서 이가환은 독권관(讀券官)으로, 병조참지 정약용과 검교 대교 서유구는 대독관(對讀官)으로 참석하였다.

정조가 시험을 참관할 때 좌석은 남향으로 설치한 장전(帳殿) 안이었다. 시권관(試券官)과 대독관이 절하는 자리는 장전 안의 동쪽이었고, 무과 시관이 절하는 자리는 장전 안의 서쪽이었다. 정조는 융복에 깃털을 꽂고 나왔다. 관리들이 들어와 네 번 절하고 각자의 자리로 돌아가자, 독권관, 대독관, 무과 시관, 유생, 무사들이 들어와 네 번 절을 하였다.

문과에서는 독권관이 '근상천천세수(謹上千千歲壽, 삼가 천천세의 장수를 올린다)'라는 시험 제목을 전교관(傳教官)에게 주었고, 대독관이 이를 받아 서쪽 계단을 내려가 판자 위에다 붙였다. 유생들이 자리에서 나와 시험 제목을 베낀 후 각자의 자리로 돌아가 시험을 치렀다. 무과에서는 병조에서 활쏘기를 시험할 도구들을 늘어놓으면, 무사들이 차례로 들어와 활 쏘는 자리에 서서 시험을 치렀다. 시험이 모두 끝나자 장전 안에 방안(榜案, 방을 놓은 책상)과 홍패안(紅牌案, 홍패를 놓는 책상)이 설치되었고, 계단 위 좌우에 방방위(放榜位), 뜰의 동서에 거인위(擧人位)가 설치되었다.

오후 4시 45분에 합격자가 발표되었다. 승지 2인이 방방관(放榜官)에게 방을 내어주면, 방방관 2인은 문과와 무과 합격자를 한 명씩 호명하였다. 이날 문과 별시에서는 총 5인이 선발되었다. 갑과 1인은 화성 출신의 최지성(40세), 을과 1인은 광주 출신의 임준상(29세), 병과 3인은 과천 출신의 정순민(41세), 시흥 출신의 이유하(29세), 화성 출신의 유성의(33세)였다. 이는 응시자의 거주 지역인 화성, 광주, 과천, 시흥 등지를 안배하여 선발한 결과였다.

무과에서는 수원 출신의 김관(37세)을 비롯하여 총 56인이 선발되었다. 갑과 1인, 을과 5인, 병과 50인이었다. 이보다 앞서 2월 11일에 수원부에서는 무과 초시를 치렀다. 무과 응시자는 수원부에 거주하는 사람이 2,795인, 광주부에 거주하는 사람이 1,502인, 과천현에 거주하는 사람이 281인, 시흥현에 거주하는 사람이 276인이었다. 무과에 응시한 총 4,854인 가운데 최종 합격자는 56인이었으니 무과 경쟁률은 86.6대 1이었다.

이날 문과와 무과의 합격자들은 1790년 정조가 화성에서 치렀던 과

화성 향교의 대성전을 방문한 알성도

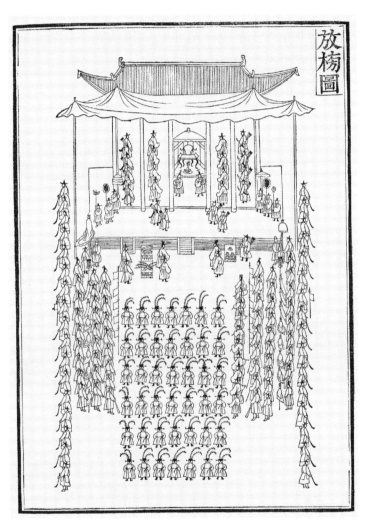

낙남헌에서 과거 합격자를 발표하는 방방도

거 시험의 합격자들처럼 직부전시(直赴殿試), 즉 1차 시험과 2차 시험을 생략하고 바로 전시(殿試)에 응시할 수 있는 자격을 얻었다.

합격자 발표가 끝난 후 문과 합격자는 왼쪽에서, 무과 합격자는 오른쪽에서 거인위로 나아가 정조에게 네 번 절을 하였고, 이조정랑과 병조정랑이 합격자에게 홍패를 나눠준 다음 꽃, 술과 안주, 양산을 주었다. 술은 합격자별로 한 잔씩이고, 양산은 갑과 합격자에게만 주었다. 술잔을 비운 합격자가 네 번 절하고 물러나면, 종친과 문무백관이 치사(致詞, 축하하는 글)를 올리고, 네 번 절하는 것으로 행사는 끝이 났다.

오후 6시에 정조는 봉수당에 가서 이틀 후에 있을 진찬 행사를 연습하였다. 이때 정조는 서울에서 온 경기(京妓)는 연초에 상호도감(上號都監) 행사를 하였기 때문에 행사에 익숙하지만, 수원부 출신의 여령(女伶)은 행사에 생소할 수 있다며 연습을 하라고 명령하였다. 예행 연습에는 여령의 우두머리인 도기(都妓) 2인과 서울과 수원부 출신의 여령 33인이 참여하였고, 혜경궁은 연습을 마친 여령들에게 상을 주었다.

혜경궁과 함께 현륭원을 참배하다

•

윤2월 12일

이날 정조는 혜경궁을 모시고 현륭원을 참배하였다. 새벽 4시에 정조는 화성행궁으로 나와 좌승지는 향과 축문을 가지고 현륭원에 미리 가서 대기하라고 명령하였다. 4시 45분에 국왕의 행렬이 출발하였고, 상류천점 앞에서 휴식을 취하면서 혜경궁에게 미음다반을 올렸다. 정조는 혜경궁의 건강이 좋지 않음을 보고 약방제조인 심환지에게 다음과 같이 명령하였다.

1) 국왕께서 말씀하셨다. "자궁의 건강이 도중에 늘 편안하셔서 경사와 다행함이 더할 수 없었다. 조금 전 가마 앞에서 문후할 때 목소리가 조화롭지 않으니 몸이 불편하심을 알 수 있다. 참으로 민망한 일이니, 경은 먼저 현륭원에 가서 자궁이 드실 삼령차(蔘苓茶) 한 첩을 끓여 놓고 기다려라."

정조는 현륭원 재실에 도착하자마자 혜경궁께 직접 삼령차(蔘苓茶)를 올렸다. 이는 인삼과 백복령을 달인 차였다. 정리사가 미음을 올리자 정조는 잠시 기다리게 하였다. 얼마 후 정조는 참포(黲袍)와 오서대(烏犀帶)를 입은 후 작은 가마를 탔고, 혜경궁은 지붕이 있는 작은 가마를 타고 현륭원 위로 올라갔다. 혜경궁과 두 군주가 휘장 안으로 들어가자마자 비통한 울음소리가 휘장 밖까지 들렸다. 정조는 정리소에 명하여 다시 삼령차를 올리게 하였는데, 혜경궁이 이를 마시지 않았다. 혜경궁의 울음이 계속되자 정조는 몹시 당황하였고, 휘장 밖에서 머물던 신하들은 이를 만류하였다.

2) 정리사 등이 휘장 밖에서 아뢰었다. "성상께서 슬픈 감회를 억누르기 어려울 것이오나 자궁의 마음을 더욱 비통하게 하여 자궁께서 혹 병환이라도 나실 것을 어찌 생각지 않으십니까? 더구나 날이 이미 저물었으니, 극진히 위로하기에 힘을 쓰셔서 즉시 가마를 돌리도록 명령하시기 바랍니다."

국왕이 말하셨다. "출궁할 때에는 자궁께서 충분히 억제하시겠다고 말씀하셨다. 이곳에 도착하니 슬픈 감회가 저절로 마음속에서 나와 내가 이미 스스로 억제할 수 없으니, 자궁의 마음이야 어떠하시겠는가?" 이어서 직접 차를 담은 종지를 받들어 올리셨다. (권1, 연설)

얼마 후 정조는 혜경궁 가마를 모시고 홍살문 밖으로 나와서 가마를 잠깐 멈춘 후 현륭원 위를 바라보았다. 정조는 참포에서 군복으로 갈아입은 후 행렬을 출발하게 하였고, 하류천에 이르러 혜경궁에게 미음을 올린 후 수행한 신하들에게 식사를 제공하였다. 그리고 화성행궁으로 돌아왔다.

오후 4시에 정조는 화성 서장대에 올라가 주간 훈련인 주조(晝操)와 야간 훈련인 야조(夜操)를 주관하였다. 정조는 행궁을 나서기 15분 전에 갑옷과 투구를 갖추었고, 4시 15분에 말을 타고 행궁을 나와 서장대에 올랐다. 정조가 자리에 앉자 병조판서 심환지와 장용외사 조심태가 인사를 올렸다. 영의정 홍낙성이 국왕 앞으로 나와 화성의 규모가 커서 서울의 남쪽을 지키는 요충지가 되기에 충분하다고 감탄하였다. 이어서 우의정 채제공은 화성 성곽을 건설하는 데에는 장용외사 조심태의 공로가 많았다고 설명하였다.

3) 홍낙성이 말하였다. "신이 이곳을 지나간 것이 여러 번인데 이처럼 보장지지(保障之地)가 되는 줄은 몰랐습니다. 지금 땅의 형국이 빙 둘러싸고 규모가 크고 넓은 것을 보니 비로소 하늘이 내신 높은 산이 오늘을 기다리고 있었음을 알겠습니다. 높지도 않고 낮지도 않아 공격과 수비에 모두 편하여 바로 삼남 지역의 요충이 되며, 의젓하게 경기지역을 제압할 수 있으니, 참으로 이른바 '만세토록 영원히 힘입을 땅'입니다."

국왕께서 말하셨다. "현륭원을 수호하는 것을 특별히 소중하게 여기고, 비축한 비용을 헤아려 이런 공사를 시작하였다. 그러나 만약 지리(地利)와 형편을 얻지 못하였다면, 또한 어찌 큰일을 벌일 수 있었겠는가? 모든 일에

西將臺城操圖

서장대의 야간 훈련을 그린 서장대성조도

는 매번 사람이 역량이 없음을 걱정하는데, 뜻이 있다면 이루지 못하는 것이 있겠는가? 다만 우리나라 사람들은 평소 성제(城制)에 게으르지는 않지만, 공사가 이렇게 큰데도 수년 만에 거의 완공하였으니 내가 처음에 생각한 바가 아니다."

채제공이 말하였다. "구역을 나누어 공사를 시작한 것은 국왕의 마음에서 나온 것으로, 경비를 번거롭게 하지 않고 백성들의 힘을 수고롭게 하지 않았으니 신은 실로 우러러보지 않을 수 없습니다. 그리고 장용외사가 내내 공사를 감독하면서 직접 성을 쌓는 도구를 조종하다시피 하면서 그 수고로움을 피하지 않았으니 알맞은 사람을 얻은 효과를 보았다고 하겠습니다."

국왕께서 말씀하셨다. "경이 총리(摠理)한 수고로움도 많다."

채제공이 말하였다. "신이 어찌 그 사이에 공로가 있겠습니까마는 그저 마음에 동동거림이 있었을 뿐입니다. 화성과 유수부 제도는 이제 거의 갖춰졌으나 아직 촌락은 즐비하지 않고 재화와 이익도 원활히 유통되지 않습니다. 왕도(王都)의 장려한 규모는 3년여 만에 이뤄지기가 어렵습니다. 공사를 시작한 나머지 일이 매우 걱정입니다."

국왕께서 말씀하셨다. "읍이 되고 도읍이 되는 것은 아직 2, 3년의 차례가 있다. 지금부터 이용후생(利用厚生)의 방도를 차례로 갖춰나가면, 끊임없이 오는 백성들이 많지 않다고 걱정할 일이 아니다." (권1, 연설)

'주조'는 병조와 장용영 군대를 대상으로 한 주간 훈련을 말한다. 장2호(掌二號)가 발령되자 병조판서가 관초(官哨)와 응원장(應援將)을 불러 경계의 말을 하였다. 장3호(掌三號)가 발령되자 정조가 탄 가마가 화성행궁의 문을 나와서 서장대로 올라갔다. 정조가 서장대의 단(壇)에 오르자 훈련이 시작되어, 국왕이 나아가는 공간을 만들고[小開門], 단에 오르고[升壇], 깃발을 올리고[升旗], 도로에 군사를 매복시키고[發伏路], 성문을 닫고[廢城門], 한쪽 면을 조련시키고[一面操], 사방의 면을 동시에 조련시키고[四面齊操], 성문을 열고[開城門], 도로에 매복한 군사를 거두고[收伏路], 성을 내려오고[下城], 깃발을 내리는[落旗] 순서로 훈련이 진행되었다.

'야조'는 병조와 장용영 군대를 대상으로 한 야간 훈련을 말한다. 훈련은 도로에 군사를 매복시키고, 성문을 닫고, 횃불을 올리고[演炬], 깃발을 내리고, 등불을 걸고[懸燈], 밤 시각을 알리고[傳更], 등불을 내리고[落燈], 성문을 열고, 도로에 매복한 군사를 거두고, 성을 내려오는 순서로 진행되었다.

정조는 이날 오후부터 다음날 새벽까지 군사훈련을 참관하면서 화성부의 군인들이 평소에 조련을 많이 하지 않았으나, 성정군(城丁君)이 불을 들고 포에 응하는 것이나 친군위(親軍衛)들의 움직임이 모양을 제대로 갖추었다고 칭찬하였다.

혜경궁의 회갑 잔치를 올리고
장수를 기원하다

•

윤2월 13일

아침 8시에 정조는 봉수당으로 나가 혜경궁에게 회갑 잔치를 올렸다. 봉수당(奉壽堂)이란 현판 글씨는 정조의 친필이었고, 혜경궁의 장수를 기원하는 의미가 있었다. 8시 45분에 혜경궁이 예복을 입고 자리에 앉았다. 혜경궁의 좌석은 내전의 북쪽 벽에서 남쪽을 향하였다. 정조의 좌석은 혜경궁 좌석의 동쪽에 있었고, 절하는 배위는 계단 위에 북쪽을 향하여 있었으며, 대화를 나누는 욕위(褥位)는 내전 중앙에 북쪽을 향하여 있었다. 이때 혜경궁은 예의(禮衣)를 입었고, 정조와 신하들은 융복을 입었으며, 유생들은 청금복을 입었다.

행사가 시작되어 혜경궁이 좌석에 앉자 내명부와 외명부의 여성들이 두 번 절하고 자리를 잡았다. 여성들의 좌석 앞에는 주렴이 드리워져 밖에서는 볼 수가 없었다. 정조가 들어와 혜경궁에게 술잔을 올리고,

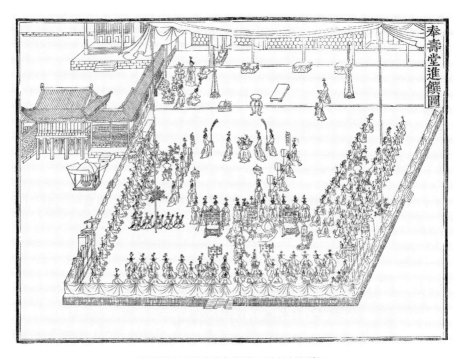

화성행궁 봉수당의 회갑 잔치를 그린 봉수당진찬도

배위에 엎드린 채로 축하하는 치사(致詞)를 읽었다. 그리고 욕위로 가서 "전하와 경사를 함께 하겠다"는 혜경궁의 말씀을 듣고, 다시 배위로 가서 두 손을 이마에 대고 "천세(千歲) 천세(千歲) 천천세(千千歲)"를 외치는 산호(山呼)를 하였다. 이때 잔치에 참석한 의빈(儀賓), 척신(戚臣), 백관들은 모두 정조와 동일한 동작을 하였다.

첫 번째 술잔과 두 번째 술잔은 정조가 직접 혜경궁에게 올렸다. 정조가 혜경궁 좌석 앞으로 가서 술잔[爵]을 올리자, 혜경궁이 답례로 정조에게 술잔[盞]을 내려주었다. 정조가 좌석으로 돌아가자 참석자에게 술을 돌렸고, 헌선도(獻仙桃)가 공연되었다. 두 번째 술잔을 올릴 때에는 몽금척(夢金尺)과 하황은(荷皇恩)이 공연되었다. 세 번째 술잔부터 일곱 번째 술잔까지 올리는 사람은 명부, 의빈, 척신 가운데 혜경궁이 직접 결정하였다. 남성인 의빈과 척신은 혜경궁에게 술잔을 올린 후 정조에게도 술잔을 올렸다. 의빈과 척신에는 영의정 홍낙성(洪樂性)과 광은부위(光恩副尉) 김기성(金箕性)이 있었다. 홍낙성은 혜경궁의 친정 식구였고, 김기성은 혜경궁의 첫째 사위였다.

술잔을 올릴 때마다 정재(呈才, 대궐 안의 잔치 때에 벌이던 춤과 노래)가 공연되었다. 셋째 잔에는 포구락(抛毬樂)과 무고(舞鼓), 넷째 잔에는 아박(牙拍)과 향발(響鈸), 다섯째 잔에는 학무(鶴舞), 여섯째 잔에 연화대(蓮花臺), 일곱째 잔에는 수연장(壽延長)이 공연되었다. 이에 더하여 처용무(處容舞)와 첨수무(尖袖舞)가 추가로 공연되었다. 공연 종목은 사전에 정리소에서 국왕에게 보고하여 재가를 받은 것이다.

정재 공연이 끝나자 잔칫상을 거두었고, 국왕, 의빈, 척신은 배위에

몽금척(夢金尺)

하황은(荷皇恩)

포구락(抛毬樂)

무고(舞鼓)

아박(牙拍)

향발(響鈸)

학무(鶴舞)

연화대(蓮花臺)

수연장(壽延長)

처용무(處容舞)

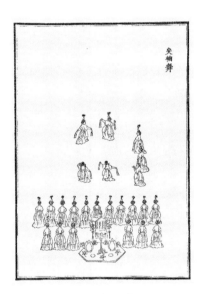

첨수무(尖袖舞)

서 두 번 절하고 퇴장하였다. 이어서 내명부와 외명부가 배위에서 두 번 절하고 퇴장하였으며, 마지막으로 혜경궁이 좌석에서 내려와 퇴장하였다.

이날 정조는 혜경궁의 장수를 기원하는 시를 지었다.

　1) 화성에서 잔치하는 날에 읊조리어 잔치에 참석한 신하들에게 보여서 만년 축복의 정성을 부친다.

　　큰 복을 받아 운명을 맞이함이 새롭고

　　봉황이 생황을 불고 난새가 피리를 불며 청춘을 붙잡네.

　　땅의 상서로움으로 만든 관화곡(觀華曲)은 세 가지 축하를 능가하고

　　해가 유홍(流虹, 왕이나 왕비가 태어날 조짐)에 이르러 육순이 되셨네.

　　안팎의 빈객들은 꽃나무로 모이고

　　문무 관리들은 바로 꽃구경 하는 사람들이라.

　　해마다 오직 오늘 같기만 바라니

　　장락당(長樂堂)의 잔치 술은 몇 순배가 되었는가. (권1, 어제)

이 「관화곡(觀華曲)」은 정조가 봉수당 회갑잔치의 후창곡(後唱曲)으로 지은 악장이었다. 여기서 세 가지 축하는 부귀, 장수, 남자 아이가 많은 것을 의미하며, 장락당(長樂堂)은 혜경궁이 화성행궁에서 묵었던 건물 이름이자 정조가 회갑잔치의 선창곡(先唱曲)으로 지은 악장 이름이었다.

회갑 잔치가 끝나자 정조는 신하들과 감격스런 대화를 나누었다.

2) 국왕이 홍낙성 등에게 말씀하셨다. "나 소자가 몇 년 동안 축원하였던 것이 바로 오늘의 진찬이다. 그런데 날씨가 화창하고 자궁의 기후가 강녕하시니 경사를 기뻐하는 정성을 어찌 형용하겠는가?"

홍낙성 등이 말하였다. "만수무강하라는 축하가 금년의 오늘에는 더욱 간절합니다. 좋은 날짜를 잡아 성대한 의식이 순조롭게 이뤄지니 국왕의 효도 때문이 아님이 없습니다. 경사스런 모임을 외람되이 모시니 신들의 행복입니다." (권1, 연설)

잔치 후 정조는 행사에 참여한 관리들에게 음식과 꽃을 나눠주라고 명령하였다. 그리고 잔치를 주관한 정리소의 당상과 낭청을 불러와 각자 술에 취하지 않으면 돌아갈 수 없다고 명령하였다. 이른바 '불취무귀 (不醉無歸)'였다.

이날 정조는 좌승지 이만수에게 시를 지어 내리고 신하들에게 화답하는 시를 지어 올리게 하였다. 그리고 정조는 10년 후에 혜경궁이 칠순이 되면 다시 현륭원에 참배하고 잔치를 하겠다고 지시하였다. 이른바 '갑자년(1804) 구상'을 발표하는 자리였다.

3) 정리소의 여러 신하에게 말씀하셨다. "오늘의 예(禮)는 천년에 처음 있는 경사이다. 오는 갑자년(1804)은 자궁께서 칠순이 되시는데, 그때 현륭원에 참배하고 잔치를 하는 것을 오늘과 같이 해야 마땅하다. 오늘 사용한 탁자와 술잔의 도구는 화성부에 보관하여 10년 후 다시 돌아오는 것을 기다려라." (권1, 연설)

회갑 잔치를 마친 후 정조는 다음날 행사를 준비하였다. 먼저 정조는 노인들에게 음식과 술을 올리는 양로연을 언급하였다. 나이가 70세 이상인 노인과 혜경궁과 동갑인 61세의 노인들에게 비단 한 필씩을 주고, 노란 명주를 주어 지팡이를 동여매는 데 쓰게 하라는 명령이었다.

4) 전교하셨다. "장락당에 술잔을 올리고 낙남헌에 술을 두니, 북두(北斗)에 공경히 술을 따르고 남산(南山)에 절하여 헌수(獻壽)한다. 내일 몰려온 노인들이 계단과 뜰에 가득 차서 자궁의 은덕으로 배불리 먹으니, 오늘 저녁의 기쁨이 영원하리라. 아래에서 이미 화봉지축(華封之祝, 화 지역의 봉인들이요 임금에게 축수한 일)을 올리니, 위에서 어찌 기자(箕子)의 구주(九疇)를 내림을 아까워하겠는가. 노인 영의정 홍낙성 이하로 나이가 70세 이상이거나 61세인 사람에게 각각 비단 한 필씩을 내리고, 황주(黃紬, 노란 명주)를 주어 구장(鳩杖, 비둘기가 달린 지팡이)을 동여매는 데 쓰게 하라. 화성부에서 잔치에 참여한 사람은 각각 한 자급을 더해 주어라." (권1, 전교)

다음으로 정조는 신풍루에서 사민과 주린 백성에게 쌀을 내리는 행사를 언급하였다. 신하와 백성들이 혜경궁의 장수를 기원하였으므로, 혜경궁이 이에 대한 보답으로 쌀을 준다는 발언이었다. 정조는 이러한 혜택이 화성뿐만 아니라 전국 8도와 개성, 강화에까지 퍼져나가야 한다고 선언하였다. 어짊을 베푸는 인정이란 넓혀가는 것이 중요하였기 때문이다.

5) 전교하셨다. "내일 신풍루에서 사민(四民)과 주린 백성에게 쌀을 내리고, 승지에게 나누어 명하여 거리가 좀 더 먼 방곡(坊曲)에 가서 창고를 열어 먹일 것이다. 이때 제공하는 죽은 굶주림에서 벗어나 격양가를 부르게 할 것이다. 사소한 것까지 모두 자궁께서 백성에게 내리신 것이니, 부지불식간이라도 서로 기쁘게 알려서 큰 은혜를 머금고 자궁의 덕(德)을 송축하여, 남산 북두의 축하가 또한 오늘의 마음과 같지 않겠는가? 이로 인하여 생각하니 인정(仁政)이란 넓혀 가는 데 있을 뿐이니, 맹자가 말한 '이 마음을 가져다 저 사람에게 베푼다[擧斯心加諸彼]'는 것이 이것이다. 지금 화성부에서 경기도로 넓히는 것을 알 수 있으면, 경기도에서 7도와 양도(兩都, 개성, 강화)로 넓히는 것도 알 수 있다. 지금의 이 시혜가 화성부에만 미치고 8도나 양도로 미치지 않으며, 금년 한 해만 시행하고 천년이나 만년토록 시행하지 않는다면 이것을 어찌 넓혀간다고 할 수 있겠는가?" (권1, 전교)

마지막으로 정리소에서 이번 행사를 마치고 남은 비용을 정리곡으로 만들어 전국 300개 고을에 골고루 내려주라고 하였다. 정조는 부모를 사랑하는 것은 그 뜻을 따르는 것이 제일이며, 부모의 뜻을 따르는 것은 그 은혜를 넓히는 것이라 주장하였다. 정리곡을 전국에 배포하는 것은 전국의 모든 백성들이 혜경궁의 은혜를 받으라는 취지에서였다.

6) 전교하셨다. "정리소를 설치한 것이 옛날에 어찌 있었는가? 참으로 번거로움을 없애고 폐단을 줄이려고 하는 것이며 사소한 것은 경비에 기록하지 않았다. 위로는 내주(內廚)에서 공급하는 것, 중간으로는 수행원들의 노자,

아래로는 군마나 가마꾼의 식량과 사료를 모두 정리소에서 내게 하였으니, 이 때문에 십만 민전(緡錢)을 별도로 바쁘게 마련하였던 것이다. 이런 비용으로 이런 행사를 준비하려면 오히려 부족할 것이 염려되지만, 어가가 돌아가면 비용에 남는 것이 있을 것이다. 그것을 그대로 돌려주면 대농(大農)이 몇 달 동안 쓰는 것이 될 것이니, 어찌 여러 도에 널리 베푸는 것만 하겠는가? 남는 비용으로 곡물을 사서 '을묘정리곡(乙卯整理穀)'이라 이름하고 전국의 300주현에 나누어 두었다가 매년 계산하여 잉여(剩餘)를 취하면 수만 포(包)에 이를 것이다. 나라 안의 백성들이 모두 자궁의 은혜를 입게 하면 끝없이 저장하고 유구하게 전해질 것이다. 또한 이 곡식으로 밭을 갈고 씨 뿌리며 거두어 수확한다면, 공적으로나 사적으로 서울이나 지방으로 넓혀나가는 뜻이 클 것이다. 부모를 사랑하는 것은 뜻을 따르는 것보다 더한 것이 없고, 뜻을 따르는 것은 은혜를 넓히는 것보다 더한 것이 없다. 아, 책임을 맡은 신하는 나의 지극한 뜻을 분명히 알아서 각별히 준행하라." (권1, 전교)

정조의 측근 신하였던 남공철도 이와 비슷한 발언을 기록하였다. 정조는 혜경궁의 회갑 잔치를 위해 10만 냥을 마련하였으나 2만 냥이 남았다. 그러자 정조는 이를 정리곡으로 만들고 전국의 300개 주현에 나눠주어 혜경궁의 은혜를 전국으로 넓혔다는 내용이었다.

"정리소를 설치한 것은 나의 뜻이 오직 번거로움을 없애고 폐단을 줄이는 데 있었다. 위로 내주(內廚)의 공급에서부터 아래로 수행 관원의 노자, 군마와 가마꾼의 식량 및 사료에 이르기까지 모두 마련해 내게 하였으니, 이

때문에 10만 꾸러미의 돈을 따로 마련해 두었다. 그런데 도성으로 돌아오려 할 때 비축해 둔 돈이 남았으니, 이는 자궁의 은덕이 미친 결과였다. 그 남은 돈 2만 냥으로 곡물을 마련하여 '을묘정리곡'이라 이름하였다. 300개 주현에 나눠 두고 매년 이자를 취하면, 수백 년이 지난 뒤에는 억만 여 포의 곡식을 얻게 될 것이다. 공적으로나 사적으로 풍족하게 비축되면 이른바 은혜를 미루어 남에게 미치게 하고 부모를 봉양함에 그 뜻을 따르는 것으로 이보다 큰 것이 없을 것이다. 부모를 사랑하는 것은 그 뜻을 따르는 것만 한 것이 없고, 뜻을 따르는 것은 그 은혜를 널리 베푸는 것만 한 것이 없다."

(『홍재전서』 권170, 일득록 10, 정사 5)

사민과 기민에게 쌀과 죽을 제공하다

•

윤2월 14일

이날 정조는 화성 신풍루에서 사민(四民)들에게 쌀을 나눠주고 굶주린 백성들에게 죽을 제공하였다. 정조가 파악한 화성부의 사민과 기민(饑民, 굶주린 백성)의 숫자는 총 4,819인이었다. 아침에 정조는 현지에 나가 쌀을 나눠주는 일을 감독할 관리들을 파견하였다. 임시로 승지로 임명된 이유경은 사창(社倉)으로 갔고, 조진관은 산창(山倉)으로 갔으며, 홍인호는 해창(海倉)으로 갔다. 정조는 사민에게 쌀을 나눠줄 때 이것이 혜경궁의 은혜임을 알게 할 것이며, 쌀을 나눠주고 죽을 제공할 때에는 국왕이 직접 와서 나눠주는 것처럼 하면서 누락되는 사람이 없게 하라고 당부하였다. 정조는 이 행사를 위해 미리 5천 냥을 정리소에 보내주었다.

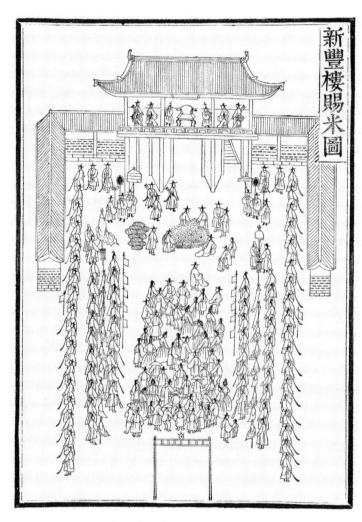

신풍루에서 쌀을 나눠 주는 신풍루사미도

1) 전교하셨다. "화성행궁의 회갑잔치에 일반 백성에게 쌀을 내리고 기민에게 양식을 지급하는 행사는 자궁(혜경궁)의 뜻을 우러러 실천하여 자궁의 은혜를 알게 하려는 것에서 나온 것이다. 정리소에서 필요한 것은 비록 경상비용을 많이 소비하지는 않겠지만, 이를 갈라 지급하는 것도 본래의 뜻은 아니다. 내하전(內下錢) 5천 냥을 내려 보내 후하게 지급하게 하니, 정리소에서 잘 알도록 분부하라." (권1, 전교)

아침 5시 45분에 정조는 융복을 입고 신풍루 위로 올라가서 자리에 앉았다. 사민들에게 쌀을 나눠주고 굶주린 백성에게 죽을 제공하는 것을 직접 감독하기 위해서였다. 정조는 동부승지 이조원에게 쌀을 두 배로 주고, 죽을 똑같이 나누어 먹이며, 이것이 모두 혜경궁의 은혜에서 나왔음을 알리라고 하였다. 이어서 선전관에게 죽 한 사발을 가져오게 하여 맛을 보았다. 혹시나 백성들에게 차가운 죽을 먹일까 염려해서였다. 이어서 정조는 양로연을 개최하기 위해 낙남헌으로 자리를 옮겼다.

2) 묘시 초삼각(5시 45분)에 세 번 나발을 불었다. 때가 되자 국왕이 융복을 갖추고 말을 타고 신풍루로 나와서 말에서 내려 올라가 앉으셨다. 동부승지 이조원에게 명령하셨다. "너는 내려가서 쌀을 두 배로 지급하고 죽은 똑같이 나눠 먹이되 쌀을 하사하고 죽을 먹이는 것은 모두 혜경궁의 은혜에서 나왔다는 뜻을 백성들에게 효유하라." 또 명령하셨다. "선전관은 죽 한 사발을 가지고 오너라. 내가 죽 맛이 어떠한지를 직접 보아야겠다."

행좌승지 이만수에게 명령하셨다. "지금 막 양로연을 열려고 하는데, 연장자를 높이는 뜻으로 볼 때 여러 노인들을 외반(外班)에서 오래 지체하여 기다리게 할 수는 없다. 나는 낙남헌으로 돌아가려 하니, 경은 이곳에 남아 있다가 사민으로 와서 기다리는 사람에게 일일이 죽을 먹이고, 혹시 나중에 와서 시간을 맞추지 못하는 사람이 있더라도 절대로 차가운 죽을 먹이지 말고 직접 살펴서 혹시라도 소홀히 함이 없게 하라." (권1, 연설)

8시에 정조는 낙남헌으로 가서 양로연을 거행하였다. 양로연에 참석한 노인은 정조의 행차를 따라온 노인으로 영의정 홍낙성 등 15인과 화성에 거주하는 노인으로 이석조 등 384인이 있었다. 양로연에서 정조와 관리들은 융복을 입었고, 서민들은 평상복을 입었다. 정조는 국왕의 자리 앞에 노인들의 자리를 마련하여 존년(尊年) 즉 연장자를 높이는 뜻을 표시하였고, 70세 이상에 품계가 2품 이상인 9인의 관리에게는 지팡이를 짚고 낙남헌 안으로 들어와서 앉게 하였다. 또한 3품 이하의 노인은 계단 위에 앉았고, 서민들은 낙남헌의 마당에 앉았다. 이날 지팡이를 짚고 낙남헌에 앉은 노인은 영의정 홍낙성, 우의정 채제공, 영돈녕부사 김이소, 판중추부사 이명식, 판돈녕부사 이민보, 수어사 심이지, 행도승지 이조원, 행대사간 서유신, 호조참판 조윤형이었다.

행사가 시작되자 정조는 노인들에게 노란 명주를 나눠주어 지팡이 머리에 매게 하였고, 비단 한 단씩을 선물로 주었다. 또 노인들이 행사장에 들어와 두 번씩 절을 할 때 무릎을 한 번 꿇고 머리만 두 번 조아리는 일좌재지(一坐再至)의 절을 하도록 하였다. 그리고 노인들이 절을 하자 정조는 자리에서 일어나는 것으로 화답을 하였다. 모두 노인들에

대한 예우였다.

악사(樂師) 2인이 기둥 밖에서 화일곡(化日曲)을 노래하였고, 고위 관리들은 차례로 정조에게 술잔을 올리며 천세를 외쳤다. 정리사를 맡은 채제공이 술잔을 올릴 것을 청하였다. "이 경사스런 모임에 효행이 퍼져가는 것이 신들에게까지 이르니, 구구한 정성에 간절한 마음으로 송축하며, 술잔을 올리고 천세를 불러 장수하시기를 기원합니다."

이어서 영의정 홍낙성이 아뢰었다. "신이 분에 넘치게 노인들의 우두머리가 되었으니 만수무강의 잔을 먼저 올리겠습니다."

정조가 대답하였다. "경의 말씀이 참으로 좋다. 경이 먼저 올리고 우의정, 영돈녕부사, 세 중신(重臣)이 차례로 한 잔씩 올리라."

이에 영의정 홍낙성이 첫 번째 술잔을 올렸고, 우의정 채제공, 김이소, 이명식, 이민보, 심이지가 차례로 술잔을 올렸다.

양로연이 진행되는 동안 정조와 노인들 사이에는 대화가 계속되었다. 노인들은 장수를 기원하는 대상을 혜경궁에서 시작하여 왕비, 원자(순조)로 넓혀갔고, 정조는 신하들과 함께 흠뻑 취하여 이날의 기쁨을 표시하자고 권하였다. 이날의 대화를 보면 홍낙성과 채제공이 노인들의 중심인물이었고, 술에 취하지 않으면 돌아갈 수 없다는 '불취무귀'가 다시 시행되었다.

3) 채제공이 말하였다. "춘대수역(春臺壽域, 태평성세의 우리나라)은 예로부터 들어온 말이지만 지금 다행스럽게도 신이 직접 보게 되니 참으로 기뻐하지 않을 수 없습니다."

국왕이 말씀하셨다. "장수의 교화는 자궁의 덕에서 나온 것이고, 노인들이 취하고 포식하는 것도 우리 자궁께서 내리셨다. 오늘 여러 노인들이 잔을 올려 헌수하는 것은 모두 자궁께 돌아갈 것이다."

홍낙성 등이 말하였다. "여러 노인들의 나이를 전궁(殿宮, 왕비)과 원자궁(元子宮)께 바치고 싶습니다."

국왕께서 말씀하셨다. "경들이 소반 위의 검은 콩을 한 움큼씩 집어 올리면 원자에게 보낼 것이다."

홍낙성과 채제공이 한 움큼씩 올리니 국왕께서 어안(御案)에 받아놓고 말씀하셨다. "내가 평소에 술 마시기를 좋아하지 않으니, 오늘 취하는 것은 오로지 기쁨을 표시하는 것이다. 경들도 모두 취해야 할 것이다."

채제공이 말하였다. "신이 비록 주량이 없지만 어찌 감히 취하지 않겠습니까?"

이민보가 말하였다. "옛사람이 '즐거워라, 이보다 더 큰 즐거움이 없어라'고 하였으니, 오늘 저녁에 신이 기뻐하고 축하하는 마음으로 삼가 취하지 않고는 돌아가지 않겠습니다." (권1, 연설)

정조는 양로연을 진행하면서 동부승지 이조원에게 어제시를 쓰고, 영의정 홍낙성에게 낙남헌에 걸라고 명령하였다. 그리고 양로연에 참석한 신하들에게 이 시에 갱진(賡進, 임금이 지은 시에 화답하는 시를 적어 임금에게 바치던 일)하도록 하였다.

다음은 정조의 시이다. 정조는 이해 6월의 혜경궁의 생일날 영춘헌에서 열린 회갑 잔치에서도 이날과 같은 운자로 시를 지었다.

4) 낙남헌(洛南軒)에서 양로연(養老宴)을 거행하였다. 나이 70세가 된 노인과 61세가 된 노인들이 참여하였으므로, 배례(拜禮)는 일좌 재지(一坐再至)의 예를 사용하였다. 여러 노인들이 각각 제자리로 나아가려 하자, 내가 노인들을 위하여 일어났다. 이미 당(堂)에 올라가서 술잔이 세 순배가 돌았을 때에 노인들에게 읊어 보이면서 화답하기를 구하다.

학처럼 흰머리에 지팡이 짚은 노인들이 앞뒤로 모이니
해동의 나라 낙남헌 연회에 화기가 넘치네.
바라건대 노인들은 백세의 장수를 가지고
자궁께 만만년의 장수를 절하고 바쳐주시길. (권1, 어제)

이날 우의정 채제공은 정조의 시에 화답하는 시를 지었다. 채제공은 어제시의 운자인 전(前), 연(筵), 년(年) 자를 따서 국왕에게 화답하는 시를 지었다.

5) 양로연에 친림하여 경사를 축하하는 어제시에 차운하여 자궁의 장수를 송축하는 정성을 부치다.

국왕의 자리 앞에 지팡이를 짚고 따르니
인간사 성대한 일 중에 이런 자리가 또 있으랴.
빈(豳) 땅에서 뿔잔으로 올리는 축수도 우리보다 못하니
읍강(邑姜, 왕비)의 장수까지 빌었단 말은 못 들었네.

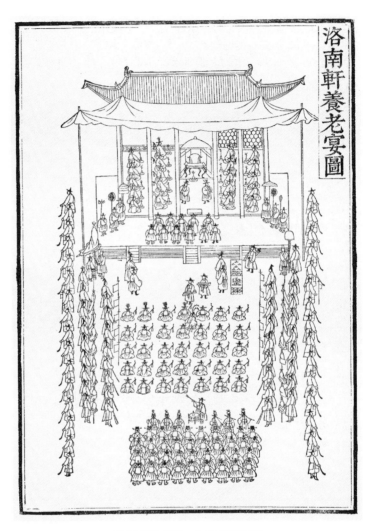

낙남헌의 양로연을 그린 낙남헌양로연도

이날 양로연에 참가한 노인들은 국왕에게 술잔을 올릴 때 함께 술잔을 받았고, 잔치가 끝난 후에는 남은 음식을 청색 보자기에 싸서 집으로 가지고 갔다. 또한 행사장 밖에는 국왕의 행차를 보기 위해 먼 지방에서 올라온 노인들이 많이 있었다. 그러자 정조는 "모두가 경사를 축하하는 것이니 많으면 많을수록 좋다"면서 이들에게도 잔칫상을 나눠주라고 하였다. 윤행임이 잔칫상 네 개를 가지고 나가서 담장 밖 노인들에게 나눠주니, 노인들은 자리에서 일어나 천세를 외쳤다. 정조는 화성에 거주하면서 양로연에 참가한 노인들에게는 한 자급을 올려주는 특혜를 주었다.

낮 12시에 정조는 군복을 입고 방화수류정으로 행차하였다. 낙남헌에서 강무당을 지나 성벽에 오른 후 장안문, 화홍문을 거쳐 방화수류정에 이르는 길이었다. 이때 정조는 화성의 성곽이 방어하기에 편리하고 적절한 위치에 자리를 잡았으며, 어제의 군사훈련에서도 평소의 조련이 잘 되어 있음이 나타났다며 이를 담당한 장용외사 조심태를 칭찬하였다.

6) 국왕께서 화홍문을 경유하여 방화수류정에 나가셨다. 말씀하셨다. "우리나라 성곽의 제도는 빙 돌아가며 담을 두르는 것에 불과하다. 그런데 지금 이 화성의 제도는 걸음의 숫자로 분배하여 치첩(雉堞, 성가퀴)을 늘어놓고, 매 치(雉)마다 반드시 서너 명을 세워 좌우를 엿볼 수 있기에 충분하니 방어하기에 편리하다. 이렇게 된 후에야 비로소 성곽의 제도라 할 수 있다. 또한 경영한 위치도 모두 조리가 있으니, 만약 장용외사가 성심으로 하지

득중정의 활쏘기를 그린 득중정어사도

않았다면 어떻게 가능하였겠는가? 또 어제의 군사훈련을 말하더라도 화성부의 군대가 평소에 조직적으로 훈련한 것이 아니었지만 성정군(城丁軍)이 횃불을 올리고 대포를 쏘는 것이나 친군위(親軍衛)가 앉거나 서고 전진 후퇴하는 것이 모두 모양을 이루었다. 여기에서 합당한 인재를 얻었음을 볼 수 있으니, 내가 매우 가상하게 생각한다." 조금 있다가 말을 타고 낙남헌으로 돌아왔다. (권1, 연설)

오후 4시에 정조는 득중정에 가서 활쏘기를 하였다. 이 자리에서 영의정 홍낙성, 수어사 심이지, 경기감사 서유방, 호조판서 이시수, 장용외사 조심태, 장용내사 서유대, 총융사 서용보, 행좌승지 이만수, 행우승지 이익운, 정리사 윤행임, 검교 직각 남공철, 초계문신 서준보와 조석중(曹錫中), 국왕을 수행한 장관인 오의상, 이석, 이광익, 이희, 조기 등이 정조를 뒤이어 활쏘기를 하였다. 이날 정조의 성적은 유엽전으로 6순 30발을 쏘아 총 24발을 맞추었고, 소포(小布)에 5순 25발을 쏘아 24발을 맞추었으며, 장혁(掌革)에 1순 5발을 쏘아 3발을 맞추었다. 정조를 뒤이어 영의정 홍낙성이 소포에 3발의 화살을 맞추었다. 정조는 팔순의 원로가 이런 성적을 올린 것은 희귀한 일이라며 칭찬하였다.

날이 저물자 정조는 소적(小的, 작은 표적)을 설치하고 그 좌우에 횃불 2개를 설치하라고 명령하였다. 정조는 여기에 2순 10발을 쏘아 5발을 맞추었다. 그리고 땅속에 설치해 둔 매화포를 터뜨려 몰려나온 사람들에게 좋은 구경거리를 제공하였다.

귀경길에 고을의 폐단과
백성들의 고충을 묻다

•

윤2월 15일

이날 정조는 화성 행궁을 출발하여 귀경길에 올랐다. 아침 7시 45분에 정조는 군복을 입고 말을 탔으며, 혜경궁은 가마를 타고 행궁을 출발하였다. 그전에 정조는 수어사와 총융사를 불러 광주, 시흥, 과천에 배치되어 있는 척후병들은 국왕의 행차가 지나가면 차례로 해산하라고 명령하였다. 척후병들은 국왕의 행차가 궁궐에서 출발하기 전에 미리 행차 도로변에 배치되어 주변을 살피다가 국왕의 행차가 돌아간 후에 해산을 하였다.

국왕의 행차가 진목정 다리에 이르자, 정조는 행렬을 멈추고 혜경궁에게 직접 미음을 올렸다. 간단한 식사를 마친 후 정조는 장용외사 조심태에게 화성에서부터 따라온 군사들을 거두어 장용외영으로 돌아가라고 명령하였다.

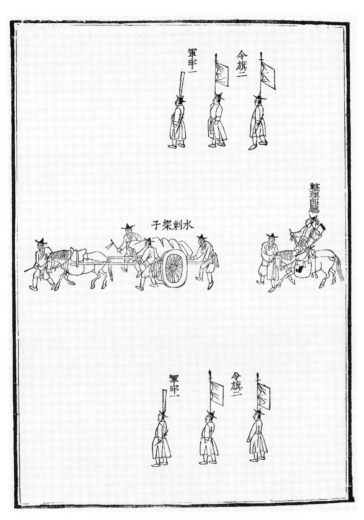

혜경궁의 음식을 실은 수레

국왕의 행차가 사근평 행궁으로 향하자 국왕은 미리 행궁으로 달려갔다. 그리고 광주 부윤 서미수(徐美修), 시흥 현령(始興縣令) 홍경후(洪景厚), 과천 현감(果川縣監) 김이유(金履裕)를 불러 각 고을의 문제점과 백성들의 어려움을 물었다. 이들은 정조의 행차가 통과하는 지역의 수령들로서, 이번 행차에서는 각무차사원(各務差使員)을 맡고 있었다. 수령들은 하나같이 민폐가 없다고 대답하였다. 민폐가 있다면 이는 본인들에게 문제가 있다는 말이 되기 때문이었다.

전교하셨다. "고을의 폐단과 백성들의 고충을 보고할 만한 것이 있으면 일일이 아뢰어라."

서미수 등이 말하였다. "혜택이 두루 퍼져서 백성들이 모두 편안합니다. 아뢸 만한 폐단이나 고충이 없습니다."(『일성록』 정조 19년 윤2월 15일)

얼마 후 혜경궁의 가마가 사근평 행궁에 도착하였고, 정조는 혜경궁을 맞이하여 점심 식사를 올렸다. 국왕의 행차가 다시 출발하여 안양교 앞길에 이르자 혜경궁에게 미음을 올렸고, 시흥 행궁에 도착하여 저녁 식사를 올렸다. 이날 정조와 혜경궁은 시흥 행궁에서 묵었다.

시흥 백성의 환곡을 탕감,
부역과 요역을 감면하다

•

윤2월 16일

이날 정조의 행차는 시흥 행궁을 출발하여 창덕궁으로 돌아왔다.

정조의 행차가 시흥 행궁을 출발하여 문성동 앞길에 이르렀을 때, 시흥 현령 홍경후가 시흥 백성들을 거느리고 행차를 기다리고 있었다. 정조는 시흥 행궁을 출발하기 전에 홍경후에게 그렇게 하라고 지시하였다. 정조는 시흥 백성들을 직접 만나서 그들의 고충을 물었다. 백성들이 선뜻 대답을 하지 않자 다시 물었고, 백성들의 요청을 듣고 지난해의 환곡을 모두 탕감해주고 부역과 요역도 감면해 주었다. 그리고 앞으로 국왕의 행차가 시흥을 지나갈 때마다 백성들의 폐단을 듣고 해결해 주겠다고 약속하였다. 이런 소식을 들은 백성들은 모두 춤을 추면서 물러났다.

1) 전교하셨다. "우리 자궁의 수레를 모시고 평안히 갔다가 돌아오는 길에 다시 시흥행궁에서 묵었다. 읍은 물자가 통하는 곳이고 길도 사방으로 뚫려 있는데 경사를 함께하여 기쁨을 알리는 것이 어찌 수령과 이교(吏校)에게만 있겠는가? 시흥현 백성들의 갑인년(1794)에 한 해 물린 환곡(還穀)과 군향(軍餉)을 특별히 모두 탕감하고, 부역과 요역을 감면하는 방도를 묘당(廟堂)에서 강구하고 초기를 올려, 그들이 행운을 바라는 뜻에 부응하도록 하라."(권1, 전교)

이날 정조와 백성들이 나눈 대화는『일성록(日省錄)』에 자세하게 기록되어 있다.

2) 내가 말을 멈추고 말하였다. "평소에 국왕의 가마가 지나가는 지역에는 반드시 은혜를 베풀 방도를 생각한다. 더구나 오늘은 자궁(혜경궁)의 가마를 모시고 두 번째로 시흥 행궁에 묵었고 돌아가는 길도 편안하니, 나의 경사스럽고 다행으로 느끼는 마음으로 백성들에게 무엇을 아끼겠는가. 시흥 백성들을 위하여 반드시 요역(徭役)을 견감하고 폐단을 제거하여 자궁의 은혜를 펴고 백성들의 기대에 부응하려 한다. 더구나 행차를 바라보는 백성들의 마음이 즐겁게 행차의 위의(威儀)만 구경하는 것이 아니고 은택이 있기를 바라기도 한다. 너희는 이미 행차를 바라보았고 나는 이미 물었으니, 고질적인 병폐와 제거해야 할 폐단이 있다면 숨기지 말고 모두 말하여라."

백성들이 아뢰었다. "다행히 요순(堯舜) 같은 군주를 만나 태평한 세상에서 태어나 늙어 가니, 먹고 입는 것이 모두 제왕의 은택입니다. 천지 같고 부모 같은 우리 군주가 계시니, 오두막에서 늙어 가는 저희들은 밤낮으로 감사할 뿐이지, 국왕께 아뢰어 번거롭게 할 만한 고통이 무엇이 있겠습니까?"

내가 말했다. "이런 말은 너희들이 겉치레로 하는 인사이다. 너희들은 모두 나의 적자(赤子)인데, 매번 은택을 두루 펴지 못하는 것을 걱정하며 마음에 항상 부끄럽게 생각하고 있다. 더구나 깊은 구중궁궐에서는 오두막의 고통을 자세히 알 길이 없으므로 지척에 있는 어가 앞에서 생각을 말하도록 하여 그동안 듣지 못했던 폐단을 듣고 행차를 바라보는 백성들의 심정에 보답하려는 것이다. 너희들은 이렇게 말할 수 있는 기회를 만났으니, 어찌 두려워하고 머뭇거리며 감히 말하려 하지 않는가. 주저하지 말고 다시 말하여라."

(승지) 이익운이 백성들에게 이 하교를 선포하고 돌아와 아뢰었다. "백성들에게 두루 밝히니, 모두 별다른 폐단이 없기 때문에 하문하셨지만 감히 아뢰지 못하였다고 합니다. 다만 호역(戶役)으로 바치는 계초(鷄草)를 1년에 두 번 징수하기도 하는데, 이것이 백성들에게 가장 큰 폐단이라고 합니다. 이 밖에 자잘한 잡역(雜役)에도 억울함을 호소할 것이 없지 않다고 합니다."

내가 시흥현의 갑인년(1794)에 한 해를 물린 환곡과 군향(軍餉)을 탕감하고, 부역과 요역을 감면하는 방도를 묘당(廟堂)에서 강구하고 초기하라고 특별히 전교하였다. 그리고 유사당상(有司堂上) 이시수(李時秀)에게 이 전교를 백성들에게 읽어주어 유시하라고 명령하였다.

이시수가 유시하였다. "지난날 특별한 은혜를 두루 베풀지 못하다가 금년에 처음으로 이곳에 행차하니, 어찌 따로 나의 뜻을 보여 주는 조치가 없겠는가? 이 때문에 지난 가을의 환곡 중 한 해를 물린 것을 모두 탕감한다. 호역(戶役)은 비변사에서 관찰사와 수령들에게 관문(關文)을 보내어 묻고,

폐단을 줄이고 호역을 견감하는 방도를 특별히 강구하여 잘 처리하도록 하겠다. 매년 정월의 행차에 연로(輦路)의 백성들이 눈을 치우고 길을 닦는 폐단이 적지 않다. 이 때문에 금년부터 현륭원에 행차하는 날짜를 봄가을의 농한기로 정하였으니, 이 또한 백성을 위하는 고심에서 나온 것이다. 이후로 매년 행차가 지나갈 때마다 백성들의 사정을 자세히 살펴서 폐단에 따라 구제할 방안이 있을 것이니 너희들은 각자 잘 알도록 하라."

백성들이 모두 춤을 추면서 물러났다. (『일성록』 정조 19년 윤2월 16일)

정조는 현륭원을 참배하였다가 돌아오는 길에 미륵고개에 이르면, 문득 말에서 내려 무덤을 바라보면서 길을 쉽게 떠나지 못하였다. 이날 정조는 고개 위에 있는 대의 이름을 '지지대(遲遲臺)'라고 지었다. 부친의 묘소를 방문할 때마다 길을 떠나지 못하고 머뭇거리던 자신의 모습을 형용한 이름이었다.

3) 전교하셨다. "매번 현륭원을 살피고 돌아오는 길에 미륵현(彌勒峴)에 도착하면, 고삐를 멈추고 멀리 바라보면서, 오랫동안 출발하지 못하고 나도 모르게 말에서 내려 방황하였다. 이번 행차에 미륵현 위를 보니 자리를 깐 곳을 둘러싼 대(臺)가 있으니, 그 대를 '지지(遲遲)'라 명명한다. 다음번에 현륭원에 행차하는 길에는 미륵현의 아래에 '지지대(遲遲臺)' 세 글자를 추가해 넣을 것이니, 화성부와 정리소에서 잘 알도록 하고, 경(채제공)도 이런 뜻을 알도록 하라."[총리대신(摠理大臣)이 화성에 있었기 때문에 이런 명령이 있었다.](권1, 전교)

이날 정조의 행차는 노량 행궁(용양봉저정)에 가서 점심을 먹었고, 한 강의 배다리를 건너 창덕궁으로 돌아왔다.

화성행차를 마무리하다

●

윤2월 17일

정조가 창덕궁으로 돌아온 후 화성행차를 마무리하는 절차로 들어갔다. 정조는 윤2월 17일에 주교를 해체하여 삼남 지역의 조전(漕轉, 배로 물건을 실어 나름)이 소통되게 하였다. 정조의 화성행차를 위해 한강에 설치된 주교 때문에 한강의 물길은 한 달 가까이나 막혀 있었다.

이날 함경도 함흥에서 새로운 움직임이 나타났다. 2월 13일에 함흥본궁의 제사가 끝나고 나서, 함흥부의 유학(幼學) 김응일(金應一) 등이 '환조대왕 부부를 영흥본궁에 추향할 것'을 요청하는 상소를 올린 것이다.

1) 함경도 유학(幼學) 김응일(金應一) 등이 상소하였다. "엎드려 생각건대, 제왕이 조상을 제사하며 근본에 보답하는 예는 아무리 멀어도 이르지 않는 곳이 없습니다. (중략) 영흥본궁은 바로 환조대왕이 땅을 살펴보고 정한 터

이고 태조대왕이 탄생한 곳입니다. 하늘의 마음이 이곳에서 자리를 잡았고, 땅의 신령이 이곳에서 경사를 길렀습니다. 성조(聖祖)가 국왕이 될 것이라는 참언(讖言)과 신이한 승려가 거북으로 점을 친 자취가 지금까지 서로 전해지고 오래되어도 없어지지 않습니다. 바로 주나라의 빈기(邠岐)와 한나라의 풍패(豐沛)와 같은 곳이니, 태왕(太王, 문왕의 조부)의 공덕은 여기에서 칭송되어야 하며, 상황(上皇)의 의관(衣冠)도 여기에서 받들어야 합니다. 지금 옛터를 삼가 살펴보면, 태조대왕의 영정은 이미 준원전(濬源殿)에 봉안하였고, 태조대왕과 신의왕후(神懿王后), 신덕왕후(神德王后)의 위판은 모두 본궁에 봉안하고 변변찮은 제수라도 올렸습니다. 유독 환조의 오르내리는 신령에게는 제사드릴 겨를이 없었으니, 어찌 조가(朝家)의 궐전(闕典)이 아니며, 은나라와 주나라의 고례(古禮)에 어긋남이 있지 않겠습니까. 신들이 가만히 생각건대, 환조대왕과 의혜왕후를 본궁에서 모시고, 태조대왕과 신의왕후, 신덕왕후를 모두 한 궁에서 제사지내면, 신령이 떠돌다가 이곳에 모이고 사람들의 마음도 모두 즐거울 것이니, 이것이 실로 옛집에 궁을 짓는 본래의 뜻입니다. (중략) 선조의 공덕을 드러내어 칭송하는 것은 나라의 성대한 전례요, 선조의 뜻을 계승하여 따르는 것은 국왕의 큰 효도입니다. 하물며 지금 을묘년은 바로 환조의 여덟 번째 회갑이 있는 해입니다. 마침 우리 전하의 막대한 경사가 있는 해와 같은 때를 맞으니, 이것은 실로 천년에 한 번 만나는 기회이며, 역대 선왕들께서 미처 하지 못하였던 전례(典禮)가 전하의 오늘을 기다렸던 것 같습니다. 신들은 탄식하며 잊지 못하는 정성이 다른 해보다 배가 되어 외람되고 참월함을 피하지 않고 서로 일제히 호소합니다. 엎드려 바라건대, 전하께서는 환조가 터를 정하신 훌륭한 자취를 추모하고 태조가 효성스럽게 제사하신 성대한 뜻을 본받아 제사지내는 의례를 다시 마련하여 영원히 후세에 전해지게 하소서. 한편으로는 성상께서 선조의 뜻을 따르는 효도가 되고, 한편으로는 신민들이 기대하는 소망을 위로하게 될 것입니다. (부편 3, 영흥본궁제향, 계사)

이상에서 보듯 함흥 유생들은 영흥본궁은 환조가 살 곳을 정하고 태조가 태어난 곳이므로, 이곳에 환조 부부와 태조 부부의 위판을 모시고 함께 제사지내는 것이 태조의 뜻을 이뤄주는 것이자 신하와 백성들의 소망을 이뤄주는 것이라 주장하였다.

정조는 태조가 탄생한 옛 저택에서 환조의 제사를 지내는 것은 당연하다고 답변하였다. 영흥본궁에 환조와 의혜왕후의 위판을 추가로 모시겠다는 생각이었다. 그러나 정조는 환조를 영흥본궁에 모시게 되면 태조의 다른 선조인 목조, 익조, 도조의 위판은 어떻게 해야 하는 지를 질문하였다. 영흥본궁에 환조의 위판만 추가할지, 태조의 4조 위판을 모두 추가할지를 물은 것이다.

2) 답변하셨다. "영흥본궁은 태조가 탄생하신 옛 저택이니, 환묘(桓廟, 환조)의 제사를 지내는 것은 예(禮)로 볼 때 당연하다. 게다가 근거가 될 만한 기왕의 사례를 기록한 문적(文蹟)도 있으니, 하물며 올해를 맞아서이겠는가? 그러나 이 일은 매우 중대한 문제이니, 만약 올해에 느낀 것을 그대로 거행한다면, 환묘 이상의 위판에 대한 의례 절차는 어떻게 해야 되겠는가. 예조에서 널리 살펴서 초기(草記)하여 보고하라." (부편 3, 영흥본궁제향, 전교)

화성행차를 증명할 의궤 편찬을 명하다

•

윤2월 19일

이날 정조의 화성행차를 주관하였던 정리소가 폐지되었다. 정조는 자신이 현륭원에 행차한 것은 의리로 한 일이며, 이를 증명해 줄 서적을 편찬하여 후세 사람들에게 보여주어야 한다고 생각하였다. 정조의 화성행차를 상세하게 정리한『정리의궤』를 편찬하게 되는 이유였다.

(정리소의 낭청이 총리대신(摠理大臣)의 뜻으로) 아뢰었다. "정리소를 이미 혁파하였으므로, 의궤(儀軌)를 상세하게 기록하여 백세의 후대에 전해질 문헌을 갖추어야 합니다. 당상 심이지(沈頤之)와 낭청 홍수영(洪守榮)을 차출하여 거행하도록 하는 것이 어떻겠습니까?"

전교하셨다. "(정리소는) 이미 의례적으로 설치하는 도감(都監)과 조금 다르므로, 반드시 의궤(儀軌)의 격식을 따를 필요는 없다. 현륭원에 행차한 일은 의(義)에서 거행한 것이고, 그에 관한 예(禮)는 인정에 따라 거행한 것이므로 마땅히 이를 증명해 줄 한 부의 서적을 마련하여 후세 사람에게 보여주어야 한다. 의궤(儀軌)이면서 자료를 분류하여 수집하는 체제를 갖추고, 활자로 인쇄하여 올리도록 하라. (책이 완성되면) 사고(史庫)와 내각(內閣, 규장각), 홍문관, 호조, 예조, 병조, 각 군영, 화성, 경기감영, 광주, 과천, 시흥에 각각 한 건씩 보관하라. 정리소의 당상과 낭청, 화성 유수, 입직한 승지와 사관(史官)에게 각각 한 건씩 나누어 주어라. 당상 가운데 행 사직(行司直) 심이지(沈頤之)는 이미 책을 편찬하는 일에 차출되었고, 행 부사직(行副司直) 서용보(徐龍輔)와 윤행임(尹行恁), 승지 이만수(李晩秀)는 책을 편집하는 데 참여하라. 그리고 공조 판서 이가환(李家煥)과 검서관(檢書官) 중에서 책의 편찬에 대해 잘 아는 사람 한두 사람을 차출하여 모두 함께 책을 편집하게 하라. 의궤청(儀軌廳)이라 부르지 말고, 내각(규장각)에서 주관하게 하며, 이 책의 서문은 경(총리대신 채제공)이 지어서 올려라. 책의 이름은 나중에 물어서 정하라.” (권2, 계사)

환조와 의혜왕후의 위판을
영흥본궁에 모시다

●

윤2월 20일

정조는 영흥본궁에 환조와 의혜왕후의 위판을 추가로 모시겠다고 결정하였다. 화성행차가 마무리되고, 함흥 지방 유생들의 요청이 있은 지 불과 3일 만에 내린 결정이었다. 이날 정조는 규장각의 이문원(摛文院)에 가서 신하들에게 지난밤 꿈 이야기를 하였다. 이문원은 선왕들의 어진을 모신 진전(眞殿, 선원전)에서 가까운 곳이었다.

정조의 이야기는 이렇다. 요즈음 자신은 환조가 탄생한 지 8주갑이 되는 해를 맞아 함흥본궁에서 이를 기념하는 제사를 지냈고, 함흥 유생이 환조를 영흥본궁에도 추가로 모시자고 요청하는 상황에서 이 문제를 신중하게 생각하고 있었다. 그런데 지난밤 꿈에 선왕께서 나타나 자신을 곡진하게 이끌며 가르쳐 주셨으니, 환조를 영흥본궁에 모시기로 결정하겠다는 것이다. 정조의 이야기에서 한나라 명제가 꿈에 광무제

(光武帝)를 만난 사례를 언급하는 것으로 보아, 정조의 꿈에 나타난 선왕은 아마도 태조 이성계였을 것이다. 정조가 영흥본궁에 모시려고 하는 환조는 바로 태조의 부친이었다.

1) 상께서 말씀하셨다. "내가 밤낮으로 마음을 정하지 못하는 것은 오직 사전(祀典) 한 가지 일이다. 함흥본궁과 영흥본궁의 향사(享祀) 의례에 대해서는 몇 년 전에 처음으로 절목을 정하고 의식을 편찬하였다. 올해는 우리 환조(桓祖)께서 탄생하신 지 여덟 번째 회갑이 되는 해이다. 겨우 대신을 파견하여 제사를 섭행하게 하였는데, 마침 북쪽 지방 유생의 상소가 술잔을 올리고 도성으로 돌아오던 날에 있었다. 그 말에 근거가 있고 예(禮)의 측면에서도 타당하였다. 먼저 예조의 당상관들에게 대답하게 하였는데, 예조판서도 고사(故事)를 널리 인용하며 거행할 것을 강력히 요청하였다. 그러나 이는 실로 중대한 전례(典禮)라 정중하고 신중해야 하니, 감히 결단하여 거행하지 못하였다. 그러다가 지난밤 꿈에 곡진하게 직접 가르쳐주신 것이 한두 번이 아니었다. 이 일이 견강부회하는 것이 될 것 같아 자세히 일러주지는 못하지만, 옛날 한(漢)나라 명제(明帝)가 꿈에 광무제(光武帝)를 배알한 뒤 그날로 능(陵)에 올라가서 오르내리는 혼령과 가까이 접하면서 한 가지 이치로 감통(感通)하였다. 꿈속의 일이지만 본시 황당무계한 일은 아니니 어렴풋하게 깨닫는 것이 있어 앉아서 날이 밝기를 기다렸다. 옛날 선조(先祖, 영조)께서 직접 법전(法殿)으로 가서 조경묘(肇慶廟)의 의절(儀節)을 의논하여 정한 일이 있다. 지금도 선대의 뜻을 받든다는 뜻에서 진전(眞殿)과 가까운 곳에 있는 이문원(摛文院)으로 자리를 옮겨 경들을 불러 의논하여 정한 다음에 진

전을 참배하겠다." (부편 3, 영흥본궁제향, 연설)

이를 보면 정조는 환조 부부를 영흥본궁에 추가로 모시는 행사를 선 뜻 결정하지 못하다가 어젯밤 꿈에 선조께서 나타나 자신을 깨우쳐 주 었다고 하였다. 그리고 정조는 선왕 때의 사례를 거론하였다. 1695년 (숙종 21)에 숙종이 민진후(閔鎭厚)의 건의를 채택하여 태조의 계비인 신 덕왕후의 위판을 함흥본궁과 영흥본궁에 추가한 적이 있었다. 숙종의 조치가 있었던 해는 태조(1335~1408)가 탄생한 지 6주갑(360년)이 되는 해였다. 또한 정조는 영조 대인 1771년(영조 47)에 전주 이씨의 시조인 이한(李翰) 부부의 위판을 모신 조경묘(肇慶廟)를 건설할 때의 전례를 언 급하기도 하였다. 정조의 발언을 보면, 그는 영흥본궁 행사를 거행할 것을 사전에 충분하게 준비해 두었다가 결정을 내릴 적절한 시점을 기 다렸던 것으로 보인다.

2) 전교하셨다. "올해는 성조(聖祖, 환조)께서 태어나신 해이고, 이곳은 성 조께서 왕업의 기틀을 여신 곳이다. 제사를 올리는 일은 이미 국초부터 시 작하였지만, 환조(桓祖)의 위판을 놓고 제사지내는 일을 아직까지 논의하는 것은 필시 국가의 예(禮)가 지극히 중하여 함부로 의논하기가 어려워서 그랬 을 것이다. 유생들의 상소가 올라오고 예조에서 회계가 잇따라 올라왔어도 여전히 중대하고 신중을 기해야 할 일이라 감히 갑자기 의논하여 정할 수가 없었다. 그런데 하늘에 계신 조상의 혼령께서 곡진하게 이끌어 가르쳐 주시 며, 꿈속에 나타나 나의 우둔함을 깨우쳐 주셨다. 대개 예라는 것이 본래 정

에 근거하는 것이지만 때를 기다려야 하는 법이다. 돌아보건대 내가 항상 마음속에 있었던 것은 조종(祖宗)의 마음을 나의 마음으로 삼는 것이었다. 날이 밝자 옷을 찾아 입고 여러 신하들을 불러 접견하였더니, 신하들의 논의도 순일하여 다른 말이 없었다. 이것을 일컬어 '대동(大同)'이라 하는 것이다. (중략) 더구나 올해에 이 예를 거행하는 것은 숙종 을해년(1695)에 고(故) 유신(儒臣) 민진후(閔鎭厚)의 건의를 채택하여 특별히 국초에 태어나신 해에 신덕왕후(神德王后)를 추배(追配)하는 의식을 강구한 고사와 부합함이 있으니, 어찌 더욱 희귀하면서 다행스러운 일이 아니겠는가. (중략) 환조 연무성환 대왕(桓祖淵武聖桓大王)과 의혜왕후(懿惠王后)를 영흥본궁에 추가로 모시면서 거행해야 할 의례 절차는 유사(有司)가 강구하여 보고하라. 길일은 4월 중에 가려서 뽑고, 먼저 이러한 사유를 함경관찰사가 함흥본궁과 영흥본궁에 고하도록 하라. 이 예는 조종(祖宗, 태조)의 마음을 내 마음으로 하는 것이니, 우러러 생각건대 국초에 하늘에 계신 성조의 혼령께서도 강림하여 기뻐하실 것이다. 이달 24일에 나는 태묘(太廟, 종묘)에 나아가 직접 고유제를 거행하고, 돌아와 정전(正殿)에서 중외(中外)에 교서를 반포할 것이니, 예조에서 잘 알아두어라." (부편 3, 영흥본궁제향, 전교)

이날 정조는 환조와 의혜왕후의 위판을 영흥본궁에 추가로 모시고 제사를 지내는 날을 4월 중에 가려서 결정하라고 하였다. 그리고 자신은 윤2월 24일에 종묘에 가서 이 행사를 알리는 고유제를 거행하겠다고 하였다. 영흥본궁 관련 행사는 결정과 동시에 빠른 속도로 진행되고 있었다.

정리의궤청을 주자소에 설치하다

●

윤2월 27일

정조는 화성행차를 마친 후 관련 기록을 모두 정리한 『정리의궤』를 간행하려고 하였다. 이날 정조는 의궤를 간행할 관청의 이름을 '정리의궤청(整理儀軌廳)'으로 정하였다. 다음날 정리의궤청은 주자소(鑄字所)에 설치되었다.

전교하셨다. "정리소 문서와 『승정원일기(承政院日記)』를 이달 안으로 초출 (抄出)할 수 있다고 한다. 여러 당상들은 내일 회동한 후에 교정(校正)하고 인 출(印出)할 것이지만, 옛 홍문관에 있으면서 인출하는 동안에 입계(入啓)하는 문서는 모두 정리의궤청(整理儀軌廳)으로 호칭할 것을 분부하라." (권1, 전교)

의궤청에 소속되어 편찬을 담당할 당상과 낭청은 그전부터 임명되었다. 윤2월 18일에 의궤청 당상에 서용보, 이만수, 윤행임이 임명되었고, 얼마 후에 민종현, 서유방, 이시수, 정민시가 추가되었다. 5월 1일에는 의궤청 낭청에 이시원, 김근순, 유명표가 임명되었다.

정조의 명령에 따라 의궤를 편찬하는 규정이라 할 의궤사목(儀軌事目)이 제정되었다. 의궤청은 옛 홍문관에 설치하고, 그 이름은 '정리의궤청(整理儀軌廳)'이라 하며, 행사에 사용하는 인신(印信, 도장)은 정리소의 인신을 사용하는 것 같은 세부 규정이었다. 의궤를 편찬할 때 발생하는 공문서에서 정리소의 인신을 그대로 사용하는 것은 화성행차를 주관하였던 정리소와 그 소속 관리들이 의궤의 편찬도 계속 주관한다는 의미였다. 의궤사목의 내용은 다음과 같다.

1. 처소는 옛 홍문관에 배치하여 설치하고 호칭은 정리의궤청으로 할 것

2. 당상은 정리사 심이지, 서용보, 윤행임이 그대로 검찰(檢察)하게 하며, 공조판서 이가환과 좌승지 이만수가 함께 관리함. 낭청은 도청 홍수영에게 맡기고, 전 검서관 박제가와 검서관 유득공에게 감동(監董)을 맡길 것

3. 당상과 낭청은 본 관청에서의 근무와 숙직, 공회(公會)에 참석하거나 제사에 차출되는 것을 중지할 것

4. 사용하는 인신(印信)은 정리소 인신을 그대로 사용할 것

5. 책자는 새로 주조한 『인서록(人瑞錄)』의 생생활자(生生活字)로 인쇄하되 들어가는 비용은 정리소의 남은 재정을 사용할 것

6. 서리(書吏) 8인, 서사(書寫) 3인, 고직(庫直) 1명, 사령 2명, 문서직 1명, 수공(水工) 2명은 정리소의 인원으로 정하되 날을 나누어 근무할 것

7. 책자를 인쇄한 후 궁궐 안으로 들이는 것과 각 처에 보관하거나 하사하는 것은 일체 국왕의 명령을 받아 거행할 것

이상의 의궤사목을 보면 『정리의궤』의 편찬은 물론이고 책을 배포하는 대상에 대해서도 전적으로 정조의 명령을 따르도록 하였다.

을묘정리곡으로 백성들의 배고픔을 덜다

•

윤2월 28일

이날 정리의궤청에서 화성행차에 쓰고 남은 2만 냥으로 을묘정리곡을 만든다고 보고하였다. 처음에 정조의 명령을 받은 정민시가 화성행차를 위해 마련한 비용은 10만 3천 냥 정도가 되었다. 그런데 화성행차를 마친 후 남은 비용은 4만 냥 정도가 되었고, 이중에서 1만 냥은 화성에 둔전을 설치하는 비용으로 사용하고, 또 1만 냥은 제주도의 굶주린 백성들을 구제하는 자금으로 사용되었다. 정조는 남은 2만 냥으로 정리곡(整理穀)을 만들어 전국에 나눠줌으로써, 혜경궁의 은덕이 전국의 백성들에게 미쳐가게 하겠다고 생각했다.

정리의궤청(整理儀軌廳)의 낭청이 당상의 뜻으로 아뢰었다. "하교하신 바에 따라 정리소에 쓰고 남은 돈 4만 냥 중에서 1만 냥은 화성의 둔(屯)을 설치하는 비용으로, 1만 냥은 제주도의 굶주린 백성들을 진휼하기 위한 자금으로 쓰고, 2만 냥은 삼도(三都)와 팔도(八道)에 나누어 보내어 을묘정리곡(乙卯整理穀)을 만들었습니다. 이 곡식을 각 지방에 나누어 주는 수효와 이를 거행하는 조건들을 절목(節目)으로 만들어 써서 올렸다가 결재가 나기를 기다려 각 해당 도의 관찰사들에게 맡기는 것이 어떻겠습니까?"

전교하셨다. "허락한다." (권2, 계사)

정리의궤 편찬을 직접 독려하다

●

3월 5일

이 무렵『정리의궤』를 편찬하는 일이 한창 진행되고 있었다. 그러나 주 내용은『일성록』의 기록을 뽑아 재정리하는 것에 불과하였고, 글씨를 쓰는 업무는 관청의 하급 서리에게 맡겨두고 있는 상황이었다. 정조는 이러한 사실을 나무라며 필사를 전담하는 낭관을 추가로 차출해도 좋다고 하였다. 정조는『정리의궤』의 편찬 과정을 직접 파악하며 작업을 독려하고 있었다.

구전(口傳)으로 말씀하셨다. "초출한 책자가『일성록』한 가지를 초출한 것에 불과하니 무슨 노력과 비용을 들인 것이 있는가? 게다가 오자(誤字)가 많고 범례가 일치하지 않으니, 명색이 당상(堂上)과 낭청(郎廳)이면서 이러한 작은 일을 거행하는 데에도 이처럼 소홀히 하니 참으로 놀랍다. 대례(大禮),

대향(大享), 대입시(大入侍)는 모두 쓰지 않았고, 좌목(座目)과 집사관(執事官)의 이름도 오직 『일성록』만 베낀 것 같으니 어찌 말이 되겠는가? 조정에서 책을 편찬하는 법에는 등록낭청이 관례적으로 모두 집필하고, 하인은 감히 참여하여 간섭함이 없다. 이번에 책을 편찬하는 일은 사체(事體)가 특별하여 등록랑(謄錄郞)을 이미 차출하였는데, 글씨를 쓰는 일이 이처럼 지체된다면 낭관을 추가로 차출할 수는 있지만 각 관청의 하급 서리들을 어찌하여 마음대로 불러왔는가? 이후로 감인청 근처에 한 명이라도 불러오면 교정당상(校正堂上)을 우선 엄하게 처단하는 것을 그만둘 수가 없다. 등록낭청은 조(曹)와 황(黃) 두 사람으로 부족하면 합당한 사람을 추가로 차출하는 일을 대신(大臣)에게 초기하게 하라. 『승정원일기』는 비록 이미 초출하였지만 그 나머지 각 항목을 분장하여 초출하는 일은 어느 때에 해야 하는가? 각각 기한을 정하여 써서 들이고, 모레까지는 일을 끝마쳐라.” (권1, 전교)

세심대에 올라 10년 후 화성행차를 다짐하다

•

3월 7일

이날 정조는 나이가 많은 신하들과 함께 옥류천을 따라 산을 올라가 세심대(洗心臺)에 가서 꽃구경을 하고 시 짓기를 하였다. 1791년부터 매년 해 오던 행사였다. 세심대는 60년 전 사도세자가 태어났을 때 영성군(靈城君) 박문수(朴文秀)가 고위 관리들과 함께 찾아와 매년 태평주를 마시며 취하자고 노래하였던 장소였고, 정조가 사도세자의 사당인 경모궁을 건설할 때 집터를 정하였던 곳이기도 하였다. 그런 사도세자의 환갑이 되는 해를 맞이하자, 정조는 화성을 방문하여 현륭원에 참배하였고, 10년 후인 갑자년(1804)이 되면 다시 혜경궁을 모시고 화성을 방문하겠다고 다짐하였다. 다가올 갑자년은 사도세자와 혜경궁이 결혼한 지 60주년이 되는 해이기도 하였다.

1) 세심대에 올라 꽃을 감상하고 편을 나누어 활을 쏘게 하다. (중략) 상(정조)이 장막을 친 자리에 올라가 앉아 영의정 홍낙성(洪樂性)과 우의정 채제공(蔡濟恭)을 불렀다.

상이 말씀하셨다. "매년 이때가 되면 꼭 세심대에 오르는데 이것은 경치가 좋은 곳을 찾아 꽃을 감상하기 위해서가 아니다. 대개 경모궁(景慕宮)을 처음 건설할 때 터를 잡았던 곳이기 때문이다. 내가 어찌 한가하게 즐기려고 그러겠는가? 옛날 을묘년(1735)에 나라의 경사가 있고 나서 고(故) 중신(重臣) 영성군(靈城君, 박문수)이 여러 경재(卿宰)와 함께 필운대(弼雲臺)에 모여 기뻐하면서 축하하는 마음을 편 적이 있었다. 그때 영성군이 지은 시에 '해마다 태평주(太平酒)를 들며 길이 취하리[每年長醉太平杯]'라는 구절이 있다. 그 필운대가 바로 이 세심대이다. 경들은 혹시 그런 일을 들어 알고 있는가." (중략)

또 말씀하셨다. "지금부터 10년 뒤의 갑자년은 바로 경모궁의 중근(重졸, 결혼 60주년)이 되는 해이다. 그때 자궁(慈宮, 혜경궁)께서 현륭원에 가시어 참배하는 일은 정리나 예법상 그만둘 수 없는 일이다. 내가 이번에 자궁의 행차를 모시고 갔다가 환궁한 뒤에 수라에 사용하는 기명(器皿) 등속을 그대로 본부(本府, 화성부)에 놔두게 하였는데, 이것도 나에게 생각이 있어서였다. 10년이 지난 후 경들이 다시 행차를 모신다면 어찌 희귀한 일이 되지 않겠는가. 그런데 지금 경들의 근력(筋力)을 보니 모두 걱정할 것이 없겠다."
『정조실록』 권42, 정조 19년 3월 7일 무오)

이날 정조는 10년 후인 1804년에 다시 혜경궁을 모시고 화성에 행차하겠다는 결심을 거듭 밝혔다. 정조는 그때가 되면 지금 이 자리에 모인 신하들도 자신과 함께 가자고 당부하였고, 대신들의 건강 상태를 보니 10년 후에도 거뜬하겠다고 격려하였다.

이날 정조는 세심대에서 60년 전 박문수가 지은 시의 운자를 따서 시를 지었다. 그리고 자리를 함께한 신하들에게도 같은 운자를 따서 돌려가며 시를 짓게 하였다.

2) 대를 세심이라 이름 지은 것은 생각을 붙여 옛일을 기억하려는 것이다. ─ 이 일은 『궁원전성록(宮園展省錄)』에 자세히 나온다 ─ 해마다 한 번씩 오는 것을 과업으로 삼았으니, 이 조치가 어찌 한가함을 탐내서이겠는가마는 주변 사람들이 어찌 내 마음을 알겠는가. 지난 을묘년(1735)에 영성군 박문수가 지은 시구에 '그대와 내가 시를 읊조리며 운대에 오르니, 흰 배꽃 붉은 복사꽃 일만 그루가 피었네. 이런 풍광에 이런 즐거움으로 해마다 태평주를 들며 길이 취하네'라 한 것이 있다. 이해에 이 세심대에서 그의 시를 외고 그때 일을 생각하니 목이 메어 마음을 어찌할 수 없다. 기원하며 기뻐하는 것은 장락당(長樂堂)과 봉수당(奉壽堂)의 자리에서 돌아올 때 천세 만세 송축하는 소리를 드날린 것이다. 이에 영성군의 운을 따라 짓고 여러 신하들에게 이어서 짓도록 명한다.

봄날에 더디더디 북쪽 대를 오르노니
이 길은 꽃이 핀 경치를 찾아온 게 아니라오.
새로운 시를 지어 관화곡(觀華曲)을 다시 잇고

만세토록 길이 만세의 술잔 따르리라

미륵현이 화성의 첫 경계가 되어 해마다 현륭원을 배알하고 돌아오는 길에 고개 위에 올라 오래도록 현륭원을 바라보며 선뜻 돌아오지 못하였다. 화성부 사람들이 돌을 모아 대를 만들었다. 이번 길에 보고 그 대를 지지(遲遲)라 하였기에 첫 구절에서 언급하였다. 자궁께서 화성에 행차하여 잔치하던 날의 악장에 관화곡(觀華曲)이 있었으므로 아래 구절에서 언급하였다. (권1, 어제)

정조는 자신의 시를 기록한 다음에 그 뜻을 풀이하였다. 첫 구절은 자신이 화성을 방문하였다가 서울로 돌아갈 때마다 쉽게 발걸음을 떼지 못한 것을 표현한 '지지대' 고개를 노래한 것이고, 「관화곡」을 잇겠다는 것은 윤2월의 봉수당 잔치에서 「관화곡」을 불렀으므로 10년 후에 이를 계승하는 악장을 만들겠다는 의미였다.

이날 정조의 시에 화답하여 시를 지은 사람은 영의정 홍낙성(洪樂性)을 비롯하여 유언호(俞彦鎬), 서유구(徐有榘), 이조원(李肇源), 홍의영(洪義榮), 채홍원(蔡弘遠), 이해우(李海愚), 구득로(具得魯), 오태증(吳泰曾), 서유린(徐有隣), 이민보(李敏輔), 심이지(沈頤之), 민종현(閔鍾顯), 이시수(李時秀), 이가환(李家煥), 이익운(李益運), 홍인호(洪仁浩), 홍의호(洪義浩), 이상황(李相璜), 김희조(金熙朝), 정약용(丁若鏞), 엄기(嚴耆), 김근순(金近淳), 권준(權晙), 서준보(徐俊輔), 조석중(曹錫中), 이면승(李勉昇), 유원명(柳遠鳴), 강준흠(姜浚欽), 황기천(黃基天), 서유문(徐有聞), 박제가(朴齊家),

겸재 정선, 「필운대상춘(弼雲臺賞春)」, 간송미술관 소장

유득공(柳得恭), 이욱수(李旭秀), 이우진(李羽晉), 김이규(金履規), 유사모(柳師模), 이원팔(李元八), 조기현(趙基顯), 조기홍(趙基泓), 윤제홍(尹濟弘), 김순행(金順行), 김이례(金履禮), 이기채(李箕采) 등이 있었다.

정조는 새로운 갑자년(1804)이 오기 전인 1800년에 세상을 떠났고, 이날 그가 대신들과 한 약속은 결국 지키지 못하였다.

영흥본궁 행사를 직접 기획하고 지휘하다

•

4월 2일

정조는 환조 부부의 위판을 영흥본궁에 모시는 일정을 상세하게 지시하였다. 영흥본궁에 모시는 날짜는 4월 26일로 결정되었다. 그러나 그전에 영흥본궁의 제1실에 새로 모실 위판과 제기를 만들어야 하였고, 영흥본궁의 수리를 위해 기왕에 있던 위판을 다른 곳으로 옮겼다가 다시 모셔야 하였다. 또한 영흥본궁에 환조 부부의 위판을 추가하는 일을 함흥본궁과 영흥본궁에 알리는 고유제(告由祭)도 지내야 하였다. 정조는 이러한 행사들을 거행하는 날짜와 의례를 거행할 관리를 일일이 지정하면서, 자신은 그때마다 재계(齋戒)를 하겠다고 하였다. 이를 보면 영흥본궁의 행사를 기획하고 지휘하는 사람은 정조 자신이었다.

전교하셨다. "이달 초이틀에 영흥본궁 제1실의 제기를 조성하고, 별도로

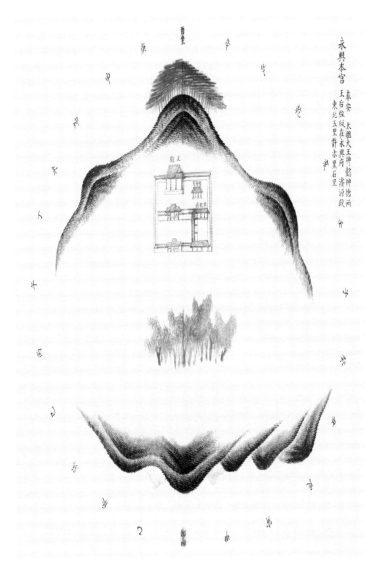

영흥 흑석리에 위치한 영흥본궁. 「북도능전도형(北道陵殿圖形)」, 규장각한국학연구원 소장

길일을 택해서 위판목(位版木)을 다듬어라. 제기를 조성하는 처소에는 예방 승지(禮房承旨)와 호조당랑(戶曹堂郎)이 가서 제기가 다 만들어지면 내각 (內閣, 규장각)에 봉안하였다가 의복과 폐백, 향과 초와 함께 가지고 가거라. 위판목을 다듬는 장소에는 예방승지와 본시(本寺)의 도제조와 제조, 예조판 서가 가서 위판목을 본시에 봉안하였다가 축문을 전하는 날 함께 가거라. 초9일에 함흥과 영흥에 보낼 제복과 폐백, 향과 초를 쌀 때에 그대로 싸는 곳에서 재계하며 밤을 새우고, 이튿날 새벽에 의식대로 직접 전하겠다. 초 10일에 재소(齋所)에 가서 재계하며 밤을 새우고, 이튿날 아침에 정전(正殿) 에 가서 영흥본궁에 제향할 때의 고유 제문, 두 본궁에 사용할 향과 축문, 영흥본궁 제1실에 위판을 봉안하는 제를 올릴 때 사용할 향과 축문을 직접 전하고 그대로 지송례(祗送禮)를 거행하겠다. 18일에 영흥본궁을 수리하려고 위판을 옮기는 제사를 거행할 때, 헌관(獻官)은 예조판서가 담당하라. 나는 하루 전에 재계하며 밤을 새겠다. 21일에는 함흥본궁에서 고유제를 올리고 겸해서 4월의 별대제(別大祭)를 거행할 때 함경관찰사가 헌관이 되어 예를 거행하라. 나는 그날에도 재계하며 밤을 새겠다. 또한 21일 축시(丑時)에 영 흥본궁에 도로 모시고 환안제(還安祭)를 지내며 겸하여 제1실에 추제(追躋)하 는 고유제를 거행할 때 헌관은 대신이 섭행하라. 나는 그날에도 재계하며 밤 을 새겠다. 또 21일 묘시(卯時)에 위판이 조성되며, 나는 위판이 조성될 때를 지나서 궁내로 돌아오겠다. 26일 축시에는 영흥본궁 제1실의 위판을 정전에 봉안하고 제향대제(躋享大祭)를 지내며 겸하여 4월 초하루의 별대제(別大祭) 를 거행할 때 대신 이하는 삼헌례(三獻禮)를 거행하라. 나는 하루 전에 재계 하며 밤을 새고, 제례 시각을 지나서 궁궐 안으로 돌아오겠다. (부편 3, 영흥 본궁제향, 전교)

영흥본궁 제사의 부대 행사를 지시하다

•

4월 6일

　이날 정조는 4월 26일에 거행되는 영흥본궁의 제사와 함께 거행할 부대 행사를 지시하였다. 제사를 지낼 때 영흥의 노인들을 제사 반열에 참가시키라는 것, 지역 주민들이 문밖에 와서 구경하는 것을 막지 말라는 것, 영흥부 유생들이 치르는 문과 시험은 국왕이 출제한 문제에 답하라는 것, 무사들이 치르는 무과 시험의 합격자 기준을 정해줄 것, 노인들에게는 양로연을 베풀라는 것이 그 내용이었다.

　전교하셨다. "이달 26일은 바로 영흥본궁에서 제례를 거행하는 날이다. 제례를 거행할 때 풍패(豊沛)의 부로(父老)들을 반열에 참여시키도록 하라. 일찍이 듣건대, 함흥본궁에 풍패루(豊沛樓)가 있으며, 절기의 제사가 있을 때마다 부로와 사민(士民), 어린애들까지 모두 풍패루 아래에서 제사가 순조롭게 진행되는 것을 바라보는 것이 관례가 되었다고 한다. 더구나 이곳에서 이러한 예를 이해에 거행하게 되니, 이 지방의 부로와 사민, 어린애들까지 문밖에 와서 구경하는 것을 금하지 말도록 할 것을 미리 관찰사에게 분부하고, 또 명을 받들고 가는 대신에게 알리도록 하라. 영흥부의 유생(儒生)에게는 가져가는 어제(御題)를 가지고 대신이 시험을 보여서 시권(試券)을 올려 보내라. 무사(武士)는 유엽전(柳葉箭)을 세 번 이상 맞추고 육냥전(六兩箭)을 130보(步) 거리에서 맞춘 사람을 바로 급제시키고 신래(新來, 새로 급제한 사람)라 부른 뒤에, 그 성명을 장계로 알려서 직첩을 줄 수 있게 하라. 유엽전을 한 번은 과녁 복판에, 한 번은 가장자리에 맞추고 육냥전을 120보 거리에서 맞춘 사람은 바로 회시(會試)에 나가게 하고, 장계로 알려서 직첩을 줄 수 있게 하라. 유엽전을 두 번 맞추고 육냥전을 110보 거리에서 맞춘 사람은 회부곡(會簿穀)으로 등급을 나누어 시상한 후에, 그 명단을 적어 장계로 알려라. 일자는 21일부터 26일까지 한가한 날이 많으니, 이날 중에서 편의에 따라 시험하여 선발할 것을 명을 받들고 가는 대신도 알아두어라. 다 같은 풍패이지만 나라를 창건한 땅이 아닌가. 함흥부의 유생과 무사를 시험하여 선발하는 것은 영흥부의 규범을 따라 실시하고 시상도 이를 기준으로 하되, 모두 영흥부에 모아서 시험하여 선발하는 일을 분부한다. 부로들은 영흥의 제례가 거행되는 날, 대신과 예조 당상이 관찰사와 함께 양로연(養老宴)을 열어 대접하고, 그들의 나이와 직명은 추후 장계로 알려라. 함흥부의 부로는 관찰사가 감영으로 돌아간 뒤에 거행하고, 질서 있게 구별하여 장계로 알릴 것을 분부한다." (부편 3, 영흥본궁제향, 전교)

영흥본궁의 행사를 경모궁과 연계하다

●

4월 12일

이날 정조는 영흥본궁에서 제사를 지낼 때 사용할 향과 축문을 종묘 입구로까지 나가서 전달하였고, 그 다음에는 경모궁으로 가서 재계하였다. 종묘에 계신 태조께서 영흥본궁에 환조를 모시려는 마음을 정조가 대신하는 것이라면, 사도세자를 국왕으로 추숭하여 종묘에 모시려는 것은 정조 자신의 마음이었다. 정조가 영흥본궁의 행사를 경모궁과 연결시키는 것은 그의 속내가 사도세자의 추숭에 있었기 때문이다.

전교하셨다. "공경하게 향과 축문을 전하여 경에게 가져가게 하고 태묘동(太廟洞) 입구에서 전송한 것은 성조(聖祖)의 마음을 내 마음으로 삼았기 때문이다. 경모궁(景慕宮)에 전배(展拜)하는 것은 올해에 이런 경사가 있기 때문에 고유하는 의식을 수행하기 위해서이다. 이제부터 대례가 거행되는 날까지 바로 근신하면서 마음으로 재계해야 할 때이다. 경은 맡은 바 사무를 처리함에 있어 대소사를 막론하고 반드시 삼가하고 살펴서, 마치 내가 직접 거행하는 것처럼 하여 나의 이러한 때의 이런 마음을 풀 수 있게 하라. 경이 내려갈 때 이렇게 부탁하려 하였으나 미처 말하지 못하였다. (중략) 영흥에는 유생집사(儒生執事)가 있으나, 함흥에서는 수복(守僕)이 감히 술잔을 드리거나 술잔을 올리고, 심지어는 위판을 모셔오거나 들일 때 간여하는 일이 있다고 한다. 참으로 이런 일이 있다면 더욱 공경함이 부족한 것이니, 이후로 함흥은 영흥의 사례를 따라 유생집사가 하게 하라. 그리고 별차(別差)는 비록 품계는 낮으나 국왕의 명을 받드는 사람이다. 유생은 이전에도 모두 집사의 일을 하였으니, 예전대로 하는 가운데 약간 덜거나 더한다면 안 될 것이 무엇이 있겠는가. 유생집사는 반드시 함흥과 영흥의 유생 중에서 선파 (璿派)의 사람에게 맡기는 것을 정식으로 삼아라. (부편 3, 영흥본궁제향, 전교)

정조는 영흥본궁에서의 제사를 주관하는 행판중추부사 이병모(李秉 模)에게 국왕이 직접 와서 제사를 지내는 것처럼 경건하고 신중하게 진행해 주기를 신신당부하였다. 영흥본궁의 행사는 태조의 마음을 자신의 마음으로 삼아 진행하는 행사이므로, 제사에 정성을 기울여야 자신의 마음도 풀릴 수 있기 때문이었다.

정조는 또한 함흥본궁과 영흥본궁의 제사에 집사로 참여하는 유생들은 모두 선파(璿派), 즉 전주 이씨 가운데 택하라고 하였다. 왕실의 선조에게 올리는 제사에 수복(守僕)들이 들어와 술잔을 올리거나 위판을 움직이는 것은 적절치 않다고 생각하였기 때문이다.

어필로 영괴대(靈槐臺) 비문 세 글자를 쓰다

•

4월 18일

이날 정조는 온양에 있는 온천행궁(溫泉行宮)의 축대가 완성되었다는 소식을 들었다. 온천행궁의 서쪽 담장 안에는 1760년(영조 36) 7월에 사도세자가 다리의 종기를 치료하기 위해 이곳에 와서 활쏘기를 한 후 품(品)자 모양으로 심어놓은 세 그루의 홰나무가 있었다. 홰나무는 36년 동안 무성하게 자라 짙은 그늘을 드리웠고, 온양군수가 홰나무 둘레에 축대를 쌓아 나무를 보호하게 하였다는 소식이었다. 축대 공사는 3월 22일에 시작하여 4월 13일에 마무리되었다. 정조가 온양에 행차한 사도세자가 세 그루의 홰나무를 심었다는 소식을 들은 것은 이보다 앞서 윤2월에 화성에 행차하였을 때였다.

온양행궁의 축대가 완성되었다는 소식을 들었을 때, 정조는 함흥본궁의 고유제(告由祭)와 영흥본궁의 환안제(還安祭)를 위해 경모궁에서 재계하며 밤을 새고 있었다. 경모궁이란 공간과 사도세자의 과거 행적이 묘하게 겹쳐지는 순간이었다. 정조는 이 보고를 계기로 1760년 사도세자의 온양 행적을 기록한 비석을 축대 옆에 세우라고 명령하였고, 어필(御筆)로 비석의 앞면에 새길 '영괴대(靈槐臺)' 세 글자를 쓰고, 비석의 뒷면에 새길 글까지 지어주었다.

1) 전교하셨다. "옛날 경진년(1760) 7월에 온양 행궁에 행차하셨을 때 서쪽 담장 안에 표적을 두고 활쏘기를 한 뒤 품(品)자 형태로 세 그루의 홰나무를 심어 훗날 그늘을 드리우게 하라고 명령하셨다. 지금 36년이 지나는 동안 뿌리가 서리고 줄기가 뻗어 뜰 가득히 그늘이 지게 되었다. 그 고을의 수령이 도백(道伯, 관찰사)과 수신(帥臣)에게 말하여 그 나무의 둘레에 축대를 쌓아 보호하였다고 한다.

오늘이 무슨 날인가? 올해 영흥본궁의 경사스러운 의식을 위하여 비궁(閟宮, 경모궁)에 가서 재숙(齋宿)하고 환궁한 날이다. 그런데 이날 이런 말을 듣는 것은 뭔가 맞아 떨어지는 것 같은 느낌이 들면서 슬프고 감동되는 마음을 금할 수가 없다. 이미 그런 말을 들었는데 어떻게 날을 그냥 넘길 수 있겠는가? 축대 공사가 이미 완공되었으니 사적(事蹟)도 본읍(本邑, 온양)에 기록되어 있지 않겠는가? 그 당시의 도신(道臣, 감사), 수령 및 분부를 받들고 나무를 심은 사람의 이름을 조목별로 적어 장계를 올리도록 충청감사에게 하유하라. 또 삼가 그 사실을 기록한 비석을 축대 옆에 세워야 할 것이니, 이 뜻도 아울러 알려 주도록 하라. (부편 4, 온궁기적, 전교)

『정리의궤』의 편찬자들은 이 기사의 아래에 다음의 기록을 추가하였다. 영괴대의 축대와 비각의 크기, 여기에 들어간 석물의 크기를 상세히 밝힌 것이다.

축대는 온천 행궁의 북쪽 담장 서쪽에 있다. 영조 경진년(1760년) 7월 25일에 세자가 온천 행궁에 행차하였고, 이틀이 지난 후 과녁을 설치하여 직접 활쏘기를 하고 전교하였다. "이 땅은 표식을 하지 않을 수 없다." 이튿날 수신(守臣)에게 명하여 어린 홰나무 세 그루를 그곳에 심게 하였는데, 나무마다 각각 두 줄기가 뻗었다. 이때에 와서 연신(筵臣)이 축대 쌓은 일을 알리자, 상이 이 전교를 내려 축대 곁에 9보(步) 쯤 되는 곳에 비석을 세우게 하고, 어필(御筆)로 '영괴대(靈槐臺)'라는 세 글자를 비석의 앞면에 쓰고, 어제(御製)를 비석 뒷면에 새기게 하였다.

축대는 길이가 15자 5치, 너비가 12자 5치, 높이가 3자 2치이다. 외계(外階)는 길이가 41자, 너비가 18자, 높이가 1자이다. 비석은 남포(藍浦)의 오석(烏石)을 사용하였으며, 길이는 3자 9치, 너비는 1자 5치, 두께는 8치이다. 농대석(籠臺石)은 높이가 2자, 길이가 3자 1치, 너비가 2자 4치이다. 가첨석(加簷石)은 높이가 1자 2치, 길이가 2자 2치, 너비가 9치이다. 하전석(下磚石)은 길이가 4자 2치 7푼, 너비가 3자 2치 5푼이다. 비각(碑閣)은 1칸(間)이며, 길이는 9자, 너비는 8자이다. 주춧돌의 높이는 1자 5치이고, 기둥의 길이는 5자이다. 내계(內階)는 높이가 8치, 길이가 14자, 너비가 13자이다. 외계(外階)는 높이가 6치 3푼, 길이가 18자, 너비가 17자이다. (부편 4, 온궁기적, 전교)

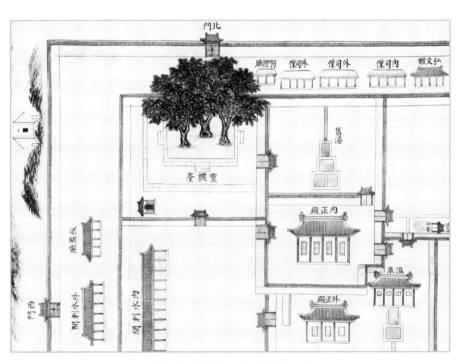

온양행궁의 영괴대. 국립중앙박물관 소장

경모궁에 머물던 정조의 의미심장한 발언

•

4월 25일

영흥본궁의 추향 제사가 있던 날, 정조는 경모궁으로 가서 재계하며 밤을 새우고 있었다. 정조는 함흥본궁과 영흥본궁에서 행사가 있는 날에는 항상 경모궁에 행차하여 머물고 있었다. 선조를 추모하는 정성을 펴기 위해서라는 것이 그 이유였다. 그런데 이날 정조는 매우 의미심장한 발언을 하였다. 정조는 영흥본궁에 환조 부부를 추가로 모시는 일을 언급하며 기쁘고 슬픈 일이 있다고 하였다. 태조의 마음을 본받아 환조를 영흥본궁에 모시는 일은 분명히 기쁜 일이었다. 그렇다면 경모궁에 머물던 정조에게 슬픈 일은 무엇이었을까? 영흥본궁의 행사와 사도세자의 복권은 밀접한 관련이 있음을 보여주는 발언이었다.

상께서 말씀하셨다. "좋은 날 경사스런 예절이 거행되었으니 내 마음에 기쁘고 다행함을 무어라 표현할 길이 없다. 전후 제례를 거행하는 날 반드시 비궁(閟宮, 경모궁)에 나아가 재계하며 밤을 샌 것은 추모하는 정성을 조금이나마 펴기 위해서였다. 올해의 이 제례를 위해 이 경모궁에서 재계하며 밤을 새게 되었으니 내 마음에 기쁘고 슬픈 것이 어떠하겠는가?" (부편 3, 영흥 본궁제향, 연설)

제향대제를 거행하다

•

4월 26일

이날 함경도에 있는 영흥본궁에서 환조와 의혜왕후의 위판을 추가로 모시는 제향대제(躋享大祭)가 거행되었다. 새 위판의 글씨를 쓴 사람은 예조판서 민종현(閔鍾顯)이었는데, 그는 민진후(閔鎭厚)의 증손이었다. 민진후는 1696년(숙종 22)에 함경도 북평사(北評事)로 있으면서 숙종이 신덕왕후를 영흥본궁에 부묘한 사실을 보고한 주인공이므로, 영흥본궁과 밀접한 인연이 있는 인물이었다. 영흥본궁에서 환조 부부의 위판은 제1실, 태조 부부의 위판은 제2실에 모셔졌고, 제1실에서 사용하는 제기(祭器)와 위판은 모두 서울에서 제작하여 보냈다.

제향대제는 헌관(獻官)이 동쪽 섬돌에 위치한 배위(拜位)에 있는 상황에서 신주독(神主櫝)을 열고, 헌관이 네 번 절한 다음에 밥과 찬을 올리며, 세 번 향을 올린 다음에 폐백을 올렸다. 이어서 세 헌관이 석 잔의 술잔을 올렸고, 헌관들이 네 번 절을 한 후에 차를 올리고 신주독을 닫는 것으로 제사는 끝이 났다. 이날의 초헌관은 판중추부사 이병모(李秉模), 아헌관은 예조판서 민종현, 종헌관은 함경감사 조종현(趙宗鉉)이었다.

이날 제향에서 사용된 축문(祝文)은 정조가 직접 지었다. 먼저 제1실에 있는 환조와 의혜왕후에게 제사를 올릴 때의 축문이다. 정조는 축문에서 자신이 태조의 뜻을 이어 환조가 탄생한 을묘년에 환조가 왕업을 일으킨 영흥본궁에 그 신주를 모시고 제사를 올린다고 하였다.

1) 이 땅은 왕업을 일으키기 전에 살던 곳이고, 이해는 환조(桓祖)께서 탄생한 해이니

이 땅의 이해에 이런 경사와 이런 예(禮)가 있습니다.

경사는 헌원씨(軒轅氏)의 법에서 시작되고, 예는 제곡(帝嚳)의 제사에서 비롯되니

아름답다 신성한 조상이여, 제왕이 되라는 천명의 터전을 열었습니다.

여섯 군에 상마(桑麻)가 무성하니 만세토록 후손이 이어질 것이고

계통을 밝혀 나라를 세웠으니 주나라 문왕(文王)과 같습니다.

소자가 흐르는 시간을 아끼니 옛날 을묘년(1315)에 지금 을묘년(1795)이요

천년에 한 번 있는 기회에 경사는 다섯 가지에서 여섯 가지로 늘었습니다.

이 예를 그 땅에서 거행하는 것은 선왕이신 태조의 뜻이며

복주의 술잔에 올리니 효성스런 후손이 계속 이어지게 하소서. (부편 63, 영흥본궁제향, 어제)

다음은 제2실에 있는 태조 부부에게 제사를 올릴 때의 축문이다. 정조는 축문에서 태조가 국왕이 된 직후에 부친인 환조를 왕으로 추존하였듯이, 자신은 환조가 탄생한 을묘년을 맞아 영흥본궁에 환조의 위판을 모시고 제사를 지낸다고 하였다.

2) 임신년(1392)에 나라를 세우고 왕으로 추존하는 예를 먼저 거행하셨으니

큰 공이 비로소 모이고, 효성이 더욱 드러났습니다.

정릉(환조)께서 탄강하신 그해가 을묘년(1315)인데

여름철의 길일에 원묘(原廟, 영흥본궁)에 올려 제사합니다.

삼가 신의 섭리를 생각하니, 황연히 보좌를 모시고

오르내리는 신령이 임하여 기쁜 마음으로 좌우에 계십니다.

소자가 태어난 해(1752)가 나라를 세운 해(1392)와 같은 임신년인데

환조께서 탄신하신 이해에 상서가 응하고 경사가 쌓였습니다.

합하여 제사하는 의리를 따르는 것은 선왕의 뜻과 일을 본받는 것이니

아, 천만년에 이르도록 밝은 복을 누리소서. (부편 3, 영흥본궁제향, 어제)

이날 정조는 경모궁에서 재계하면서 경건한 마음으로 밤을 새웠다. 이날 정조는 7운으로 된 시 두 구절을 지었고, 신하들에게 화답하는 시를 짓게 하였다. 정조는 이 시의 제목을 '환조대왕과 의혜왕후를 영흥본궁에 제향(躋享)하고, 대신과 종백(宗伯, 예조판서)을 보내어 제례를 거행하게 하였다. 이해 을묘년 4월 18일 자시(子時)에 먼저 전내(殿內)를 수리

한다는 고유제를 거행하고, 신주를 제2실로 옮겨서 모셨다. 4월 21일 자시에 돌아와 모시고 묘시(卯時)에 제1실의 위판(位版)을 만들었다. 4월 26일 축시(丑時)에 봉안한 후에 각각 대제(大祭)를 거행하고, 밤에 경모궁(景慕宮)에 가서 경건한 마음으로 밤을 새웠다. 봉안하는 날에 국왕을 배행하는 신하들과 운(韻)자를 이어받아 시를 지어 경사스러운 정성을 나타내었다'라고 하였다. 정조의 시는 7언으로 된 두 구절이다.

3) 여덟 번째 맞는 환조의 회갑은 황하가 맑아질 기회요
   세 심지 마음의 향불은 눈물이 걷히는 때로다. (부편 3, 영흥본궁제향, 어제)

정조의 시를 이어서 영의정 홍낙성(洪樂性), 좌의정 유언호(兪彦鎬), 우의정 채제공(蔡濟恭), 영중추부사 김희(金憙), 제학 심환지(沈煥之), 검교 직제학 서유방(徐有防), 원임 직제학 서용보(徐龍輔) 등 80명의 관리들이 화답하는 연구(聯句)를 지었다. 그중에서 함경관찰사였던 조종현(趙宗鉉)에게는 역마를 통해 정조의 운자를 전달하여 화답하는 시를 짓게 하였고, 생원 김이영(金履永)은 정조가 규장각 이문원에서 재계하던 날 응제 시험에서 수석으로 급제한 것을 인연으로 특별히 화답하는 시를 짓는 데 참여하게 하였다.

영흥본궁에서 제사가 거행되는 날 영흥의 노인들이 제사에 참석하였고, 주민들은 풍패루(豊沛樓) 아래에서 이를 관람하였다. 함흥과 영흥의 유생들은 정조가 출제한 문제로 과거를 보았고, 무사(武士)들은 유엽전(柳葉箭)과 육량전(六兩箭)으로 무예 시험을 보았다. 함흥과 영흥의 노인

들을 대상으로 한 양로연도 개최되었다. 관리는 70세 이상, 일반인은 80세 이상인 노인과 61세가 되는 노인들이 참가하였다. 윤2월에 화성에서 개최되었던 양로연과 같은 방식이었다.

정조는 환조 탄생 8주갑을 맞아 정릉에 작헌례를 거행하는 것을 시작으로 하여, 영흥본궁에 환조 부부를 추가로 모시는 조치까지 이끌어 냈다.

왕실의 경사는 백성들과
그 기쁨을 함께 누려야

•

4월 30일

이날 정조는 영흥본궁의 제향이 끝난 후 유공자에게 상을 주었다. 국왕의 명을 받고 현지로 가서 행사를 주관하였던 봉명대신 이병모(李秉模)에게는 안구마(鞍具馬) 즉 안장이 갖춰진 말 한 필을 국왕이 보는 앞에서 주고, 그의 자제나 조카 가운데 한 사람을 관리로 임명하는 혜택을 주었다. 또한 환조 부부의 위판 글씨를 썼던 예조판서 민종현(閔鍾顯)과 제사에 참여한 승지 이조원(李肇源), 함경도 관찰사 조종현(趙宗鉉)에게는 자급을 한 등급 올려주었다.

정조는 함흥과 영흥 지역의 백성들에게 경제적 혜택을 주었다. 올해의 조부(租賦)와 묵은 환곡, 역인(驛人)들의 역을 경감시켜 주는 조처였다. 왕실의 경사가 있으면 백성들도 그 기쁨을 함께 누려야 한다는 것이 정조의 뜻이었다.

전교하셨다. "대례가 순조롭게 이뤄졌으니 풍패의 백성들이 모두 혜택을 입게 해야 한다. 함흥과 영흥 두 고을에는 특별히 올해의 조부(租賦)를 감면해주고, 도로 주변의 3도(道) 각 읍에는 오래 묵은 환곡 가운데 가장 오래된 것을 탕감해 주어라. 역(驛)에 있는 사람들의 역(役)을 경감해주는 것에 대해서는 대신에게 물어서 이미 거조(擧條)를 내라고 분부하였으니, 각 해당 관찰사들은 잘 알아서 처리하여 실제의 혜택이 내려갈 수 있게 하라." (부편 3, 영흥본궁제향, 전교)

정리의궤 편찬을 마무리하다

•

5월 1일

『정리통고』라 불리는 『정리의궤』를 편찬하는 일이 일단 마무리되었다. 『정리통고』는 사도세자의 영우원과 현륭원, 경모궁에서 거행된 모든 일을 정리한 책이고, 『정리의궤』는 그 중 일부에 해당하는 책이었다. 정조는 날씨가 덥다고 책의 교정이나 인쇄는 서늘한 가을을 기다려서 하자고 하였다. 이에 따라 편찬 작업에 동원된 규장각의 초계문신들은 휴식을 취하게 되었다.

1) 전교하셨다. "『정리통고(整理通考)』를 찬집(纂輯)하는 일이 이미 완료되었다고 들었다. 그러나 더위가 이러하니 교정과 감인은 형편상 서늘한 가을을 기다려서 하고, 낭청들은 모두 줄여라. 예전에 선발된 초계문신으로 편찬 사업에 참여한 사람들도 출근하지 말아라. 교정당상과 정리소의 원 당상은

그대로 두고, 교정낭청 두 사람은 총리대신에게 초기하여 임명하게 하라. 처서 때까지 야간 숙직은 잠시 쉬도록 분부하라." (권1, 전교)

그러나 이들은 그대로 쉬지를 못하였다. 함흥과 영흥에서 실시한 문과 시험의 답안지를 채점하는 시관(試官)과 대독관(對讀官)으로 선정되었기 때문이다. 정조는 규장각 각신과 의궤를 편찬하는 당상관을 시관으로 차출하고, 규장각의 직각(直閣)과 검교대교(檢校待敎), 의궤청의 낭청들은 대독관으로 차출하라고 명령하였다.

이날 문과의 부(賦) 시험에서 이하(二下)의 점수를 받아 함흥의 수석을 차지한 진사(進士) 위광조(魏光肇)와 삼상일(三上一)의 점수를 받아 영흥의 수석을 차지한 유학(幼學) 김이후(金履厚)에게는 바로 전시(殿試)에 응시할 수 있는 자격을 주었다. 차석으로 삼상(三上)의 점수를 받은 함흥의 유생 3인과 영흥의 유생 1인에게는 바로 회시(會試)에 응시할 수 있는 자격을 주었고, 삼중(三中)의 점수를 받은 14인에게는 『정음(正音)』과 『통석(通釋)』 책을 나누어 주었다. 그리고 삼하(三下)의 점수를 받은 29인에게는 종이 한 권, 붓 세 자루, 먹 한 자루를 주었고, 초삼하(草三下)의 점수를 받은 31인에게는 종이 한 권씩을 주었다. 유생들에게 하사한 책은 규장각에서 '규장지보(奎章之寶)'라는 장서인을 찍어 하사하였다.

무과에서는 철전(鐵箭)으로 130보 이상에서 과녁을 명중한 11인과 유엽전(柳葉箭)으로 세 번 이상을 맞춘 14인에게 바로 전시에 응시할 수 있는 자격을 주었다. 또한 철전으로 120보 이상에서 과녁을 명중한 21인과 유엽전으로 삼분(三分, 과녁의 중앙을 맞으면 이분, 테두리를 맞으면 일분)

이상을 맞춘 28인에게 바로 회시에 응시할 수 있는 자격을 주었고, 철전으로 100보 이상에서 맞추거나 유엽전으로 두 번 이상 맞춘 127인에게는 쌀을 하사하였다.

이날 문과에 합격한 유생은 80인, 무과에 합격한 무사는 201인이었다. 성적 우수자에게 바로 전시나 회시에 나갈 수 있는 자격을 준 것은 문과와 무과가 같았다. 그러나 문과 합격자에게는 책이나 문방구를 주고, 무과 합격자에게는 쌀을 준 것은 달랐다.

정조는 함흥본궁과 영흥본궁에서 있었던 사실을 정리한 『풍패빈흥록(豐沛賓興錄)』을 인쇄하여 배포하라고 명령하였다. 이 책의 편찬을 담당하는 기관은 『정리의궤』를 편찬하고 있던 의궤청이었다.

2) 전교하셨다. "이번에 유생과 무사를 시험하여 선발할 때 유생 합격자는 80인이고, 무사 합격자는 201인이다. 나의 뜻은 은혜를 베풀어 경사를 함께 하자는 데 있다. 이미 상을 나누어 준 자 외에는 관찰사와 각 부사들이 공당(公堂)의 마당으로 초청하여, 합격한 사람을 신래(新來)라 부르고, 상을 받을 사람에게 상을 나누어 주며, 그 연유를 장계로 보고하라고 관찰사에게 하유하라. 문과 시권(試券) 중에서 삼상(三上) 이상의 성적을 받은 것과 유생과 무사들이 합격한 방목(榜目)을 가지고 『관동빈흥록(關東賓興錄)』, 『교남빈흥록(嶠南賓興錄)』, 『탐라빈흥록(耽羅賓興錄)』을 편찬한 전례를 따라 『풍패빈흥록(豐沛賓興錄)』이라 불러라. 유생 중에 삼중(三中) 이상을 성적을 받은 사람과 무사 중에 유엽전과 육냥전에서 수석을 차지한 사람에게 각각 1본(本)씩 주어라. 봉명대신과 중신(重臣), 승지(承旨)와 사관(史官), 함경도 관찰사,

함경도의 부사에게도 나누어 주고, 영읍(營邑)에서도 1본씩 보관하라. 시임
대신과 원임대신, 규장각 각신(閣臣), 시관, 의궤청의 당상과 낭청에게도 1본
씩 나누어 줄 것을 내각과 의궤청에게 알게 하라"(부편 3, 영흥본궁제향, 전교)

이보다 앞서 정조는 서울에서 멀리 떨어진 지방 유생들을 선발하기
위해 국왕이 직접 시험 문제를 출제하고, 그 답안지까지 채점하여 성
적 우수자를 선발하는 작업을 계속해 왔다. 지방 유생을 선발한 후에
는 국왕이 내린 명령과 시험에 합격한 사람의 명단, 시험 문제와 우수
답안지를 수록한 『빈흥록』을 편찬하고 인쇄하여 배포하게 하였는데, 강
원도의 『관동빈흥록』, 경상도의 『교남빈흥록』, 제주도의 『탐라빈흥록』이
바로 그런 책이었다. 이때 정조는 함경도 함흥과 영흥의 유생과 무사를
선발한 후 동일한 방식의 책을 편찬하여 배포하게 하였으니, 『풍패빈
흥록』이 바로 그 책이었다. 여기서 '풍패(豐沛)'란 한나라를 건국한 유방
(劉邦)의 고향이 패군(沛郡) 풍현(豐縣)이었기 때문에 나온 말로 국왕의
고향을 의미하였다.

함흥본궁과 영흥본궁의 행사를 마무리하다

•

5월 5일

함흥본궁과 영흥본궁의 행사를 마무리하는 조치가 있었다. 양로연에 참석한 함흥과 영흥 출신 노인들에게 노인직을 하사하는 조치였다. 영흥의 박순방(朴順方)과 함흥의 한순만(韓順萬)은 모두 백세가 된 노인이었으며, 정조는 특히 가의대부(嘉義大夫)로 있던 한순만을 숭정대부(崇政大夫)로 올리고 중추부의 직함을 더해주었다. 또한 관리를 지낸 70세 이상의 노인들은 자급을 한 등급 올려주고 중추부의 직함을 더하였으며, 80세 이상의 노인들은 모두 자급을 한 등급씩 올려주었다. 이 역시 왕실의 경사를 모든 사람들이 함께 기뻐하도록 하는 조치였다.

함흥과 영흥의 양로연에 참여한 노인의 별단에 대하여 전교하셨다. "이일은 경사를 함께하고 은혜를 널리 베푼다는 뜻에서 행해진 것이니, 영흥의 백세 노인인 숭정대부(崇政大夫) 박순방(朴順方)과 함흥의 백세 노인인 가의대부(嘉義大夫) 한순만(韓順萬)에게는 각각 한 자급을 더해주어라. 그중에서 가의대부 한 사람은 정식에 따라 숭정대부의 품계를 부여하고, 단망(單望)으로 중추부의 직함을 붙여라. 조관(朝官)으로 나이가 70 이상인 7인에 대해서는 각각 한 자급을 더해주고 중추부의 직함을 추가로 설치하여 오늘의 정사(政事)에 들여라. 그 나머지 사서(士庶)로 나이 80 이상인 영흥의 211인과 함흥의 343인에 대해서는 각각 한 자급을 더해주어라." (부편 3, 영흥본궁제향, 전교)

혜경궁의 회갑 잔치를 요청하는 대신들

●

6월 1일

혜경궁의 실제 회갑일이 있는 6월이 되자 영의정 홍낙성을 비롯한 대신들이 회갑 잔치를 열자고 요청하였다. 그러나 정조는 예전에 인원왕후나 영조가 선조를 추모하는 일을 핑계로 잔치를 거절한 일이 있고, 혜경궁은 동갑인 사도세자가 세상을 떠난 상황이므로 혜경궁의 허락을 받기가 어렵다고 생각하였다. 홍낙성은 혜경궁을 설득해 달라고 다시 요청을 하였고, 정조는 조금 더 기다려 달라고 대답하였다.

상(上, 정조)께서 성정각(誠正閣)으로 가니 대신(大臣)과 예조 당상이 입시하였다. 이때 영의정 홍낙성(洪樂性)이 아뢰었다. "올해는 더 이상 없는 경사스런 해이고, 이달은 또 자궁(혜경궁)의 회갑이 있는 달입니다. 이렇게 천년에 처음 있는 기회를 맞아 모두 만수무강을 축원하는 마음이 간절합니다.

진연례(進宴禮)는 비록 '가을을 기다리라'는 분부가 있었지만, 경사를 축하하는 행사는 이달 이날에 거행하는 것이 더욱 중하니, 지금 여쭈어 결정하지 않을 수 없습니다."

상께서 말씀하셨다. "내가 어찌 경들이 말해야만 알겠는가. 생각하건대, 옛날 인원성모(仁元聖母)께서는 정묘년(1747)에, 선대왕(先大王, 영조)께서는 갑술년(1754)에 모두 추모하는 생각 때문에 응당 행해야 할 예(禮)를 허락하지 않으셨다. 게다가 올해를 만나신 자궁의 생각은 더욱 어떠하시겠는가. 내가 부모님이 살아계신 날을 아끼는 마음과 장수를 축원하는 정성으로 경축에 관한 일이라면 무엇이든 극진히 하지 않겠는가. 그러나 자궁의 마음을 나의 마음으로 삼는 도리에 있어서는 그 뜻을 따르는 것이 상책이고 그 나머지는 한갓 의문(儀文)에 속한 것이므로 감히 한결 같이 강하게 요청하지 못하는 것이다."

홍낙성이 아뢰었다. "겸손하신 자궁의 마음과 그 뜻을 따르시는 성상의 효도에 대해서는 신이 진실로 흠탄합니다. 그러나 여항(閭巷)의 하찮은 백성이라도 어버이의 회갑에는 반드시 술과 음식을 풍성하게 차려놓고 장수를 기원하며 경사를 꾸밉니다. 게다가 전하께서는 천승(千乘)의 나라로 봉양하면서 팔도가 모두 경축할 탄신일을 맞았는데, 어째서 하연례(賀宴禮)를 거행하여 기쁘게 축하하는 정을 펴지 않으십니까? 자궁께서 비록 따르시지 않으셔도 전하께서는 마땅히 자궁의 마음을 돌이키는 방법을 다하셔야 합니다. 이것이 바로 신들의 간절한 바람입니다."

상께서 말씀하셨다. "삼가 기회를 보아 여쭈겠다. 비록 간소한 음식으로 잔치를 열더라도 반드시 자궁의 승낙을 받으려 한다. 후에 다시 경들을 불러 직접 이야기하겠다." (부편1, 탄신경하, 연설)

혜경궁의 회갑 잔치를 허락받다

●

6월 6일

정조가 혜경궁에게 회갑 잔치를 열자고 요청하여 겨우 허락을 받았다. 정조는 잔치의 규모를 줄이고 혜경궁의 가까운 친척들만 참석하는 잔치를 열겠다며, 외가인 풍산 홍씨 집안에서는 10촌 이내로 정명공주(貞明公主)의 후손인 사람만 초청하고, 풍산 홍씨가 아닌 친척은 6촌 이내로 한정하였다. 그리고 6월의 회갑 잔치는 윤2월에 화성에서 거행한 회갑 잔치처럼 정리소의 관리들이 담당하여 진행하라고 하였다.

상이 영춘헌(迎春軒)으로 가자, 와서 기다리던 신하들이 입시하였다. 이때 상이 행사직(行司直) 심이지(沈頤之)에게 전교하셨다. "이번의 경사스런 의례는 자궁의 뜻을 따라 감히 크게 벌리지는 않고, 그저 간소한 음식을 갖추고 자궁의 근친을 널리 초청하려고 한다. 동성(同姓)은 10촌으로 한정하니, 정명

귀주(貞明貴主)의 후예가 되는 사람들은 모두 참석하도록 한다. 홍희영(洪喜榮) 부자는 모당(慕堂, 홍이상)의 봉사손(奉祀孫)이니, 또한 들어와 참석하게 한다. 이성(異姓)은 6촌으로 한정하니 그 숫자가 백 수십 인이나 된다. 모든 일은 비록 유사를 번거롭지 않게 하려 하나 정리소의 당상과 낭청이 이미 봄에 있던 진찬을 경험하였기 때문에 분장하여 거행하게 하려 한다. 경들은 마땅히 수고하도록 하라." (부편1, 탄신경하, 연설)

혜경궁의 회갑 잔치를 명하다

•

6월 7일

이날 정조는 혜경궁의 환갑일인 6월 18일에 창경궁 명정전에서 회갑 잔치를 열라고 명령하였다. 다만 혜경궁이 성대한 행사를 싫어하므로 진하(陳賀)나 진연(進宴)이란 표현은 쓰지 말고 '치사(致詞)와 전문(箋文), 표리(表裏)를 올리는 행사'라고만 부르라고 하였다. 행사의 이름을 '진하'라고 표현하지는 않지만, 실제의 행사는 진하가 되도록 하자는 것이 정조의 의도였다. 정조는 혜경궁의 회갑 잔치는 명정전의 월대에서 거행할 것이며, 문무백관이 참여하는 행사를 마친 후에 자신이 내전으로 들어가 혜경궁에게 직접 치사, 전문, 표리를 올리겠다고 하였다. 이렇게 보면, 앞서 윤2월에 화성에 행차하여 봉수당에서 거행하였던 회갑 잔치의 주인공은 혜경궁이 아니라 사도세자일 수도 있다.

전교하셨다. "자궁(慈宮)께서 환갑을 맞는 경사스러운 탄신일이 가까이 왔으니, 이는 바로 우리나라에서 처음으로 있는 경사이다. 진하(陳賀)하고 진연(進宴)하는 등 경축하는 절차에 대해서는 어떤 예(禮)인들 거행할 수 없겠는가마는 자궁의 마음을 거역하기 어렵다. 지금은 경사스러운 탄신일이 며칠 남지 않았으니 지금부터 하나하나 통지해 주어야만 거행할 수 있을 것이다. 진하에 대해서는 정묘년(1747)에 거행하였던 전례에 분명히 근거할 수 있으며, 매년 거행해야 할 예이기도 하지만, 이것도 자궁은 마음속으로 매우 난처하게 생각하신다. 이 때문에 진하한다는 이름을 붙이지 않지만 실제로는 진하하는 형태를 하기로 하였다. 이렇게 하면 자궁의 마음을 본받고 나의 정성을 펴는 방도가 되겠기에 예조 당상이 요청할 때에 말해주는 것이다. 18일에 자궁의 회갑을 맞이하는 탄신일에 진하하는 것은 치사(致詞)와 전문(箋文)과 표리(表裏)를 올린다고 호칭을 붙이도록 하라. 그날에는 명정전(明政殿)의 월대(月臺)에서 예식을 거행할 것이며, 함(函)을 전달하고 만세를 부른 뒤 내전(內殿)으로 돌아와 직접 올리는 예식을 거행할 것이다. 백관이 진하할 때에도 치사와 전문과 표리를 올린다고 호칭을 붙이고, 영상은 내전의 반열에 나아가 참여해야 한다. 궁궐의 뜰에서 예식을 거행한 후 직접 내전의 반열에 들어가 치사와 전문과 표리를 전달하겠다." (부편1, 탄신경하, 전교)

혜경궁의 회갑 잔치에
서울의 기민에게 쌀을 나누다
•
6월 15일

정조는 창경궁에서 혜경궁의 회갑 잔치를 하면서 윤2월에 화성의 백성들에게 하였던 것처럼 서울의 백성들에게도 쌀을 나눠주겠다고 하였다. 모친의 회갑을 맞이하는 기쁨을 백성들과 함께하겠다는 것이 그 이유였다. 정조는 자신이 직접 창경궁의 정문인 홍화문으로 나가 가난한 백성들에게 쌀을 나눠주겠으며, 선혜청, 진휼청, 한성 부윤이 이 일을 담당하도록 하였다. 홍화문은 선왕인 영조가 백성들을 직접 만났던 장소이기도 하였다.

전교하셨다. "경사스런 탄신일이 가까이 다가왔으니 경축하는 정성을 드러내 보이고 싶은데, 이 경사를 함께 나누는 것보다 더 나은 것이 있겠는가? 더구나 화성(華城)의 백성들에게 이미 시행하였으니 어찌 서울에서 거행하지 않을 수 있겠는가? 18일에 자궁의 진찬례(進饌禮)를 마친 다음에 홍화문(弘化門)에 나가서 기민(飢民)에게 쌀을 나누어 주겠다. 이번에 뽑힌 집 가운데 가장 가난한 집은 선혜청(宣惠廳)의 도제거(都提擧)와 삼공(三公, 영의정 좌의정 우의정)이 각 방(坊)의 어른들에게 엄히 조사하여 뽑아서 진휼청(賑恤廳)에 알리고, 진휼청의 당상관과 한성부윤이 이들을 데리고 와서 대령하도록 하라."(부편1, 탄신경하, 전교)

연희당의 뜰에 보계를 설치하다

•

6월 16일

창경궁의 연희당에서 혜경궁의 회갑잔치를 거행하기 위해 연희당의 뜰에 보계(補階)를 설치하였다. 보계란 잔치를 거행할 때 사람을 많이 앉히려고 대청에서 잇대어 임시로 만든 자리로, 행사장을 만들기 위한 절차였다. 혜경궁은 이때까지 자신의 회갑잔치를 온전히 허락하지 않았고, 정조는 혜경궁이 평소에 거처하던 연희당에 잔치 무대를 만들어 간략하게 치르려 하였다. 그러나 연희당의 뜰이 좁았기 때문에 화성 봉수당에서의 잔치 때보다 그 규모가 크게 축소될 수밖에 없었다.

상이 영춘헌에 나가시니, 도제조 이하 진찬소(進饌所)에 와서 대기하던 당상과 낭청, 선혜청의 당상, 호조의 당상과 낭청이 입시하였다. 이때 장용영, 도제조 홍낙성(洪樂性)이 말하였다. "자궁의 탄신일이 이제 이틀만 남았으니, 즐겁게 경축할 마음은 말로 형용할 수가 없습니다. 신들이 바라는 바는 탄신일에 거행할 연하(宴賀)인데, 허락하는 말씀을 듣지 못하였으니 여러 사람들이 억울해 합니다."

상이 말씀하셨다. "날마다 바라던 것이 이날에 있으니, 무릇 칭경례(稱慶禮)에 있어서 어찌 조금이라도 느슨히 하겠는가? 그러나 자궁의 겸손해 하는 마음을 억지로 돌이키지 못하였다. 어버이를 봉양할 때 뜻을 봉양하는 것보다 우선하는 것이 없다는 것은 앞서 이미 여러 번 유시하였다. 이번에는 다만 작은 술잔을 올리고, 의식 절차는 화성에서의 진찬에 비해 더욱 간소하게 하려고 하니, 이는 실로 자궁의 뜻을 본받고 자궁의 덕을 드러내려는 뜻에서 나온 것이다. 지금부터 천만 년에 이르기까지 잔을 올려 헌수하는 날이 아닌 날이 없을 것인데, 어찌 오늘 연례(宴禮)를 거행하지 못한 것을 흠으로 삼을 필요가 있겠는가."

이어서 진찬을 맡은 당상관에게 전교하셨다. "이번의 진찬은 비록 크게 거행하지는 않지만 여러 도구를 배설하고, 의절(儀節)을 철저히 익히며, 보계(補階)는 오늘 중에 미리 설치하라. 경들이 반드시 검사하여 거행하라."

여러 신하들이 명령을 받고 연희당(延禧堂)의 동쪽과 서쪽 뜰에 보계를 설치하였다. 동쪽 뜰은 길이가 6칸(間)이고 너비가 5칸이며, 서쪽 뜰은 길이가 4칸이고 너비가 5칸이었다. 자궁저하(邸下)의 좌석은 연희당의 정당(正堂) 안에 설치하고, 전하가 예를 거행하는 판위(版位)는 동쪽 계단 위에 두고, 외빈(外賓)의 자리는 국왕 판위의 뒤에 두었다. 중궁전이 예를 거행하는 판위는 서쪽 계단 위에 두고, 내빈(內賓)의 자리는 왕비 판위의 좌우에 설치하였다. 주렴(朱簾)은 당의 동쪽과 서쪽 기둥과 보계의 삼면에 설치하였다.

상이 말씀하셨다. "이 당(堂)의 정무(庭廡) 사이가 비록 좁지만 자궁께서 항상 거처하시는 곳이다. 모든 일은 간소한 쪽을 따르려고 하므로 여기에서 예를 거행하려 한다." (부편 1, 탄신경하, 연설)

이를 보면 연희당의 뜰에 보계를 설치하여 행사장을 만들었지만 동쪽은 6칸, 서쪽은 4칸의 길이였고, 그 폭은 5칸에 불과하였다. 연희당 건물 안에는 혜경궁의 좌석만 두고, 보계의 동쪽에는 정조, 서쪽에는 왕비가 앉으며, 국왕의 뒷자리에는 외빈, 왕비의 좌우에는 내빈이 자리하였다. 국왕과 왕비의 자리가 건물 안이 아니라 계단이 위치한 곳이었으니 연희당의 행사장이 매우 협소하였음을 알 수가 있다. 잔치 자리가 좁아지니 참석자의 숫자나 행사의 규모도 줄어들 수밖에 없었다.

남산을 바라보고
'천세, 천세, 천천세'를 외치다

•

6월 18일

이날은 혜경궁의 회갑일이었다. 정조는 이날을 기념하기 위해 몇 가지 행사를 거행하였다. 가장 중요한 행사는 창경궁 연희당에서 거행된 혜경궁의 회갑잔치인 진찬(進饌)이었다. 잔치 장소를 내편전(內便殿)인 연희당으로 한 것은 행사를 간소하게 치르라는 혜경궁의 명령을 따랐기 때문이다.

이날 혜경궁은 연희당 중앙에서 남쪽을 향해 앉았고, 정조는 혜경궁의 동쪽에서 서쪽을 향해, 왕비인 효의왕후는 혜경궁의 서쪽에서 동쪽을 향해 앉았다. 혜경궁의 맞은편에는 내명부와 외명부가 나란히 앉았고, 주렴을 친 바깥에 있는 보계(補階)에는 의빈(儀賓)과 척신(戚臣)들이 동쪽과 서쪽에서 마주보고 앉았다. 이날 혜경궁과 왕비는 적의(翟衣)를 입고 머리 장식을 하였으며, 정조는 익선관(翼善冠)에 곤룡포(袞龍袍)

차림으로 혜경궁에게 직접 치사(致詞), 전문(箋文), 표리(表裏)를 올렸다. 지난 6월 7일에 지시하였던 방식 그대로였다.

정조가 회갑잔치에서 올린 치사는 다음과 같다.

1) 국왕은 건륭(乾隆) 60년(1795) 6월 18일을 맞았습니다. 효강 자희 정선 휘목 혜빈 저하(孝康慈禧貞宣徽穆惠賓邸下)시여, 화성행궁에서 축복이 넘쳤고 화갑 일에도 술잔이 깊습니다. 기꺼이 어머님께 축수하노니 자손에게 끼친 공이 높습니다. 우리 훌륭한 마음으로 기쁘게 수연을 받드오니, 어머니의 공이 높으셔서 자손에게 미쳤습니다. 우리 훌륭한 빈객들과 함께 절하며 천천세를 올립니다. 삼가 천천세(千千歲)의 장수를 올립니다. (부편 1, 탄신경하, 치사)

회갑 잔치는 정조와 왕비가 혜경궁에게 두 번 절을 올리고 난 후 여집사가 「노래의(老萊衣)」 악장을 불렀고, 정조가 첫 번째 술잔을 혜경궁에게 올린 후 치사(致辭)가 낭독되었다. 다음으로 왕비가 두 번째 술잔을 올렸으며 역시 치사가 낭독되었다. 이어 정조가 세 번 머리를 조아리고 "천세(千歲) 천세, 천천세(千千歲)"를 외쳤으며, 두 번 절하고 나서 자리에 앉았다. 다음으로 내명부와 외명부의 반수(班首, 우두머리)와 의빈 및 척신의 반수가 술잔을 올린 다음 여집사가 「만년(萬年)」 악장을 불렀고, 정조를 비롯한 참석자들이 두 번 절하는 것으로 잔치는 끝이 났다.

이날의 잔치에서 특이한 것은 훗날 순조가 되는 원자(元子)가 참석한 것이다. 당시 원자는 여섯 살이었다. 원자는 참석자들이 술잔을 올리고 예를 거행할 때마다 주렴 안으로 들어가 술잔을 올렸고, 절하는 자리로 따라 들어가 두 번 절하는 예를 올렸다. 영의정 홍낙성은 이런 원자를 보고 "원자궁께서 도량이 넓고 외모가 의젓하여 예를 행할 때에 모든 동작이 자연적으로 법도에 맞습니다. 이 또한 종묘사직의 무궁한 경사입니다"라고 칭찬하였다.

잔치가 끝나자 정조는 혜경궁의 가까운 친척들에게 주렴 안으로 들어가 직접 얼굴을 뵙도록 하였다. 오랜만에 친척들을 만나는 혜경궁의 마음을 기쁘게 하기 위해서였다. 그리고 잔치에 참석한 친척 중에 혜경궁을 처음 만나는 친척들은 주렴 밖에서 각자의 이름을 아뢰게 하였다. 정조는 혜경궁의 7촌 친척인 홍선호(洪善浩)가 환갑이 되도록 벼슬을 하지 못한 것을 보고, 즉석에서 관리로 등용하겠다고 약속하였다.

2) 상이 말씀하셨다. "자궁의 동성지친(성이 같은 가까운 친척)과 촌수가 가까운 이성은 주렴 안으로 들어가 자궁을 뵈어라. 내빈과 외빈 중에 자궁을 들어가 뵙지 못한 사람은 모두 주렴 밖에서 자궁께 성명을 아뢰어라."

행사직(行司直) 홍수보(洪秀輔) 등이 차례로 나가서 성명을 아뢰었다. 상이 유학(幼學) 홍선호(洪善浩)에게 전교하셨다. "너는 바로 자궁의 7촌 근친인데 나이가 60이 넘도록 9품직도 가져 보지 못하였구나. 너를 초사(初仕)로 등용하도록 전조(銓曹, 이조 병조)에 분부할 것이니, 너는 그런 줄 알아라." (부편 1, 탄신경하, 연설)

혜경궁의 회갑잔치에서 노래한 「노래의」와 「만년」악장은 모두 정조

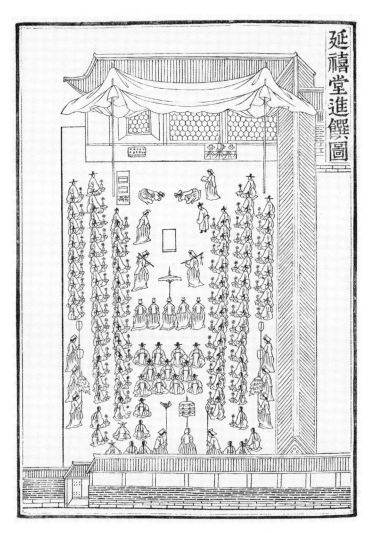

延禧堂進饌圖

창경궁 연희당의 회갑 잔치를 그린 연희당진찬도

가 지은 것이었다. 정조는 이 악장에서 모친께서 장수를 누리고, 국가가 평안하며, 왕실의 후손들이 번성하기를 기원하였다. 정조가 지은 악장은 『정리의궤』에서는 연희당 진찬에서의 선창(先唱) 악장과 후창(後唱) 악장이라 구분하였고, 『홍재전서』에서는 「자궁 회갑의 진찬 악장(慈宮周甲進饌樂章)」이란 제목으로 수록되어 있다.

3) 노래의(老萊衣)

내가 노래자(老萊子)의 색동옷을 입으니
만년토록 경사가 밝게 빛나리.
관리가 새벽 시간을 알리자
원량(元良)과 함께 당에 오르네.
오늘은 자궁의 회갑 날
온 나라가 함께 장수를 축원하네.
맛있는 술이 잔에 넘치고
선도(仙桃) 복숭아 안주는 둥글합니다.
한 잔 한 잔 또 한 잔을 드리니
한 잔에 일만 년씩 삼만 년을 사소서.

4) 만년(萬年)

삼만 년에 또 억만 년

해마다 이날에는 이 잔치를 펼치리.

첫째로 바라는 것은 우리나라가 반석(磐石) 위에 놓이고

둘째로 바라는 것은 자손들이 번성하길.

정다운 이야기에 흥겨운 잔치

손님들이 구름처럼 몰려왔네.

태평시대의 술잔이 흘러넘치고

소리 없는 음악소리 은은하도다.

자궁의 덕은 천심(天心)에 합치되니

자손들은 많은 복을 받으리라. (부편1, 탄신경하, 악장)

이날 정조는 모친의 회갑을 축하하는 시도 지었다. 시의 제목은 '자궁의 60주년 탄신일에 잔을 받들어 축수하고 삼가 기쁜 마음을 시로 지어 연석에 있는 손님에게 보임'이다. 정조는 자신의 어제시에 신하들이 화답한 시를 합쳐서 감인소(監印所)에서 인쇄하여 올리라고 명령하였다.

5) 동방에 처음 맞는 경사가 있어

회갑 날 장수를 축하하는 술잔 올리네.

하늘에는 무지개가 나타나고

빈객은 구름처럼 모여 축하하네.

장락전(長樂殿)에선 손자들과 벗을 삼고

노래장(老來章) 효행을 피리에 올렸네.

인자한 모습에 축복이 넘치고

베푸신 은혜는 팔방에 미치네. (부편 1, 탄신경하, 악장)

회갑 잔치가 끝난 후 정조는 창경궁의 정문인 홍화문으로 가서 기민
(飢民)들에게 쌀을 나눠주었다. 이때 정조는 익선관을 쓰고 곤룡포를 입
었다. 정조가 윤2월에 화성에서 사민(四民)과 기민들에게 쌀을 나누어
준 것과 같은 의미가 있는 행사였다. 정조는 서울의 5부(部)에서 기민
5,868호를 선발하여 6월 17일에 매호당 3두(斗)씩 지급하고, 7월에도
2두씩 지급하게 하였다. 서울의 기민은 중부에 229호, 동부에 529호,
서부에 2,591호, 남부에 1,142호, 북부에 861호, 연융대(鍊戎臺) 61호,
북한산성에 112호가 분포되어 있었고, 기민에게 배포한 쌀은 상평창과
하평창의 곡식을 활용하였다. 정조가 홍화문에서 직접 쌀을 나누어 준 사
람은 가장 가난하고 의탁할 곳이 없는 512호를 대상으로 하였다. 이들
의 지역별 분포를 보면 중부 31호, 동부 80호, 서부 208호, 남부 135호,
북부 58호였으며, 총 102석 6두가 배포되었다. 나머지 기민에 대해서는
비변사 당상으로 있던 서유린(徐有隣), 심이지(沈頤之), 심환지(沈煥之),
서유대(徐有大), 윤행임(尹行恁) 등 다섯 명의 관리를 도성의 5부로 파견
하여 현지에서 쌀을 나눠주게 하였다.

쌀을 나눠주는 일이 끝나자 백성들은 쌀을 자루에 넣어 짊어지기도
하고, 상자에 담아서 머리에 이기도 하였다. 이들은 노래를 부르고 춤
을 추면서 돌아갔는데, 그들이 지르는 환호성이 천둥이 치는 것 같았다
고 한다. 정조는 잔치 소문을 듣고 찾아온 걸인들이 있다는 소식을 듣고,
이들에게도 음식과 떡, 과일을 먹이게 하였다.

弘化門賜米圖

창경궁 홍화문에서 쌀을 나눠주는 홍화문사미도

다음으로 연희당 잔치에서 전문(箋文)을 올린 성균관 유생을 대상으로 한 과거 시험이 실시되었다. 과거 시험의 제목은 정조가 지은 진찬 악장의 첫 구절인 "내가 노래자의 색동옷을 입으니(我有老萊衣)"였다. 시험 결과 400여 장의 시권이 접수되었고, 그중에서 수석을 차지한 진사 심후진(沈厚鎭)은 바로 전시(殿試)에 응시할 자격을 얻었고, 차석인 진사 이일휘(李日輝) 등 5인은 상을 받았다.

다음으로 백성들의 세금을 탕감하는 조치를 하였다. 회갑 잔치가 열린 날 정조는 서울에 거주하는 공인(貢人)이 부담하는 2천 석(石)의 곡식과 시민(市民)들이 부담하는 2개월 치의 요역, 반인(泮人, 성균관이 위치한 마을의 주민)이 부담하는 속전(贖錢)을 탕감해 주었다. 또한 지방으로는 화성, 경기도, 삼남(三南)의 백성들에게 지난해에 연기시켜 준 신공(身貢) 일체를 탕감해 주었고, 양도(兩都, 강화도, 개성)와 북방 4도(道)에서는 묵은 환곡과 1년 치 조대(條代)를 탕감해 주었다. 모두 혜경궁의 은혜를 널리 베풀고 은덕을 드러내기 위해서였다.

혜경궁의 회갑 잔치를 맞아 정조는 자신의 감회를 말하였다. 1795년 새해부터 자신이 개최해 온 여러 행사들이 혜경궁의 회갑을 축하하고, 그 아름다운 덕을 드러내며, 장수하시기를 기원하는 것이다. 그리고 국왕이 부모님의 회갑을 축하할 때에는 백성들과 기쁨을 함께해야 하므로 모든 백성들을 위한 조치도 함께한다는 이야기였다. 이때 정조는 흔히 '여민동락(與民同樂)'이라 표현하는 것을 '여백성동락(與百姓同樂)'이라 표현하였다. 정조는 전국의 백성들에게 쌀을 나눠주어 배불리 먹이는 것은 자신이 아니라 혜경궁이 백성들에게 은혜를 베푸는 것임을 강조하였다.

6) 전교하셨다. "세월이 흘러 회갑 일을 맞는 것이야말로 보기 드문 큰 경사이다. 어버이의 나이가 여기에 이르게 되면 이를 경축하며 기쁨을 표시하는 것이 자식 된 도리로 당연한 것이다. 정중하게 음식을 대접하고 술을 따라 올리는 것은 서인(庶人)들이 하는 일이요, 잔치 자리를 마련하여 여러 아저씨와 외삼촌을 초청하는 것은 경대부(卿大夫)들이 하는 일이요, 정사를 하며 백성들과 즐거움을 함께하는 것은 군주가 하는 일이다. 나 소자는 황천(皇天)과 조종(祖宗)의 보살핌을 받아 우리나라에서 처음으로 있는 기회를 맞이하게 되었다. 금년 초부터 지금까지 6~7개월 동안 어느 달이고 기쁘지 않은 날이 없었고, 어느 날이고 축하하지 않은 때가 없었다. 옥에 새기고 금으로 엮는 것은 자궁의 아름다운 덕을 드러내기 위함이고, 남산을 바라보고 만세를 부른 것은 자궁의 장수를 기원하기 위해서이다. 창고에서 곡식을 꺼내어 섬과 육지의 백성들에게 두루 나눠준 것은 자궁의 은혜를 널리 베풀기 위함이고, 노인과 사방의 백성에게 취하도록 마시고 배불리 먹게 한 것은 자궁의 은덕을 표시하기 위함이었다. 그러나 하늘처럼 무궁하게 사시기를 기원하는 나로서는 항상 세월이 부족하다는 마음을 품고 있다. 더구나 자궁의 탄신일에 어찌 풍성하게 차려 성대하게 즐기는 일을 마다하겠는가. 그러나 선조(先朝) 정묘년(1747)에 인원성모(仁元聖母)의 허락을 받지 못하였고, 지금은 우리 자궁에게 허락을 얻기가 어려우므로, 축하하는 의식을 갖추지 못하고, 음악도 갖추어 연주하지 못하였다. 다만 내외의 빈객 척신들과 함께 조그마한 음식상을 공손히 올리며 노래장(老萊章)을 부르고 만년장(萬年章)에 맞추어 술잔을 올리니, 이 또한 즐거움을 다하지 않고 여운을 남겨 두려는 자궁의 지극한 뜻을 우러러 본받는 것이다." (부편1, 탄신경하, 전교)

이를 보면, 정조는 혜경궁의 회갑 잔치를 더 성대하게 거행하지 못하는 것이 못내 아쉬웠다. 영조 때 인원왕후가 이런 잔치를 거절한 일이 있고, 혜경궁도 성대한 잔치를 반대하기 때문에 가까운 친척들만 모여서 의식이나 음악도 간략하게 줄인 잔치를 열었기 때문이다. 그러나 정조는 이렇게 하는 것이 즐거움을 다하지 않고 여운을 남겨두는 것이라 하였다. 정조는 10년 후에 혜경궁이 칠순이 되면 다시 한 번 모친을 모시고 화성을 방문하겠다고 생각하고 있었으므로, 그때 화성에서 더욱 성대한 잔치를 열겠다고 생각했을 수도 있다.

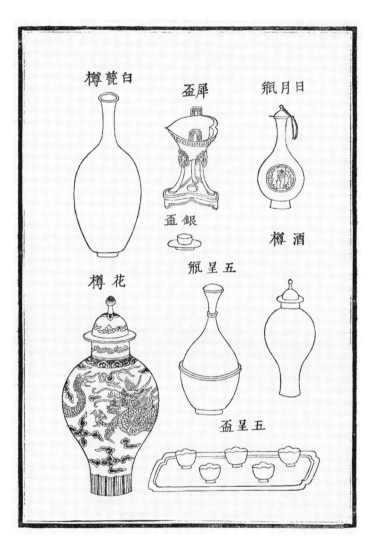

각종 술병과 술잔

정리의궤 인쇄를 시작하다

•

8월 15일

　　정리소에서 『정리의궤』의 교정이 완료되었다고 보고하였다. 정조는 『정리통고(整理通考)』의 교정까지 완료한 후에 『정리의궤』를 인쇄한다면 시간이 많이 늦어질 것이므로, 『정리의궤』의 인쇄부터 시작하라고 명령하였다. 『정리의궤』를 인쇄할 때의 활자는 생생자를 사용하고, 그 인쇄를 감독하는 사람은 편찬을 감독했던 윤행임과 『정리통고』의 교정을 담당했던 이만수가 맡으라고 하였다. 윤행임과 이만수는 모두 정리소와 의궤청에 소속된 당상관이었다.

　　전교하셨다. "정리소에서 의궤를 교정하는 일이 끝났다고 하니, 만약 『정리통고(整理通考)』를 교정하기를 기다린 후에 활자로 인쇄한다면 반드시 너무 늦어질 것이다. 의궤를 인쇄하는 일을 먼저 시작하고, 활자는 생생자본

264

정리자 활자. 국립중앙박물관 소장

(生生字本)을 쓰라. 일을 시작하는 날짜는 길일을 택하여 초기하고, 감인을 담당하는 것은 그대로 의궤를 담당하는 구관당상인 윤행임으로 하고, 『정리통고』의 교정당상 이만수도 감인하는 일을 하도록 의궤청에 말하라."(권1, 전교)

신하들과 주고받은 시를 책으로 펴내다

•

9월 15일

정조가 혜경궁을 모시고 화성에 행차하였을 때 신하들과 주고받은 시를 정리한 『자궁주갑탄신갱재축(慈宮周甲誕辰賡載軸)』, 『화성봉수당진찬갱재축(華城奉壽堂進饌賡載軸)』, 『장대열무갱재축(將臺閱武賡載軸)』, 『낙남헌양로갱재축(洛南軒養老賡載軸)』이 활자로 인쇄되었다. 이들은 차례로 봉수당에서 열린 회갑 잔치, 서장대에서 실시한 군사 훈련, 낙남헌에서 열린 양로연에서 정조와 신하들이 작성한 시를 모은 책자였다. 인쇄한 부수는 장지(壯紙)에 인쇄한 것이 30건(件)이고 백지(白紙)에 인쇄한 것이 330건이었다.

장지에 인쇄한 30건의 배포처는 다음과 같았다.

구분	대상	계
내입	내입	1
정리소 총리대신	우의정 채제공	1
정리사	장악원 제조 심이지, 경기관찰사 서유방, 호조판서 이시수, 장용영내사 서유대, 상의원 제조 서용보, 규장각 직각 윤행임	6
행궁 정리사	조심태	1
외빈	영의정 홍낙성, 행 부사직 홍준한 홍용한, 도총관 홍낙신 홍낙임, 돈녕부 도정 홍낙윤	6
정리소 낭청	장용내영 종사관 홍수영, 초사 홍선호, 행 사직 홍수보, 모당봉사손 홍희영, 광은부위 김기성, 행 부사직 김이주	6
각신	원임 제학 유언호, 원임 제학 김종수, 원임 직제학 김희, 원임 직제학 이병모, 제학 심환지, 직제학 이만수, 검교직각 남공철, 검교대교 서유구, 영돈녕부사 김이소	9
계		30

사도세자의 행적 관련 인물들에게 표창하다

•

9월 19일

정조는 영괴대비를 세운 것을 계기로 사도세자의 행적과 관련이 있는 인물들을 표창하는 조치를 하였다. 정조는 사도세자가 온양을 방문하였을 때 충청 관찰사였던 능은군(綾恩君) 구윤명을 예조판서로 선발하였고, 온양군수로 있었던 용은군(龍恩君) 윤염의 아들인 각신 윤행임(尹行恁)에게 영괴대비의 음기(陰記)를 쓰게 하였다. 정조는 이런 일들이 우연이 아니라 필연적인 무엇인가가 있다고 주장하였다.

상이 이문원(摛文院)에서 재계하며 밤을 새면서 직접 온궁의 영괴대비명(靈槐臺碑銘)을 지었다. 원임각신 윤행임에게 명하여 그 음기(陰記)를 쓰게 하였다. 환궁할 때 규장각의 문 밖으로 나와 여(輿)를 멈추고 좌의정 유언호(俞彦鎬), 우의정 채제공(蔡濟恭), 판중추부사 이병모(李秉模)를 불러 보고 어제

비명(御製碑銘)을 내어보였다. 채제공이 이를 받들고 한 번 읽었다.

상께서 말씀하셨다 "이 일이 어찌 귀하지 않는가? 그때의 지방관이 바로 각신 윤행임의 아버지이다. 이 각신이 명령을 받들고 비문을 쓰니 또한 우연한 일이 아니다."

유언호가 말하였다. "예전 일을 추억하시면 성상의 감회가 새로우실 텐데, 일 또한 매우 드무니 감탄하는 마음을 이기지 못합니다."

채제공이 말하였다. "성상의 찬란한 문장은 우러러 주달하기가 쉽지 않습니다."

이병모가 말하였다. "7월에 심은 나무가 벌써 그늘이 뜰에 가득하니 더욱 이상합니다." (부편 4, 온궁기적, 연설)

온양행궁에 영괴대비를 세우다

•

10월 24일

이날 온양행궁에 영괴대비가 세워졌다. 비석은 남포에서 생산되는 오석(烏石)을 사용하였고, 비석의 길이는 3척 9촌, 너비는 1척 5촌, 두께는 8촌이었다. 정조가 지은 영괴대명(靈槐臺銘)과 음기(陰記)의 내용은 다음과 같다.

온수(溫水) 물가에 아득히 지나간 자취여
빽빽한 나무그늘과 꽃이 덮인 곳에 세 그루 홰나무가 있네.
온탕(溫湯)의 물이 솟아 영괴(靈槐, 신령한 홰나무)의 뿌리에 흐름이여
굽이굽이 높이가 수척이 되는 대(臺)라네.
홀로 이 땅의 아름다움을 좋아함이여
그 위에 오색구름이 아름답게 머물렀네.

영괴대비 비석: 온양행궁에 세워진 영괴대비의 앞면과 뒷면 모습. 김문식 촬영

뿌리와 가지가 백세토록 오래됨이여

쌓인 경사가 후세까지 흘러감을 징험하리라.

소자(小子, 정조)가 왕위에 오른 지 20년인 을묘년(1795) 가을 9월, 소자가
조정에 나오기 3일 전에 삼가 명을 지었습니다. 지난 경진년(1760) 8월에 온
양행궁에 가서 군수 윤염(尹琰)에게 사대(射臺)에 세 그루의 홰나무를 심도록
하였더니, 지금은 거의 아름드리로 자라 아름다운 그늘이 땅을 가릴 정도입
니다. 초봄에 고을 수령이 대(臺)를 증축하였다는 소식을 듣고 그 공적을 기

록합니다. 윤염의 아들 윤행임(尹行恁)이 지금 각신(閣臣)이 되었으므로 그에게 비음(碑陰)을 쓰게 합니다.

통정대부 예조참의 규장각 검교직각 지제교 신 윤행임이 왕명을 받들어 삼가 쓰다. (부편 4, 온궁기적, 어제)

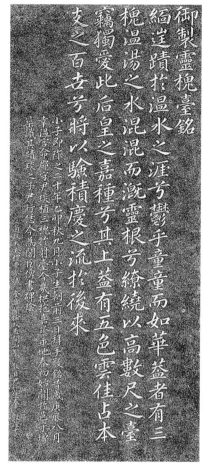

정조의 명으로 세워진 영괴대비 뒷면에 새겨진 비문 탁본. 한신대박물관 소장

영괴대비의 탁본을 받다

•

10월 27일

이날 정조는 영괴대비의 탁본을 받았다. 자신의 어필로 내린 글씨와 자신이 지은 글을 새긴 비문의 탁본이었다. 정조는 이 탁본을 받으면서 한편으로는 기쁘면서 한편으로는 슬프다고 하였다. 사도세자의 행적을 기록한 비문의 탁본을 받으면서 아직도 완전히 복권되지 못한 사도세자의 처지를 생각한 때문으로 보인다. 그러면서 정조는 자신이 온양에 행차한 사도세자의 행적을 들은 것은 자신이 현륭원을 방문하기 위해 수원에서 머물고 있을 때라고 하였다. 사도세자의 온양행차와 정조의 화성행차가 겹쳐지는 순간이다.

1) 전교하셨다. "올해 온천행궁의 세 홰나무에 대한 고적(古蹟)을 듣고 비각을 건립하고 비석을 세운 것은 마치 기다린 바가 있는 것 같다. 나는 감동

이 되면서도 슬픈 마음이 일어나는 것을 어떻게 표현해야 할지 모르겠다. 공사가 이미 마무리되었고 인본(印本)을 직접 받았다. 성대한 행적을 들은 것은 수원(水原)에 숙박하고 있을 때이니, 어찌 기이하지 않겠는가? (부편 4, 온궁기적, 전교)

정조는 영괴대비 탁본 30건을 규장각의 주합루와 봉모당, 화성행궁, 현륭원 재실, 경모궁 재실, 서고(西庫), 외규장각, 내각 등에 보관하게 하였다. 이중에서 화성행궁, 현륭원, 경모궁은 사도세자와 직접 관련이 있는 장소였고, 탁본을 받은 구윤명은 사도세자가 온양에 행차하였을 때 행차를 인도한 충청 관찰사였다.

2) 전교하셨다. "영괴대비(靈槐臺碑)의 인본(印本) 30건(件) 중에 10건은 궁 안으로 들이고, 2건은 주합루(宙合樓)에, 1건은 봉모당(奉謨堂)에, 1건은 화성 행궁(華城行宮)에, 1건은 원소 재실(園所齋室)에, 1건은 경모궁 재실(景慕宮齋 室)에, 1건은 서고(西庫)에, 1건은 외규장각(外奎章閣)에, 1건은 내각(內閣)에, 4건은 경사고(京史庫)와 적상산성(赤裳山城)과 태백산(太白山)과 오대산(五臺 山) 사고에, 1건은 존경각(尊經閣)에, 1건은 어필(御筆) 전면에 북칠(北漆)하는 것을 감독한 각신(閣臣) 이만수(李晩秀)에게, 1건은 비음(碑陰)을 써서 올린 각 신 윤행임(尹行恁)에게, 1건은 사도세자가 경진년(1760, 영조 36)에 온양온천 에 행차할 때 충청 관찰사로 있었던 능은군(綾恩君) 구윤명(具允明)에게, 1건 은 비각을 세우고 사적을 기록한 충청 관찰사 이형원(李亨元)에게, 1건은 지 방관 변위진(卞緯鎭)에게 모두 '규장지보(奎章之寶)'를 찍어서 지급하라." (부편 4, 온궁기적, 전교)

정리곡의 폐단과 부작용에 실망하다

•

12월 9일

충청도 암행어사 정관휘(鄭觀輝)가 정리곡의 폐단을 보고하는 장계를 올렸다. 이전에 충청도에 나눠준 정리곡이 백성들에게 피해를 준다는 보고가 올라오자 정조가 암행어사를 파견하여 그 실태를 조사하게 한 것이다. 암행어사의 보고가 올라오자 정조는 충청 관찰사 유강(柳焵)의 죄상을 대질 심문하라고 명령하였다.

충청도 어사 정관휘(鄭觀輝)가 정리곡을 억지로 나눠주고 함부로 거둬들인 수령을 잡아다가 무겁게 처벌하였다고 장계를 올린 일에 대하여 전교하셨다. "정리곡을 팔도에 나눠준 것은 백성들과 경사를 함께하려는 뜻이 있는 것인데, 지난번 묘당(廟堂)의 초기에서 충청도 여러 고을에 조정의 명령이 있지 않아 민간에 폐를 끼친다고 하는 것을 보고, 초기에 따라 조사하여 보고하게 하였다. 감사의 장계에는 이런 일이 없다고 하는데, 묘당에서는 어찌하여 분명치 않은 말로 보고를 하였겠는가? 어사를 파견하여 먼저 몇 곳을 살피게 하였는데, 한두 고을에 대해 보고한 것이 이러하니 다른 곳은 미루어 알 수 있다. 이보다 앞서 조사하여 보고한 것이 허술함은 그 죄를 면하기 어려우니, 충청도 감사 유강(柳烱)은 우선 담당 부서에서 문서를 보내 서면으로 진술하게 하고, 자백한 죄상을 대질 심문한 후에 여쭈어 처리하라."

(권1, 전교)

정조는 화성행차를 마친 후 경비에서 남은 2만 냥을 활용하여 '을묘정리곡(乙卯整理穀)'을 마련하였다. 전국의 백성들에게도 골고루 혜택이 돌아가도록 하기 위해서였다. 정조는 전국 300 군현의 백성들에게 일일이 정리곡을 배포함으로써 혜경궁의 은혜가 모든 백성에게 미친다는 것을 상징적으로 보여주려 하였다. 다음의 심환지 발언을 보면, 그는 정조의 이러한 취지를 잘 알고 있었다.

성상(정조)께서 '백성은 나의 자식인데 집집마다 소고기와 술을 주어 사람들이 모두 취하고 배불리 먹게 하지를 못하였으니, 내 마음이 어찌 서운하지 않겠는가?'라고 하셨습니다. 이 때문에 정리소에서 쓰고 남은 돈을 여러 도에 분배하여 1냥의 돈으로 피곡(皮穀) 1포(包)를 바꾸고, 이듬해부터 봄에 나눠주고 가을에 거둬들이게 하였습니다. 종자의 밑천으로 삼거나 농사철 식량이 되게 하여, 우리에게 좋은 종자를 주어 오래 전해지게 하셨습니다. 이는 혜경궁의 은혜를 널리 베풀려는 성상의 효에서 나온 것으로, 끝없는 혜택을 남겨두어 백성들이 잘 사는 바탕이 되게 한 것입니다. (『정조실록』
권47, 정조 21년 10월 7일)

화성행차 경비에서 남은 비용으로 마련한 정리곡은 전국의 군현으로
배포되어 환곡의 자본으로 이용되었다. 그러나 이처럼 예상하지 못한
부작용이 나타나 정조를 많이 실망하게 하였다.

51일 동안 한 번도 거르지 않고
경모궁을 방문하다

•

12월 15일

1795년은 2월에 윤달이 있었기 때문에 총 13개월이었다. 그동안 정조는 매월마다 있는 삭망제를 한 번도 거르지 않고 총 51일 동안 경모궁을 방문하였다. 국왕이 한 해를 보내면서 50일 이상 한 곳을 방문하는 것은 매우 이례적인 일로서, 정조는 사도세자가 살아있을 때 자식으로서 다하지 못한 정을 조금이나마 펴기 위해 이처럼 정성을 기울였다고 말하였다. 그리고 국왕의 행차를 수행한 관리들에게 근무한 날짜를 따져서 상을 내렸다. 경모궁 제사를 담당하였던 봉상시정(奉常寺正) 유사모(柳師模)에게는 반쯤 숙련된 말을 하사하였고, 그 다음으로 공로가 있는 사람들에게는 자급을 한 등급 올려주었다.

전교하셨다. "올해와 같은 해를 만나 어버이에게 다하지 못한 사모하는 정성을 조금이나마 펼 수 있는 길은 오직 참배하고 향사하는 예절에 있을 뿐이다. 새해 초 이후로 경모궁에 갔던 날짜를 계산해 보니 51일이나 되는데, 건강에 이상이 없으면서 정(情)과 예(禮)를 조금이나마 펼 수 있었던 것은 실로 하늘에 계신 혼령께서 돌보아 주신 덕분이라 하겠다. 그런데 매양 생각나는 것은 바쁘게 뛰어다니며 나를 배호(陪扈)하는 사람들이 혹한과 무더위에 피곤하게 수고하였던 것이니, 어찌 잠시라도 마음이 편하였겠는가. 무릇 대례(大禮)를 만날 때마다 번번이 어버이를 중시하는 뜻을 보이는 행동을 하였는데, 1년에 50일이나 국왕이 거동한 것이 옛날에 어찌 있었겠는가? 집사관 중에서 근무 일수가 많은 사람 중에 전사관(典祀官)인 봉상정(奉常正) 유사모(柳師模)에게 반숙마(半熟馬, 반쯤 숙련된 말) 한 필을 내려주어라. 사관인 겸춘추(史官兼春秋) 김양척(金良倜)과 찬의(贊儀) 박종해(朴宗海), 동창(東唱)과 서창(西唱)의 인의(引儀)인 최경진(崔慶鎭)과 한범민(韓範敏), 인의(引儀) 성은주(成殷柱)는 모두 벼슬을 올려주어라. 묘궁향실(廟宮香室)의 수복(守僕)과 태상(太常, 봉상시)의 숙수(熟手)에게는 판단한대로 등급을 나누어 상을 주어라."(부편 2, 경모궁전배, 전교)

원내취(元內吹) 김정삼(金鼎三)은 정조가 경모궁을 51일이나 방문하는 동안 한 번도 거르지 않고 국왕의 행차를 수행한 사람이었다. 정조는 김정삼의 공로로 인정하여 특별한 상을 주었다.

병진년 1796

사도세자의 온양행차를 수행한
신하들을 조사하다

●

1월 28일

정조는 사도세자의 온양행차를 수행한 사람으로 70세를 넘긴 사람을 이조와 병조에서 조사하여 보고하라고 하였다. 이에 대응하여 이조에서 조사하여 찾아낸 사람들을 보고하였다. 보고를 받은 정조는 나이가 70세를 넘지 않았어도 모두 찾아서 방문하라고 명령하였다.

이조에서 아뢰었다. "지난해에 온천에 배종한 사람으로 나이 70을 넘긴 사람은 이조와 병조에서 방문하여 초기하라는 명령을 내렸습니다. 경진년(1760, 영조 36)에 온천에 행차할 때 배종한 사람 가운데 봉조하 구윤명(具允明)은 나이가 86세이며, 충청감사로 배종하였습니다. 행호군 김이희(金履禧)는 나이가 70세이며, 율봉찰방(栗峯察訪)으로 배종하였습니다. 행호군 채정하(蔡廷夏)는 나이가 77세이며, 병조좌랑으로 배종하였습니다. 행대호군 홍위호

(洪緯浩)는 나이가 88세이며, 보은현감으로 배종하였습니다. 첨지중추부사 이창욱(李昌郁)은 나이가 70세이며, 장의(掌儀)로 배종하였습니다. 행대호군 이문재(李文載)는 나이가 84세이며, 행대호군 김효검(金孝儉)은 나이가 72세이며, 모두 의관(醫官)으로 배종하였다고 합니다."

전교하셨다. "나이가 비록 70세를 넘지 않았어도 모두 방문하고 초기하는 것이 좋겠다." (부편 4, 온궁기적, 계사)

사도세자의 온양행차를 수행한
신하들의 자급을 올려주다

●

2월 2일

정조는 사도세자의 온양행차를 수행한 사람으로 70세가 넘지 않아도 모두 보고하라고 하였다. 이에 이조에서는 안춘군과 한종찬을 추가로 보고하였다. 이들의 나이는 69세, 66세였다.

1) 이조에서 아뢰었다. "경진년(1760, 영조 36)에 온천에 행차했을 때 배종한 사람으로 나이 70세를 넘긴 사람은 초기하라는 비지에 나이가 비록 70세를 넘지 않았어도 모두 방문하고 초기하는 것이 좋겠다는 명령을 내렸습니다. 안춘군(安春君) 이동(李㣆)은 종반(宗班, 종친의 반차)으로 배종하였는데, 금년에 69세입니다. 행부호군 한종찬(韓宗纘)은 병조좌랑으로써 배종하였는데, 금년에 66세입니다." (부편 4, 온궁기적, 계사)

정조는 이들에게 모두 자급을 하나씩 올려주라고 하였다. 그러나 사도세자가 온양에 행차하였을 때 충청 관찰사였던 구윤명은 자급을 더 올려줄 것이 없는 자궁(資窮)이었기 때문에 옷감과 음식물을 보내주었고, 당시에 온양군수였던 윤염은 이미 사망하였기에 사후에 자급을 한 등급 올려주었다. 정조는 이조에서는 관련 보고가 올라왔지만 병조에서는 아직 아무런 보고가 없는 것이 불만이었다. 정조는 병조에게 명령하여, 사도세자의 행차를 수행한 군인들 가운데 살아있는 사람을 모두 조사하고, 사도세자가 행차하였을 때 각 고을에서 일을 하였던 교리들도 찾아서 보고하라고 지시하였다. 이들에게도 상을 주기 위해서였다.

2) 전교하였다. "각각 자급을 하나 더하여 옛일을 생각한다는 뜻을 보여라. 그때 금백(錦伯, 충청 관찰사)은 능은군(綾恩君)인데, 자궁(資窮)이니 이조에서 옷감과 음식물을 보내게 하고 낭관을 파견하여 안부를 물어라. 지방관이었던 고(故) 군수 용은군(龍恩君) 윤염(尹琰)은 한 품계를 더하여 주어라. 그 나머지 차사원을 맡은 수령은 해당 도(道)에 물어 추후에 초기하고, 생존자는 모두 자급을 더해주어라. 경(卿)은 이미 초기하였지만 병조는 아직도 흑백을 가리지 못하고 있으니, 병조 당상관을 추고하라. 행차를 수행한 무신(武臣)과 금군(禁軍), 수어청 전배군, 선패군(先牌軍)과 후패군(後牌軍)으로 살아있는 사람도 즉시 각 부와 각 해당 영문을 방문하고, 해당 군에서 참여한 교리(校吏)도 관찰사에게 탐문하여 장계로 보고하게 하라." (부편 4, 온궁기적, 계사)

정조의 명령이 떨어지자 병조에서 이내 보고서를 올렸다. 사도세자의 온양행차를 수행하였던 무반 인사들의 명단을 올린 것이다. 정조는 이들의 자급을 하나씩 올려주고, 아직 오위장(五衛將)을 거치지 않은 사람은 오위장으로 임명하라고 명령하였다. 이들은 사도세자의 온양행차를 수행하였다는 공적만으로 자급이 하나씩 올라가고 오위장에 임명되는 혜택을 누렸다.

3) 병조에서 아뢰었다. "전교(傳敎)에 따라 온천 행차에 배종한 관리와 각 군문의 장관, 금군들을 방문하니, 전 부사 이언충(李彦忠)은 나이가 66세로 선전관이면서 도로와 교량을 담당하는 임무로 먼저 갔습니다. 전 군수 이완기(李完基)는 나이가 68세로 무겸으로 배종하였습니다. 전 오위장 이현창(李顯昌)은 나이가 58세, 금군 한종복(韓宗復)은 나이가 71세, 전 만호 현익광(玄翊光)은 나이가 77세, 전 만호 유성욱(柳星郁)은 나이가 66세, 전 첨사 이세풍(李世豐)은 나이가 72세, 전 권관 조윤형(曹潤亨)은 나이가 71세, 전 만호 김장후(金章垕)는 나이가 61세, 무겸 신달하(申達夏)는 나이가 66세, 전 금군 정광일(鄭光一)은 나이가 57세이며, 이들은 모두 금군(禁軍)으로 배종하였습니다. 전 첨사 조경휴(曹景休)는 나이가 65세이며, 훈련도감 지구관으로써 배종하였습니다. 전 만호 김성익(金聲益)은 나이가 71세이며, 일산사지(日傘事知, 일산을 담당하는 사람)로 배종하였습니다. 전 오위장 이종빈(李宗賓)은 나이가 60세이며, 경기감영의 비장(裨將)으로 배종하였다고 합니다."

전교하셨다. "알았다. 모두 자급을 올려주되 그들 가운데 오위장을 거치지 않은 사람은 오늘 구두로 명령하되 단일후보로 추천하여 추영(追榮)하도록 하고, 이미 오위장을 거친 사람은 뽑아내어 문서로 보고하라." (부편 4, 온궁기적, 계사)

사도세자의 온양행차를 수행한
군인들에게 쌀과 어물을 제공하다

•

3월 15일

호조에서 사도세자의 온양행차를 수행한 군인들에게 쌀과 어물을 제공하였다는 보고가 올라왔다. 정조의 명령에 따라 60세 이상 99인에게는 쌀 두 말과 대구어 한 마리를 주었고, 50세 이상 55인에게는 쌀 두 말을 주었다는 보고였다. 이에 정조는 혹 누락된 사람이 없는지 계속 조사하여 보고하라고 명령하였다.

호조에서 아뢰었다. "경진년에 온천에 행차하였을 때 가마를 수행한 군병과 각 차비를 맡은 원역(員役)들은 60세 이상이 99인으로 각각 쌀 2말과 대구어 한 마리, 50세 이상은 55인으로 각각 쌀 2말을 국왕께서 판단하신 숫자에 따라 지급하였습니다. 역의 성명과 지급한 실제의 수를 별단에 써서 올립니다."

전교하셨다. "알겠다. 병조의 초기에 내린 비지에 따라 경조(京兆, 한성부)에 엄하게 신칙하고, 마땅히 쌀을 주어야 하는 사람 중에 누락된 사람은 각별히 찾아서 방문하고 별단으로 초기하라." (부편 4, 온궁기적, 계사)

사도세자와 인연이 있는
모든 사람들을 찾아 포상하다

•

3월 26일

우의정 윤시동이 사도세자의 서연(書筵)에 참여하였던 세자익위사의 옛 관리들 현황을 보고하였다. 이민보(李敏輔)와 정존중(鄭存中)은 고위 관리를 역임하고 기로소에도 들어갔지만, 신광리(申光履)는 그러지 못한 채 70세가 되었다는 보고였다. 정조는 즉시 신광리를 지중추부사에 임명하고, 이민보와 정존중에게는 음식물을 보내주라고 명령하였다. 정조는 사도세자가 온양온천에 행차하였을 때 수행한 사람뿐만 아니라 사도세자와 인연이 있는 모든 사람들을 찾아서 포상하려고 하였다.

우의정 윤시동이 아뢰었다. "옛날에 계방(桂坊, 세자익위사)으로 서연(書筵)에 출입하던 사람으로 지금 남은 사람은 3인입니다. 이민보(李敏輔)는 지위가 숭품(崇品)인 1품 관리에 이르렀고, 정존중(鄭存中)도 기사(耆社, 기로소)에 들어갔습니다. 유독 신광리(申光履)만 중간에 유락하여 영락함을 면하지 못하였고, 나이도 만 70세이니 노인을 우대하는 은전이 있어야 할 것 같습니다."

국왕께서 말씀하셨다. "아뢴 대로 하라. 재신(宰臣)들은 궁료(宮僚)로 있을 때부터 그 사람됨을 익숙히 아는데 하물며 옛날의 계방이랴. 나이가 70세에 이르러 특별히 지중추부사에 제수하니 빈자리를 만들라고 구전으로 명령하라. 두 중신(重臣, 이민보, 정존중)은 호조에서 쌀과 고기를 보내주어라."

(부편 4, 온궁기적, 계사)

정사년 1797

사도세자와 인연이 있는 사람들을
추가로 조사하다

•

2월 10일

사도세자가 온양행궁에 행차하였을 때 수행한 사람들을 추가로 조사하여 포상하는 일은 1797년에도 계속되었다. 호조판서 이시수는 기왕에 시행된 포상자 명단에서 누락된 사람들이 상언을 올리자, 이들을 조사하여 자급을 하나씩 더하거나 쌀을 주자고 건의하였다. 정조는 즉시 이를 수용하였다. 또한 호조판서는 공적이 같지만 혜택이 다른 사례와 포상을 받아 관리가 되었다가 쫓겨난 사람을 구제하자고 요청하였고, 정조는 이 요청도 받아들였다. 그러면서 정조는 누락된 사람들의 명단이 『정리의궤』에서는 바로잡혔다고 답변하였다. 이를 보면 사도세자와 관련된 인물을 조사하는 일은 『정리의궤』의 편찬을 마무리할 때까지 계속되었다.

호조판서 이시수가 아뢰었다. "경진년에 온천에 행차할 때 배종한 사람의 상전(賞典) 가운데 누락된 사람이 상언(上言)을 하니 조사하여 아뢰라는 명령이 있었습니다. 이에 해당하는 상언한 사람들을 불러 상세히 조사하여 물으니, 당시 수고한 사람에 대한 상전에서 누락된 것이 과연 실제 상황이므로 작년에 이미 거행한 사례에 의거하여 시행해야 합니다. 그들 가운데 가의대부 이동철(李東喆), 절충장군 장익대(張益大)와 홍진성(洪震成), 한량 김성원(金聖元), 김백련(金百鍊), 박사웅(朴師雄) 등 6인은 나이가 모두 70세 이상으로 자급을 더해주는 명단에 들어가야 합니다. 그 나머지 60세 이상인 사람 6인과 50세 이상인 사람 5인은 쌀을 하사받는 명단에 들어가야 합니다. 가의대부 이흥한(李興漢)은 박창화(朴昌華)와 다름이 없지만, 박창화는 자급을 더한 후에 특교(特敎)로 인해 실직(實職)까지 받았으나 이흥한은 아직 실직을 받지 못하였습니다. 수고한 것이 같으면 상전도 같아야 합니다. 절충장군 이혁(李爀)은 훈련원의 습독(習讀)으로 작년에 자급을 더해준 후에 봉록을 잃었으니 불쌍합니다. 이는 훈련원 당상에게 편리한 대로 구분하여 처리하게 하는 것이 좋을 것 같습니다."

국왕께서 말씀하셨다. "아뢴 대로 하라. 책자(冊子)와 의궤(儀軌)에서는 바로잡았으니 경은 알아서 거행하라. 위장에 빈자리를 만들어 이흥한을 수용하고, 이혁은 별도로 수용할 길을 훈련원 당상이 이미 연교를 받았으니 이에 따라 거행한 후에 초기하라."(부편 4, 온궁기적, 계사)

실제로 『정리의궤』의 마지막 부분에는 사도세자의 온양행궁 행차를 수행하고 당시까지 살아있던 인물들에게 개인별로 주었던 혜택의 내역이 자세히 기록되어 있다. 그 내용을 소개하면 다음과 같다. 여기에서 각 인물의 이름 앞에 있는 관직은 사도세자를 수행할 때의 관직이고, 인물의 이름 다음에 나오는 품계나 관직은 1797년 당시의 상황이었다.

안춘군(安春君) 이동(李彤), 69세, 현록대부(顯祿大夫)

품계가 다 올라갔기 때문에 옷감으로 면주 3필, 무명 5필, 음식물로 쌀 5말, 콩 2석, 돼지고기 5근을 준다.

병조좌랑 채정하(蔡廷夏), 77세, 가의대부(嘉義大夫)

병조좌랑 한종찬(韓宗纘), 66세, 통정대부(通政大夫)

세마(洗馬) 조종현(趙宗鉉), 66세, 숭록대부(崇祿大夫)

무겸(武兼) 조윤빈(曹允彬), 73세, 가의대부

무겸 이완기(李完基), 68세, 자헌대부(資憲大夫)

이들은 자급을 더해준다

장의(掌儀) 이창욱(李昌郁), 70세, 절충장군(折衝將軍)

무겸 최지종(崔之宗), 72세, 절충장군

이들은 자급을 더하고 동지중추부사를 제수한다.

선전관 이언충(李彦忠), 66세, 절충장군, 자급을 더하고 파주목사에 임명

무겸 이엽(李燁), 72세, 가선대부, 자급을 더하고 부총관에 임명

본궁장번내관(本宮長番內官) 구흥삼(具興三), 63세, 통훈대부

장무내관(掌務內官) 김성일(金誠一), 71세, 통훈대부

차비내관(差備內官) 서종익(徐宗翊), 66세, 통훈대부

중궁전안부설리내관(中宮殿安否薛里內官) 오수익(吳壽益), 73세, 통정대부

빈궁장무내관(嬪宮掌務內官) 조상린(趙相藺), 69세, 가선대부

이들은 자급을 더해준다.

세손궁문안장번내관(世孫宮問安長番內官) 최봉좌(崔鳳佐), 63세, 숭록대부

숙마(熟馬) 1필을 준다.

상궁(尚宮) 이씨, 명주 1필, 쌀 2섬, 돼지고기 5근

상궁 최씨, 명주 1필, 무명 3필, 쌀 1섬

상궁 이씨, 명주 1필, 무명 2필, 쌀 5말

상궁 김씨와 조씨, 명주 1필, 무명 1필, 쌀 3말

상궁 김씨와 박씨 최씨 한씨, 명주 1필, 무명 1필

나인(內人) 박씨, 무명 2필, 쌀 3말

나인 이씨, 본인 희망에 따라 천인에서 면제

사약(司鑰) 최중현(崔重賢), 73세, 가선대부, 자급을 더하고 동지충추부사
에 임명

의관(醫官) 이문재(李文載), 84세, 자헌대부, 자급을 더하고 지중추부사에
임명

의관 김효검(金孝儉), 72세, 숭정대부, 자급을 더해준다

금군(禁軍) 이현창(李顯昌), 58세, 절충장군, 자급을 더하고 어영청 기사장에 임명

금군 현익광(玄翊光), 77세, 가선대부

금군 이세풍(李世豐), 72세, 전 첨사(僉使)

금군 한종복(韓宗復), 71세, 정헌대부

금군 조윤형(曹潤亨), 71세, 전 권관(權管)

금군 유성욱(柳星郁), 66세, 절충장군

금군 신달하(申達夏), 66세, 무겸

금군 김장후(金章垕), 61세, 전 만호(萬戶)

금군 정광일(鄭光一), 57세, 가선대부

훈련도감 지구관(知彀官) 조경휴(曹景休), 65세, 가선대부

금위영 교련관 김정택(金鼎澤), 62세, 가선대부

어영청 교련관 천세필(千世弼), 75세, 가선대부, 전 현감

금루관(禁漏官) 박만춘(朴萬春), 70세, 금루관

일산사지(日傘事知) 김성익(金聲益), 71세, 절충장군

도로사지(道路事知) 김재희(金再禧), 68세, 가선대부

이들은 자급을 더하고 오위장(五衛將)에 임명

금군 김해윤(金海潤), 85세, 정헌대부

금군 신즙(申楫), 79세, 자헌대부

금군 박태의(朴泰義), 78세, 가의대부(嘉義大夫)

금군 안시좌(安時佐), 76세, 가선대부

금군 조윤관(曺潤寬), 73세, 가선대부

금군 김진태(金振兌), 73세, 절충장군

금군 김세정(金世鼎), 66세, 절충장군

금군 장천익(張天翼), 64세, 절충장군

금군 장익서(張翼瑞), 63세, 절충장군

금군 김운서(金雲瑞), 62세, 절충장군

금군 정흥교(鄭興僑), 61세, 절충장군

금군 박창희(朴昌禧), 60세, 절충장군

금위영 별무사(別武士) 이동건(李東建), 76세, 숭정대부

제약관(劑藥官) 최도함(崔道涵), 73세, 절충장군

경기감영 비장(裨將) 이종빈(李宗賓), 60세, 절충장군

남한기패관(南漢旗牌官) 김인택(金仁宅), 77세, 절충장군

포교 김정필(金鼎弼), 73세, 절충장군

별감 김두빈(金斗彬), 77세, 가선대부

별감 이원성(李元盛), 64세, 가의대부

시강원 서리(書吏) 연취근(延就近), 68세, 가선대부

시강원 서리 손경휘(孫景輝), 68세, 가선대부

시강원 서리 박상근(朴商根), 68세, 가선대부

익위사 서리 하영(河泳), 70세, 가선대부

서자지(書字的) 김명숙(金命淑), 60세, 가의대부, 장용영 교련관

포수(砲手) 곽돈항(郭惇恒), 58세, 가선대부, 동리첨사(東里僉使)

이들은 자급을 더하고 동지중추부사에 임명

김귀인방 숙궁(金貴仁房稤宮) 강성언(康聖彦), 62세, 가선대부, 동지중추부사에 임명

금군 서정윤(徐廷潤), 71세, 전 만호

금군 오찬문(吳贊文), 69세

금군 김희봉(金希鳳), 68세, 출신(出身)

금군 이집(李灯), 67세, 전 만호

금군 연형명(延衡明), 67세

금군 문두홍(文斗弘), 66세, 전 만호

금군 한필우(韓弼禹), 65세, 전 만호

금군 박재문(朴再文), 62세, 출신

금군 김보삼(金寶三), 62세

금군 곽중의(郭重儀), 61세, 출신

금군 차진엽(車辰曄), 61세, 출신

금군 이혁(李爀), 60세, 전 만호

별감 지덕성(池德成), 68세, 전 사약

별감 임의배(林義培), 67세, 내수사 서제(書題)

이들은 자급을 더하고 첨지중추부사에 임명

용동궁(龍洞宮) 장무(掌務) 정윤조(丁胤祚), 60세, 가선대부, 전 찰방

자급을 더하고 순장(巡將)에 임명

별감 이동복(李東馥), 63세, 혜경궁별감

별감 최규한(崔奎漢), 62세, 통정대부

별감 천세익(千世翊), 59세, 청선궁주방 숙궁(淸璿宮主房稤宮)

별감 노경엽(盧景曄), 56세, 절충장군

별감 오복일(吳復一), 54세, 가선대부

별감 이상희(李相禧), 50세, 가선대부, 선희궁 숙궁(宣禧宮稤宮)〉

전사별감(前仕別監) 황석기(黃錫耆), 62세, 절충장군

전사별감 황재경(黃載慶), 60세, 통정대부

전사별감 김복흥(金福興), 58세, 통정대부, 대빈궁 수복(大嬪宮守僕)

전사별감 김홍태(金弘兌), 56세, 통정대부

전사별감 황재성(黃載性), 56세, 통정대부

내궁인(內弓人) 송춘필(宋春弼), 65세, 가선대부, 내궁인

강서원 서리 전득춘(田得春), 57세, 가선대부

사복시 서리 박창화(朴昌華), 69세, 가선대부, 총융청 교련관

사복시 서리 이흥한(李興漢, 70세, 가선대부

내의원 서원(書員) 임복기(林復起), 65세, 절충장군

이들은 자급을 더하고 비어있는 위장(衛將)에 임명

충청병영 막비(幕裨) 이동길(李東, 73세, 가의대부

충청병영 신광혁(申光爀), 73세, 가선대부

도총부 서리 서덕관(徐德寬), 63세, 화녕옹주방 숙궁(和寧翁主房稤宮)

사재감(司宰監) 서원 장익대(張益大), 74세, 절충장군

사복시 이마(理馬) 임세방(任世芳), 74세, 마의사복(馬醫司僕)

사복시 양마(養馬) 김귀동(金龜東), 66세, 마의사복

이들은 자급을 더해준다.

협여군(挾輿軍) 안종욱(安宗郁), 61세, 훈련원 봉사(奉事), 입암별장(笠巖別將)에 임명

별감 박경환(朴景煥), 58세, 경모궁 수복, 천인에서 면제

양산차비(陽繖差備) 충찬위(忠贊衛) 홍세휘(洪世輝), 76세, 녹사(錄事)

선차비(扇差備) 충장위(忠壯衛) 문상행(文尙行), 66세

김귀인방 소임(所任) 이인창(李仁昌), 63세, 장사랑(將仕郎)

별감 박중겸(朴重謙), 49세

무예별감 이진방(李珍芳), 76세, 가선대부 국출신(局出身)

강서원 서리 이문혁(李文爀), 62세, 예문관 서리

호조 서리 박성순(朴性淳), 73세, 가선대부

병조 서리 윤도신(尹道莘), 73세

의영고 서원 김성달(金成達), 68세, 통정대부

장흥고 고직(庫直) 홍하록(洪夏祿), 62세, 출신

수라간(水剌間) 고성상(庫城上) 이수관(李壽寬), 72세, 가의대부

충훈부 권두(權頭) 한대흥(韓大興), 76세

승정원 사령 김일택(金一澤), 59세, 절충장군

승정원 사령 주득성(朱得星), 62세, 절충장군

시강원 사령 이성진(李成震), 66세, 가선대부

시강원 사령 이태명(李泰明), 75세

익위사 사령 김성진(金聲振), 64세, 통정대부

익위사 사령 양시복(梁時福), 63세, 절충장군

익위사 사령 김인석(金仁碩), 71세

예문관 사령 고창도(高昌道), 71세, 절충장군

종친부 사령 김인기(金仁起), 72세, 가선대부

종친부 사령 김익휘(金益輝), 79세

분도총부(分都摠府) 사령 방대성(方大成), 70세

사옹원 사령 심선찬(沈善贊), 74세

상의원 사령 조유신(趙有信), 72세, 상의원 사령

통례원 사령 이지발(李枝發), 76세

금부나장(禁府羅將) 김오재(金伍才), 66세, 출신

금부나장 김정혁(金鼎爀), 64세, 충익위

사복시 견마배(牽馬陪) 이시철(李時哲), 74세, 절충장군

거달(巨達) 김금몽(金金夢), 73세, 양마(養馬)

거달 김성대(金成大), 62세, 통정대부

가교좌견부(駕轎左牽夫) 김용강(金龍江), 68세, 절충장군

부축(扶軸) 김세봉(金世奉), 61세, 가선대부

의대군(衣襨軍) 김석취(金碩就), 52세, 절충장군

교자배(轎子陪) 홍세유(洪世裕), 66세, 가선대부

교자배 강시금(姜時金), 73세

교자배 여상위(余尙煒), 56세, 출신

근장군사(近仗軍士) 박동선(朴東善), 75세

근장군사 김귀노(金貴老), 63세, 출신, 금위영 기사(騎士)

용동궁 노자(奴子) 김선재(金善才), 72세

수라간 군사 조노미(曹老味), 73세, 내반원(內班院) 사령

역졸(驛卒) 장필제(張弼齊), 75세

역졸 이지번(李枝蕃), 72세

지의계(地衣契) 공인(貢人) 이동복(李東福), 79세

장흥고 공인 신규(辛圭), 77세, 가의대부

화자장(靴子匠) 이성휘(李成輝), 70세, 상의원 화자장

협여군 김창국(金彰國), 81세, 가의대부

협여군 김만응(金萬應), 78세, 절충장군

협여군 신세구(辛世九), 77세, 절충장군

협여군 차휘(車輝), 77세

협여군 김옥이(金玉已), 75세

협여군 한흥재(韓興才), 75세

협여군 김정삼(金鼎三), 72세

협여군 허정좌(許鼎佐), 72세, 절충장군

협여군 김선경(金善鏡), 71세, 어영청 기사

협여군 민홍상(閔弘祥), 70세

협여군 이후삼(李厚三), 70세

협여군 함시징(咸時澄), 69세, 훈련도감 별기대(別騎隊)

협여군 최태동(崔泰東), 69세, 국출신

협여군 최운기(崔雲起), 69세, 절충장군

협여군 강덕환(姜德煥), 66세, 출신

협여군 차정익(車廷翼), 65세, 훈련도감 별기대

협여군 김광의(金光義), 62세, 훈련도감 별무사

협여군 최도완(崔都完), 57세, 가선대부

협여군 송진세(宋進世), 67세

협여군 김만웅(金萬雄), 69세, 출신

전패군(前牌軍) 김광운(金光運), 76세

전패군 이정표(李廷杓), 74세

전패군 장익량(張益良), 74세

전패군 박수담(朴壽聃), 72세

전패군 김수담(金守淡), 71세, 금위영 별기위

전패군 홍세관(洪世寬), 71세

전패군 김정원(金鼎元), 64세, 절충장군

전패군 노흥집(盧興集), 62세, 절충장군, 금위영 별무사

전패군 차운만(車運萬), 60세, 절충장군, 금위영 별무사

전패군 이득해(李得海), 58세, 가선대부

후패군(後牌軍) 정찬홍(鄭贊洪), 79세, 출신

후패군 김석지(金碩枝), 77세, 출신, 어영청 군관

후패군 이민수(李民壽), 72세, 출신, 어영청 군관

후패군 남궁심(南宮深), 71세, 어영청 별무사

전배군(前排軍) 장태명(張泰明), 77세

전배군 이지흥(李枝興), 66세, 출신

전배군 이춘흥(李春興), 63세, 금군

취고수(吹鼓手) 박대원(朴大源), 67세, 출신, 금군

취고수 박문빈(朴文彬), 60세, 출신, 금군

취고수 금명휘(琴命徽), 59세, 절충장군

서자지 임시우(林時雨), 71세, 훈련도감 별무사

서자지 유득량(劉得良), 69세, 출신

사후군(伺候軍) 이세휘(李世輝), 75세, 가선대부

등촉직(燈燭直) 강수장(姜壽長), 68세, 절충장군, 국출신

제약군 신승기(申承基), 71세

제약군 이대번(李大蕃), 75세, 자헌대부, 금위영 별기위

우구직(雨具直) 김응이(金應伊), 74세

복마군(卜馬軍) 김삼만(金三萬), 75세

복마군 김지성(金枝盛), 70세, 가선대부

복마군 박수빈(朴壽彬), 65세, 어영청 기사

취반군(炊飯軍) 서천운(徐天雲), 73세, 가선대부

복직(卜直) 조시재(曹時載), 78세

이들은 자급을 더해준다.

이상 70세 이상의 수행인에 대해서는 개인별 이름과 나이, 현직을 일일이 밝혔다. 그러나 60세 이상과 50세 이상의 인원에 대해서는 이름과 현직만 밝혔다. 먼저 60세 이상의 인원 명단이다. 이들에게는 개인별로 쌀 2말과 대구어 1마리를 하사하였다.

병조 서리 윤수택(尹修宅)

의금부 서리 임후근(林厚根)

금루 서원 박대희(朴大喜)

위장소 서원 주도홍(朱道弘), 이장춘(李長春)

오위장청 서원 이영춘(李永春)

승정원 사령 최대득(崔大得), 전성번(全聖蕃, 의정부 인배)

시강원 사령 이흥세(李興世), 배흥주(裵興柱, 절충장군)

의정부 사령 우정대(禹鼎大)

금부나장 오성득(吳聖得), 최세욱(崔世郁, 한성부 사령), 박대흥(朴大興), 김경대(金景大)

호조 사령 승상욱(承祥郁)

병조 사령 김복기(金福起, 군기시 대청지기), 박성희(朴聖禧), 이성식(李聖植)

형조 사령 서필원(徐必元, 의정부 인배)

평시서 사령 차득륜(車得輪),

빙고 사령 진필귀(陳弼貴

위장소 사령 백운창(白雲昌)

사복시 견마배 김취량(金就良, 양마), 이장귀(李長貴)

양마 표세량(表世良, 이마), 박용득(朴龍得)

거달 김성위(金成位, 이마), 이익문(李益文, 견마배), 이지성(李枝盛)

제원(諸員) 우하성(禹夏聖), 이만춘(李萬春), 김삼복(金三福)

가교좌견부(駕轎左牽夫) 김용세(金龍世)

근장군사 이취태(李取太), 최복남(崔福南)

등촉방 가조라치(假照羅赤) 김후복(金厚福, 어의궁 노자)

군사 정복상(鄭福祥)

수라간 방직 권종금(權鍾金)

군사 사금(四金)

수사간직(水賜間直) 홍도인(洪道仁)

내의원 가수공(假水工) 박수만(朴守蔓, 호연대扈輦隊)

내시부 방직 이성복(李成福)

호조 군사 박경술(朴庚戌), 정순봉(鄭順奉), 남대붕(南大鵬)

예문관 군사 신오금(申五金, 홍문관 군사)

배설방 군사 윤삼동(尹三同), 최중오(崔重五), 김육불리(金六不里, 선공감 장인)

전루 군사 박찬봉(朴贊奉), 김성운(金成雲)

위장소 군사 함득재(咸得才)

용동궁 노자 성기(聖起, 사옹원 고직), 진노미(振老味), 홍적(弘積), 성필(聖弼, 혜경궁수라간고성상)

도자장(刀子匠) 오필봉(吳弼鳳, 상의원 도자장)

휘항장(揮項匠) 김득순(金得順, 가선대부)

역졸 이성징(李聖徵), 장우진(張佑辰), 홍시함(洪時涵), 이이창(李二昌), 최동연(崔東淵), 최성번(崔成蕃)

협여포수(挾輿砲手) 김광엽(金光燁), 송한경(宋漢京), 전유흥(全有興), 김응려(金應礪), 박태번(朴泰蕃), 정덕상(鄭德相), 한필성(韓弼成), 김구정(金九鼎), 정중산(鄭重山), 전양흡(全養洽), 김웅택(金雄宅), 윤광은(尹光殷), 김진명(金振明), 정혁운(鄭爀運), 정인행(鄭仁行), 한세창(韓世昌), 한만손(韓萬遜), 이세준(李世俊), 최득규(崔得奎), 장두세(張斗世), 오언송(吳彦松), 오세빈(吳世斌)

전패군 임명주(林命柱), 조한웅(趙漢雄)

후패군 유성택(劉聖澤), 김중경(金重京), 박만주(朴萬柱), 박세건(朴世建), 민종재(閔宗采)

전배군 박중빈(朴重彬, 훈국군), 조세중(趙世重, 훈국군)

취고수 이행득(李幸得), 김천빈(金千彬)

무료군(無料軍) 이선봉(李先奉)

교자배(轎子陪) 강말산(姜末山), 홍도위(洪道位), 조덕인(趙德仁), 김흥주(金興柱), 이필만(李弼萬), 안영득(安英得), 유한창(柳漢昌), 김광택(金光澤), 임엇복(林㫆福), 오귀복(吳貴福), 강제철(姜濟哲)

양산군(陽繖軍) 김대철(金大喆)

등롱군(燈籠軍) 김상건(金相健)

가전등촉군 한경위(韓景煒), 김수재(金守才), 김세백(金世白)

서자지(書字的) 김연(金淵), 이복형(李復馨)

금군장 수솔기수(隨率旗手) 박충광(朴忠光)

사후군(伺候軍) 박재문(朴載文), 홍시억(洪時億)

복마군 전흥태(田興泰)

일산봉지(日傘奉持) 김돌남(金乭男)

군기시 별파진(別破陣) 한석범(韓碩范)

다음은 50세 이상의 인원이다. 이들에게는 개인별로 쌀 2말을 하사하였다.

수어청 서리 김필서(金必瑞)

전설사 서원 지도청(池道淸)

익위사 청직 김경희(金敬禧, 한성부 서리), 신득종(申得宗, 절충장군)

호조 사령 임재관(林在寬, 가선대부)

호조 문서직 김성원(金聲遠, 충훈부 권두)

사복시 거달 오계흥(吳桂興), 정흥익(丁興益, 이마), 박귀득(朴貴得, 견마배)

수라간 방직 창이(昌伊, 청연군주방 고직)

군사 천세(千世)

배설방 군사 나성운(羅成云)

별감방 군사 김기복(金起福)

호조 군사 김막금(金莫金)

의영고 역인(役人) 이태휘(李太輝)

무겸청(武兼廳) 방직(房直) 안국신(安國臣)

용동궁 노자 덕복(德福, 선희궁 노자)

어립장(御笠匠) 박인광(朴仁光)

각대장(角帶匠) 조안국(趙安國)

역졸 정수대(鄭壽大), 이태징(李泰徵), 민억경(閔億慶)

협여포수 김덕홍(金德弘), 조상백(趙尙伯), 조풍노미(曹風老味), 박창엽(朴昌燁), 조성택(趙聖澤), 정희교(鄭希僑), 정도명(鄭道明), 노동창(盧東昌), 정만수(丁萬壽), 박세웅(朴世雄), 유홍일(劉興日)

전패군 이노미(李老美), 차득륜(車得輪), 조복흥(趙福興), 박중욱(朴重郁), 안재위(安再位)

후패군 최상좌(崔尙佐), 최상재(崔尙才), 김유항(金有恆), 엄경휘(嚴景輝), 김성대(金成大)

교자배 조동금(趙同金), 안덕인(安德仁), 김영대(金英大), 서신회(徐信廻), 유복돌(劉福乭), 백성복(白成福)

금군별장 수졸기수 이춘번(李春蕃)

사후군 주화석(朱花石), 유희몽(庾禧夢), 김종석(金宗碩), 황득춘(黃得春), 박동번(朴東蕃), 장보흥(張普興), 손천우(孫天祐), 이대천(李大天), 김태윤(金泰潤)

복마군 김세완(金世完), 김필명(金必鳴), 김생수(金生水), 정삼복(鄭三福), 박지성(朴枝成), 송봉득(宋鳳得), 황용택(黃龍澤)

군기시 별파진 김재희(金載禧)

이상 사도세자의 온양행궁 행차를 수행하고 1797년까지 생존해 있는 인물은 총 397명의 신원이 확인되었다. 『정리의궤』에는 이와 별도로 사도세자가 온양행궁에 행차하였을 때 관찰사와 수령, 교리(校吏), 선창(船艙)에 동원되었던 인원과 사도세자가 살아있을 때 춘방(春坊, 세자시강원)과 계방(桂坊, 세자익위사)의 관리들 명단을 제시하고 그들에게도 일일이 상을 주었다.

정리의궤를 배포하다

•

3월 24일

『정리의궤』의 마지막 날은 정리자라는 활자로 인쇄한 『정리의궤』를 배포하는 것으로 마무리되었다. 정조는 활자본 『정리의궤』를 배포할 대상을 일일이 지시하였는데, 이를 합하면 총 101건의 의궤 배포처가 명시되었다.

전교하셨다. "『정리의궤』는 자궁(慈宮, 혜경궁)에게 1건을 내입하고, 30건을 내입하라. 또 1건을 내입하고, 서고(西庫)에 10건, 현륭원의 원관(園官)과 경모궁의 궁사(宮司) 직소(直所, 숙직하는 곳)에 각 1건을 보내라. 화성행궁, 내각(內閣, 규장각), 외규장각, 5곳의 사고(史庫), 정리소, 승정원, 홍문관, 시강원, 비변사, 장용영, 훈련도감, 금위영, 어영청, 호조, 예조, 병조, 사복시(司僕寺), 경기감영, 화성부, 광주부, 시흥현, 과천현에 각 1건씩 보관하라.

총리대신 채제공과 정리소의 당상인 서유방, 이시수, 서유대, 서용보, 윤행임, 정리소의 낭청인 홍수영, 구응, 이노수, 홍대영, 김용순, 의궤청의 당상인 정민시, 민종현, 이만수, 감인소의 각신(閣臣)인 김조순, 의궤청의 낭청인 이시원, 김근순, 외빈(外賓)으로 참석하였던 영의정 홍낙성, 광은부위 김기성, 전 동돈녕부사인 홍준한, 홍용한, 전 도총관 홍낙임, 전 도정(都正) 홍낙윤, 개성유수 조진관, 돈녕부 직장(直長) 정의(鄭漪), 행궁 정리사 조심태, 화성부 판관 홍원섭, 성역소 도청(都廳) 이유경, 교정을 담당한 초계문신(抄啓文臣) 신현, 조석중, 홍석주에게 각각 1건씩 주어라." (권1, 전교)

이상의 배포처를 정리하면 다음의 표와 같다. 『정리의궤』의 배포처에는 혜경궁에게 배포한 1건이 가장 먼저 나오고, 관청에는 기본적인 배포처와 함께 정조의 행차가 지나갔던 지역인 화성, 광주, 시흥, 과천이 포함되었다. 그리고 화성행차를 주관한 정리소에 소속된 관리와 『정리의궤』의 편찬에 참여한 관리들에게도 일일이 1건씩 배포되었다. 외빈에 포함된 홍씨들은 모두 혜경궁의 친정 식구들이고, 현륭원과 경모궁은 사도세자와 직접 관련이 있었다.

구분		대상	계
내입		혜경궁 내입(內入)	1
			30
			1
규장각 서고		서고(西庫)	10
현륭원 경모궁		원관직소(園官直所), 궁관직소(宮司直所)	2
관청		화성행궁, 규장각, 외규장각, 5곳 사고(史庫), 정리소, 승정원, 홍문관, 시강원, 비변사, 장용영, 훈련도감, 금위영, 어영청, 호조, 예조, 병조, 사복시, 경기감영, 화성부, 광주부, 시흥현, 과천현	26
총리대신		채제공	1
정리소	당상	서유방, 이시수, 서유대, 서용보, 윤행임	5
	낭청	홍수영, 구응, 이노수, 홍대영, 김용순	5
의궤청 당상		정민시, 민종현, 이만수	3
감인소 각신		김조순	1
의궤청 낭청		이시원, 김근순	2
외빈		영의정 홍낙성, 광은부위 김기성, 전 동돈녕부사 홍준한 홍용한, 전 도총관 홍낙임, 전 도정 홍낙윤, 개성유수 조진관, 돈녕직장 정의	8
화성 관리		행궁 정리사 조심태, 화성 판관 홍원섭, 성역 도청 이유경	3
교정		초계문신 신현, 조석중, 홍석주	3
계			101

정리소와 의궤청 소속의 관리 명단

정리소(整理所)는 정조의 화성행차를 주관하는 기관으로 1794년 12월 11일에 장용영 조방(朝房)에 설치되었다. 의궤청(儀軌廳)은 『정리의궤』를 편찬하는 기관으로 1795년 윤2월 18일에 주자소(鑄字所)에 설치되었다.

정리소와 의궤청에 소속되어 활동한 관리들의 명단을 정리하면 다음과 같다. 이를 보면 정리소에 소속되었던 관리가 의궤청에도 그대로 소속되어 활동한 경우가 많았다. 『정리의궤』의 기록이 상세하게 남아 있는 이유는 바로 여기에 있다. 그리고 두 기관을 총괄한 총리대신은 채제공이었다.

	정리소	의궤청
총리대신 (摠理大臣)	우의정 채제공(1795. 2. 8~)	좌의정 채제공
정리사(整理使) 당상	– 행호조판서 심이지(1794. 12. 10~) – 행부사직 서유방(1794. 12. 10~) 호조판서 이시수(1795. 1. 28~) 행부사직 서유대(1794. 12. 10~) 경기관찰사 서용보(1794. 12. 10~) – 행부사직 윤행임(1794. 12. 10~)	행좌참찬 정민시(1796. 11. 9~) 상호군 심이지(1795. 윤2. 18~) 행예조판서 민종현(1795. 윤2. 28~) 경기관찰사 서유방(1795. 윤2. 28~) 호조판서 이시수(1795. 윤2. 28~) – 행호군 서용보(1795. 윤2. 18~) 행호군 이만수(1795. 윤2. 18~) 행부호군 윤행임(1795. 윤2. 18~)
정리사(整理使) 낭청	부사과 홍수영(1794. 12. 10~) 현륭원령 구응(1794. 12. 10~) 부사과 이로수(1794. 12. 10~) 부사과 홍대영(1794. 12. 10~) 제용감 판관 김용순(1794. 12. 10~) – –	– – – – – 부사직 이시원(1795. 5. 1~) 부사과 김근순(1795. 5. 1~)
감관(監官)	전오위장 변세의, 內策應, 장용영 교련관 절충 홍락좌, 外策應, 장용영 교련관 –	– – 전동지 유명표
장교(將校)	– 절충 왕도원, 장용영 교련관 출신 여현장, 장용영 교련관 절충 김진철, 수어청 교련관 한량 성봉문, 경기감영 교련관 한량 최도흥, 총융청 교련관 출신 강한범, 장용영 별무사 출신 임복기, 장용영 별무사 출신 송대운, 장용영 별무사 출신 황인경, 장용영 별무사 한량 한대언, 장용영 별무사	가선 장도관, 장용영 교련관 가선 왕도원, 장용영 교련관 – 절충 김진철, 수어청 교련관 절충 성봉문, 경기감영 교련관 출신 최도흥, 총융청 교련관 절충 강한범, 장용영 별무사 출신 임복기, 장용영 별무사 출신 송대운, 장용영 별무사 출신 황인경, 장용영 별무사 한량 한대언, 장용영 별무사
서리(書吏)	장운익, 장용영 서리 이후근, 선혜청 서리 윤인환, 호조 서리	– 이후근, 선혜청 서리 윤인환, 호조 서리

서리(書吏)	김윤문, 비변사 서리 최도식, 호조 서리 이성각, 호조 서리 윤용득, 선혜청 서리 노수일, 호조 서리 지원규, 선혜청 서리 김치덕, 호조 서리 고유겸, 비변사 서리 박희복, 선혜청 서리 유원영, 장용영 서리 백홍익, 장용영 서리 박윤묵, 내각 서리 하경로, 호조 서리 – –	김윤문, 비변사 서리 최도식, 호조 서리 이성각, 호조 서리 – 노수일, 호조 서리 지원규, 선혜청 서리 김치덕, 호조 서리 고유겸, 비변사 서리 박희복, 선혜청 서리 – 백홍익, 장용영 서리 박윤묵, 내각 서리 하경로, 호조 서리 백순, 비변사 서리 김성후, 사복시 서리
서사(書寫)	조언식, 선혜청 서사 –	조언식, 선혜청 서사 한명희, 병조 서사
고직(庫直)	이규상, 호조 고직 김경묵, 선혜청 고직 김성진, 선혜청 고직	이규상, 호조 고직 – –
사령(使令)	서정우, 선혜청 사령 유지생, 수어청 사령 최성순, 총융청 사령 이창복, 군자감 사령 진복득, 호조 사령 – –	서정우, 선혜청 사령 – – – – 한봉의, 호조 사령 현태욱, 병조 사령
기수(旗手)	성낙광 등 68명, 장용영 기수	김인대 등 6명, 장용영 기수
문서직 (文書直)	성손 등 4명, 선혜청 2, 비변사 호조 1	삼송 등 3명, 호조 역인
사환군 (使喚軍)	삼송 등 3명, 호조 역인	–

계축년 1793

1월 19일

再明年, 卽吾東方初有大慶, 而予小子千載一遇之會. 賀·號·宴三禮, 有邦家應行之典. 而賀儀, 則明年甲寅, 當先行寶齡六旬, 稱賀上號, 則慈殿·閤宮謹將齊進顯冊. 至於宴禮, 以我慈宮執謙之德, 愴昔之衷, 豐豫之擧, 未易準請, 予因此而竊有尙度于中者. 蓋是年重回, 在小子不啻風樹之感. 則陪我慈宮, 祗拜園寢, 一以仰慰慈心, 一以少展予誠, 卽天理人情之所不容已. 而回鑾之路, 奉詣行宮, 略倣進饌之禮, 粗伸祝岡之忱, 禮以義起, 情緣禮伸, 是年是慶, 是地是禮, 庶幾感回慈聽, 豈非一擧而兩得其宜乎. 但慈宮拜園, 非每歲園幸之比, 必須官無煩費, 人不知役, 雖卒伍輿儓, 皆歡欣樂赴然後, 方可以體慈德, 安予心. 度支經用, 固無論已, 或有一事一物, 取辦營邑, 大非省約之本意. 至若設都監之弊, 予所稔知, 何以

則別置一職, 專管其事, 有綜理之效, 無張大之患也. 凡事豫則立, 卿等知予意, 講確經紀, 待是年擧而行之也. (권1 연설)

갑인년 1794

7월 20일

上教壯勇提調鄭民始曰. "明年園幸所需, 曾與卿有酬酌, 而供御饌品之外, 從官軍兵盤纏之資, 亦當不煩度支, 雖十分節約, 却恐其數浩多. 得財力幾何, 可以支用耶?" 民始曰, "明年卽千一慶會, 以我殿下愉婉洞屬之聖孝, 千乘之養, 靡不用極, 而前後筵教, 寔出仰體慈心之聖德, 經用不煩於有司, 恩念至及於隷卒, 臣等不勝欽仰. 容入財力, 雖未知的爲幾何, 而似不下十萬兩, 故略有所經紀措置者矣." 上曰, "必須不勞民力, 無關營邑, 名色安當, 需用簡便, 方可副省約之本意矣." 民始曰, "昨年湖南, 年事大登, 米價甚低, 營耗米一萬四千八百石, 營邸役價一萬石, 係是年例作錢者, 而以詳定價求賣. 臣已以該道選武錢 · 漁稅錢 · 結錢應納中, 劃給貿取, 使之分給, 待秋並耗作錢. 除其詳定元價贏餘, 約爲三萬數千兩. 關西鐵山等三邑逋穀萬餘石, 以錢收捧, 德川還穀五千石, 從民願作錢者, 別無歸屬, 取用無妨, 數不下四萬五千餘兩. 華城市民貸下賑廳錢六萬五千兩, 退限四年, 取其利贏餘, 亦當爲二萬六千兩. 合以計之, 則優爲十萬三千餘兩. 俱是經費之外, 而無關於民邑. 以此取用, 實爲便當矣." 上曰, "卿之所奏, 果有斟量, 更當商確而停當也." (권1 연설)

11월 20일

上御迎春軒, 命司僕堂郎, 奉進新造駕轎于庭, 親審轎內外. 上曰, "明年慈駕詣園,

雖儀章品式之微, 必欲致誠而備物, 蓋予小子一分伸誠, 惟在於此故耳. 況近百里
行幸, 乃是初有之擧, 駕轎之新造, 專爲陪奉萬安, 非徒賁新觀瞻. 今見此轎, 內寬
外轎, 大小合度, 簾帳蓋輿, 無不精緻, 卿等董工之勞, 可嘉也." 司僕提調徐有防
曰."明年正月二十一日, 三殿將詣閟宮, 輦輿宜及今新造也." 上曰."前後慈敎, 每
以張大爲戒, 駕轎之成, 功費已不些矣. 正月動駕, 不過當日回鑾, 輦輿何必新造.
此則仍舊, 以仰體慈心也." 仍命兩郡主雙轎, 自完營造送, 六人轎, 令太僕造成."
(권1 연설)

12월 9일

上御誠正閤, 大臣備局堂上引見入侍. 時上敎禮曹判書閔鍾顯曰."來月二十一日,
景慕宮展拜時, 殿宮亦當陪詣, 在予之心, 可以寬慰. 內殿廟見之禮, 自古無可照
之例, 而肅廟朝始行之. 先正李文成之議, 則引三代之禮, 請行廟享時, 內殿亞獻
之議, 此則今非可論. 且明年, 慈殿·慈宮詣宮, 與廟見禮, 大有異者. 凡係儀節,
必須十分講定然後, 可合情文. 卿須博考熟量, 以爲磨鍊節目之地也.(부편 2, 경모궁
전배, 연설)

12월 10일

(1) 上御迎春軒, 司僕提調徐有防, 京畿監司徐龍輔, 定例堂上尹行恁, 入侍時. 上
曰."稱慶之禮, 諸臣已發端, 今當準請矣. 明年園幸之陪奉慈駕, 昨春以別置一職,
專管擧行, 有下敎者, 政宜及今設置, 預加措劃. 凡陵園行幸, 戶曹判書治其事曰
'整理使'. 今仍其名, 設整理所, 最合便宜. 而正名爲先, 得人次之, 卿等所帶之職,
俱不可不與聞."(권1, 연설)

(2) 傳曰."惟是明年, 異於他年, 予小子一分伸誠之方, 在於園幸之陪駕稱觴. 此

實曠古初有之禮也. 然而一或張大, 則亦非宴禮遲待之本意, 故積費經紀另有措置. 而近百里行幸, 又當費多日, 諸凡擧行, 不可無專當勾管之任. 因陵幸整理使之名, 別設整理所, 差出堂郎數人, 使之前期辦備, 隨事策應, 則事體尊而名實叶矣. 今日卽慶禮準請之日, 整理所之設, 豈可踰日. 吏判旣登筵, 堂上先爲差出也." 少頃, 命整理堂上並入侍, 整理堂上沈頤之·徐有防·徐有大·徐龍輔·尹行任, 以次進伏. 上曰, "何歲無園幸, 而明年陪詣, 事體莫重, 特設整理所, 使之專管擧行. 責任之大, 非尋常有司之比. 戶判, 主管凡事, 而興馬委司僕都提擧, 舟橋屬該司堂上, 本營擧行有內使. 副提調, 座次最低, 當爲勾管堂上, 郎廳職掌, 卿等從長分排, 使之隨事預備."(권1, 연설)

(3) 以賓廳, 請上慈殿·慈宮尊號進宴啓辭. 傳曰, "連日力請之餘, 幸得勉循. 而進宴與上號之難以並擧, 不但軫念民事, 事屬張大, 不得許之爲敎. 到今順志之道, 莫若先擧上號之禮, 待明年秋成, 更請宴禮, 允合情禮. 殿宮上號, 令該曹, 以來月擇吉擧行. 大臣以下應參諸臣, 待其承牌, 卽爲議號, 昨筵已有詳論者. 來月二十一日, 展謁景慕宮日, 慈殿·慈宮, 亦當詣宮. 令該曹, 問其合行儀節於大臣, 仍具禮官意見草記. 中宮行禮, 一依『續五禮儀』廟見禮磨鍊. 明年何年? 惟予一分寓慕伸誠之方在此, 參以國朝典禮, 亦有可擧之例. 來春園幸, 陪慈宮, 行展省之禮. 每歲園幸, 雖除整理使名, 以壯勇外使例兼. 而明年, 則別差整理堂上然後, 可以爲之. 戶判, 自是主人, 而司僕提調, 及園幸定例堂上, 畿伯, 壯勇內使, 並差整理堂上, 分掌勾管. 勿論經費與民力, 皆有預先措置者, 令整理堂上, 知予此意, 可也."(권1, 전교)

(4) 上之御極二十年乙卯, 卽慈殿寶齡望六, 景慕宮誕彌舊甲, 慈宮寶齡周甲之歲也. 前二年癸丑, 因賓廳啓, 議上景慕宮尊號於乙卯春, 至甲寅冬, 賓廳請慈殿·

慈宮進宴上號. 凡四啓, 以慈志謙抑, 只許上號陳賀. 又請上大殿尊號, 再啓, 未蒙允, 只命行御極二十年賀儀. 仍議定慈殿加上尊號曰綏敬, 景慕宮追上尊號曰章倫融範基命彰休, 慈宮加上尊號曰徽穆. 以乙卯正月十六日, 親上慈殿尊號於壽靜殿. 十七日, 詣景慕宮, 親上尊號, 還詣壽靜殿, 親上慈宮尊號, 仍行賀禮於明政殿. 俱在『乙卯上號儀軌』.(권1 전교)

12월 12일

上敎行恁曰. "明春行幸, 兩郡主當陪駕慈宮. 私親內外賓戚, 皆欲邀往, 而不可使自備行資. 雖內人掖屬之微, 皆當分給衣資盤纏. 至於陪從各衙門堂郎, 各營門將官以下, 諸般支費, 亦當自本所, 區別磨鍊. 要使整理物力之外, 無一事關涉於公私之用. 預悉此意也."(권1, 연설)

12월 24일

(1) 禮曹啓曰. "來月二十一日, 展謁景慕宮, 慈殿慈宮, 亦當詣宮, 令該曹, 問其合行儀節於大臣, 仍具禮官意見草記事, 命下矣. … 右議政李秉模以爲, '臣素昧禮學, 何敢妄議於莫重儀節. 而謹以『家禮』祠堂章, 及先正臣金長生『家禮輯覽』, 參以愚見, 則王大妃殿, 當由正路陞, 從正門入詣床卓之西, 近北南向立. 惠慶宮拜位, 當於中宮殿拜位前, 設特位, 而惠慶宮就位, 行四拜禮後, 陞自西階, 從西挾門入. 王大妃殿, 周審宮內, 惠慶宮, 從而奉審訖, 王大妃殿, 先由正門出, 從正路, 降還次. 惠慶宮, 次由西挾門出, 從西階, 降還次, 似不至於有違禮意. 而王朝之禮至嚴, 惟聖制禮, 伏惟上裁云.'"(부편 2, 경모궁전배, 계사)

(2) 領中樞府事蔡濟恭以爲, "慈殿·慈宮·坤殿, 同日詣景慕宮, 以伸情禮, 實是人情之合於天理處, 甚盛擧也. 然其禮節, 考之前代, 旣無可據, 揆諸國朝典禮, 亦未

有可以旁照以行者. 如臣鹵劣淺薄, 何敢議到於其間乎? 第以臆見言之. 坤殿自當行再拜禮於廟庭版位. 慈宮與坤殿差異, 似當於床卓之前, 行再拜禮. 慈殿不可不臨視廟內, 禮當無拜. 若親坐卓前, 奠以一酌, 奠畢起身. 然後, 各殿以次獻酌, 則於情可以無憾, 於禮可以無缺."(부편 2, 경모궁전배, 계사)

(3) 判中樞府事金熹以爲, "殿下展謁時, 似當特設一位於宮內床卓西近北, 而王大妃殿, 由西階陞, 從正門入, 仍就特設之位, 南向而坐矣. … 似當於西階下中宮殿拜位前, 設特位, 而惠慶宮就位, 北面行四拜禮矣. 仍伏念環繞三周, 又見於『家禮』墓祭章. 而墓祠一體, 禮無二致, 又可以推而行之於王朝禮. 則殿下展謁後奉審時, 王大妃殿, 似當自特位起, 周審宮內. 惠慶宮, 自拜位, 進由西階陞, 從西挾門入, 如禮奉審訖. 王大妃殿, 先由正門出, 從西階, 降還次. 惠慶宮, 次由西挾門出, 從西階, 降還次. 恐合情禮矣."(부편 2, 경모궁전배, 계사)

(4) 臣鍾顯之意, "則今玆慈殿慈宮之同詣閟宮, 實是初有之盛擧. 然其合行儀節, 稽之前代及國朝故事, 旣無可據, 則以臣之固陋鹵莽, 其何敢妄有所論哉. 第伏念, 慈殿詣宮時, 則由正門入, 略倣先朝臨廟之儀, 設褥位於廟內, 當中立, 少頃周審而出. 慈宮由東挾門入, 設立位於戶外, 當中行再拜後, 奉審而出, 似無掣碍, 亦合情禮. 而諸說旣皆參差, 邦禮又係刱行, 上裁如何." 傳曰. "禮判之說, 似合於儒先之論王朝之儀. 而係是刱行之典禮, 當博詢處之. 在外大臣儒臣處, 發遣郎官, 收議可也."(부편 2, 경모궁전배, 계사)

을묘년 1795

1월 3일

(1) 傳曰. "今年乙卯, 卽我桓祖淵武聖桓大王誕降之八回太歲也. 入戶周旋, 益切
報本之思, 予以第一室聖祖之心爲心, 則今年當有伸誠展慕之擧. 咸興定陵, 我桓
祖陵寢也. 遣大臣, 攝行酉獻之禮, 先將事由, 告于宗廟·永寧殿·咸興本宮. 合行
儀節, 令宗伯之臣, 博考典禮, 講定以聞."(부편 3, 영흥본궁제향, 전교)

(2) 當宁辛亥, 遣閣臣, 奉審兩宮, 親正祭品, 刊成儀式, 御製題辭以記之. 至乙卯,
景慕宮誕彌舊甲慈宮寶鈴周甲之歲, 桓廟八回寶甲, 又在是年. 上乃於太廟春謁日,
下是敎, 遣判中樞府事金憙, 攝行酉獻禮, 仍行本宮春節祭. 繼有永興本宮躋享之
命.(부편 3, 영흥본궁제향, 전교)

1월 6일

奉朝賀臣金鍾秀以爲, "素昧禮學, 況於王朝禮. 舊無其文之事, 尤何敢僭妄與論.
而以臣臆見, 則右相與禮判之論, 大體得之. 然慈宮拜位上下, 則右相之言似較長.
慈殿周審早晚, 則禮判之言似較長, 惟在聖明折中善處而已. 惟是原任收議中, '環
繞三周墓祠一體'之云, 則恐或未必然. 盖廟體至嚴, 視墓懸絶, 則『家禮』三周之文
比例, 似不恰襯. 伏願幷賜裁擇云."(부편 2, 경모궁전배, 계사)

1월 10일

口傳下敎曰. "今二十一日, 陪殿宮動駕時, 當有班次圖. 自明日, 禮兵房承旨, 稟旨
擧行. 而京外擧動, 無異行禮時, 笏記節次, 自整理所磨鍊以啓."
是歲正月二十一日, 卽景慕宮誕彌回甲之辰也. 甲寅冬, 因賓廳請上殿宮尊號進宴

啓辭, 有來春陪慈宮拜園之命. 又敎以來月二十一日展謁景慕宮日, 慈殿·慈宮, 亦當詣宮, 令該曹, 問其合行儀節於大臣, 仍具禮官意見, 草記. 中宮殿行禮, 一依『續五禮儀』廟見儀, 磨鍊.(부편 2, 경모궁전배, 전교)

1월 15일

(1) 奎章閣啓曰: "皇朝已行之例, 亶合引倣於今日. 臣等愚見, 則慈宮行禮時, 當設拜位於殿下版位之右稍前而西, 而出入之由左門, 陞降之由東階. 并當一遵『明史』廟見之禮. 至於拜數多寡, 若依皇明廟見儀, 則當行再拜. 若依皇明謁陵儀, 則當行四拜. 陵廟異禮, 實難折衷. 而第伏念, 古禮男子再拜, 而以興伏爲拜, 婦人四拜, 而以屈膝爲拜. 婦人之拜, 謂之夾拜, 亦稱肅拜."(부편 2, 경모궁전배, 계사)

(2) 傳曰: "今則行禮, 只隔數日, 故考證與收議之際, 徒費日子, 歸一未易. 而此等儀文, 曾未講究, 亦不可以一時考據之說爲準, 莫若就我朝已行之儀文, 而倣行之爲當. 慈殿臨廟之節, 別無參差之論, 當從衆矣. 慈宮拜禮處所, 用廟見舊儀, 設位於階上, 似好. 至於拜禮之再拜四拜間, 亦從時用之制, 庶合遵先之道. 陞降出入之欲用皇朝廟見之禮, 未知爲可. 此則有壓尊之嫌而然, 并令禮曹, 知此意, 磨鍊儀注而聞事, 分付可也.(부편 2, 경모궁전배, 계사)

1월 21일

領議政洪樂性進前承候曰: "親陪殿宮, 行禮萬安, 坤聖展謁, 同在是日. 儀文大備, 情禮俱伸, 實不勝慶幸之忱矣." 上曰: "是月是日, 予心當作何懷. 或恐仰貽慈念, 抑情行禮矣."(부편 2, 경모궁전배, 연설)

1월 28일

傳曰. "園幸在近, 舟橋之役將始, 而主管之人, 不可不備員. 況度支重務, 亦不可久曠. 其在重四維之道, 督令受符, 有非禮使之義. 兵曹判書李時秀, 移拜度支之任. 材器相稱, 可謂得人. 卽爲牌招察任. 摠戎使徐龍輔, 舟橋堂上差下."(권1, 전교)

2월 1일

整理所郎廳, 以堂上意啓曰. "今此園幸時軍令, 出宮第一日, 鷺梁晝停, 始興宿所. 第二日, 肆覲坪晝停, 水原宿所. 第三日, 園所展拜, 還詣水原宿所. 第四日, 進饌. 第五日, 設文武科. 第六日, 肆覲坪晝停, 始興宿所. 第七日, 鷺梁晝停, 當日還宮. 以此磨鍊之意, 分付兵曹, 何如?" 傳曰. "允. 日子臨時更稟後, 分付禮曹推擇, 可也."(권2, 계사)

2월 10일

傳曰. "明日, 卽咸興本宮別遣大臣行祭之日也. 齊明於祭夜, 仰冀心香之上格者, 何敢以道里之遠近, 有所一毫怠忽. 今夜當出齋於便殿, 以待過祀, 用齋等節, 一依親行酉獻禮例爲之事, 分付."

傳曰. "十三日, 定陵八回周甲誕辰日, 別遣大臣, 攝行祭時, 亦當出齋, 而齋宿處所, 眞殿行禮時齋宿之處爲之. 前一日, 亦爲用齋事. 令該房知悉."(부편 3, 영흥본궁제향, 전교)

2월 12일

整理所郎廳, 以堂上意啓曰. "今此華城府進饌時, 呈才女伶, 各道選上, 并爲置之, 以示省約之意事, 旣承筵敎矣. 女伶各差備, 以本府女伶, 從略分排, 而多有不足

之數. 就內醫院·惠民署醫女, 工曹·尙方針婢中, 若干名, 推移下送事, 分付如何." 傳曰. "允."(권2, 계사)

2월 14일

領相小成回榜, 唱名於新榜. 放榜之日, 特賜花一枝, 仍命綾恩君具允明, 行先進事. 文而李弘稷, 武而池日輝, 司馬而權挺, 亦以回榜與焉, 眞希世之人瑞也. 賦近體詩志喜.

朝日曈曈繞禁垣, 簪花春暎錦筵樽. 一甲重回司馬榜, 萬祥爭湊濯龍門. 福星遍照中書久, 元老初兼上舍尊. 更有八旬人四館, 將來文武頌新元.(권1, 어제)

2월 15일

傳曰. "今番園幸時, 詣華城府, 進饌日, 本府地方四民, 別給糧米, 饑民別設一巡, 已有下教. 四民則廣抄, 饑民則添付, 而自今星火擧行然後, 可以精細無遺漏之弊. 近聞, 該府地方官擧行, 未免泛忽, 極爲駭然. 若知朝令之嚴畏, 焉敢不爲遍踏坊曲, 替使下輩弄奸乎? 所當嚴處, 而行幸在近, 姑爲十分參酌, 令整理所, 卽爲星火行會. 自明日, 令判官, 親執擧行, 仍令摠理大臣, 知悉別般廉察. 更以泛忽之端現發, 則大臣旣是摠理, 判官又兼從事, 大臣先詣日, 開坐客舍, 拿入嚴棍, 以懲不勤之習. 四民糧米, 饑口賑式, 亦令摠理大臣, 比京四民給米鄕饑口例賑之格式, 稍加磨鍊, 論理草記稟旨. 應入穀, 摠當以內下錢爲之, 此意亦令知悉磨鍊."(권1 전교)

2월 16일

傳曰. "回榜老人之在關東·湖西·湖南者, 上送之意, 卿已出擧條矣. 更思是年回榜, 其所優老, 豈或循常. 老人上來時, 給馬廚傳, 還鄕準此事, 卿其自本司, 卽爲

行會. 而卿一國上相也. 上相之回榜, 古豈有之. 園幸日子之擇吉, 欲於過回榜後者, 亦出於尊禮敬重之意. 此意, 卿與整理所知悉. 事若有待者, 固非一端. 卿孫洪奭周之同日賜第者李泳夏, 其祖與卿同榜, 而其高祖, 又與卿曾祖同榜云. 而今榜特賜進士者一人, 又是是年增廣司馬之子云. 此外, 亦安知無如許稀異之事? 卿其採訪以聞, 以爲同編於印頒榜目之地. 先祖乙酉年, 以慶年之重回, 亦有印頒小科榜於放榜日之特恩. 況是年回榜乎? 首題卿及四館綾恩之姓名, 次錄元榜, 令內閣鑄字印頒事, 分付監印所. 卿其亦爲知悉事, 傳諭于領議政."(권1 전교)

2월 17일

以行判中樞府事金憙狀啓, 本月十三日子時 行定陵八回甲誕辰, 攝行酌獻禮利成事. 傳曰. "吉朝傳祝, 齋夜虔誠, 憧憧一念, 惟在於心香之上升, 陟降之臨止. 今觀卿狀, 本祭之日天淸, 禮儀順成. 逢此難逢之慶會, 益篤欣幸之思. 獻官卿則, 內廐馬一匹面給, 待卿還到城外, 令內乘賚傳, 卿其祗受. … 齋宵聯韻, 騎驛寄示於卿矣. 當待卿聯韻之上來, 使卿精書, 揭板於本陵本宮齋室, 并須知悉事, 回諭. 今番酌獻之禮, 禮緣義起, 蓋以逢此年行此禮, 敢寓報本追遠之微忱也. 以此意, 令整理所摠理大臣, 措辭分付於該道方伯, 仍令方伯, 將此傳教, 頒示執事守令等處, 俾北路人士, 咸知是年是禮."(부편 3, 영흥본궁제향, 전교)

2월 19일

啓曰. "今此園幸時, 參班內賓衣次盤纏, 磨鍊輸送矣. 淸衍郡主房 · 淸璿郡主房, 以爲當此千載難逢之會, 陪駕華城, 獲參盛禮, 誠萬萬慶幸. 衣次盤纏, 已有措備, 恩賜之下, 不敢領受云. 何以爲之乎? 敢稟." 傳曰. "然則勿爲輸送, 可也."(권2, 계사)

2월 20일

傳曰. "華城行宮進饌時, 四民賜米, 飢民給糧之擧, 出於仰體慈意, 俾知慈恩也. 整理所需, 雖不煩費於經用, 就此劃給, 亦非本意. 內下錢五千兩, 下送于華城府, 以爲以此優饋厚餉之事. 令整理所, 知悉分付."(권1 전교)

2월 24일

整理所壯勇營粘目. "今此園幸教是時, 隨駕將官 · 將校 · 軍兵, 往還八日二十時, 粮米磨鍊後錄爲白去乎, 自整理所上下事."

判付. "依準."(권3, 계목)

2월 25일

上陪慈宮, 行駕轎習儀入侍時, 行左承旨李晩秀, 行右承旨李益運, 同副承旨李肇源, 假注書具得魯, 記注官金良偶, 記事官吳泰曾, 整理堂上沈頤之 · 徐有防 · 李時秀 · 徐龍輔 · 徐有大 · 尹行恁, 以次侍立. 司僕寺, 進慈宮駕轎於萬八門內. 卯時, 慈宮乘轎於迎春軒前庭, 上具軍服步從, 至延生門外乘馬, 親陪慈宮駕轎之後. 整理使以下, 以隨駕服色, 各於本班, 乘馬陪從. 淸衍郡主 · 淸璿郡主, 乘雙轎隨後. 路由明光門, 靑陽門, 自上山路[作路依節目], 還由中山路. 每於路稍敧側處, 上下馬進轎傍問候. 至玉流泉洞口, 慈宮降轎, 御步輿, 入籠山亭. 進午饌盤, 羞茶飮, 上親審奉進. 仍出於小次, 宣饌于隨駕諸臣及軍校 · 吏隸, 命鼓吹, 合奏鄕唐, 交奏與民樂. … 下內藏兒爵一副于整理所, 曰"詩云'稱彼兒觥萬壽無疆'. 此爵雖小, 卽內府舊藏, 可以代兒觥, 設于壽酒亭也."(권1 연설)

2월 27일

上御迎春軒, 戶曹判書入侍. 時上教戶曹判書李時秀曰, "慈宮輦路, 內門旣已修

改. 而交泰門路深狹窄, 難於駕轎陪奉. 自今番修改之門, 取直路, 又增修其外門, 而扁額則內曰千五, 外曰萬八, 以寓千萬歲祝慶之義. 延生門北, 更當建一門, 名之曰保定, 以效詩人九如之頌. 自卿曹, 速卽修建, 而扁額, 使戶曹參判曹允亨書進也."(권1 연설)

2월 28일

傳曰. "是年孺慕, 何以少展. 大抵, 情之摯處, 禮亦寓焉, 何論其無於例乎? 今予之是年, 一分展慕, 在於應爲大享之外, 月一躬將. 而來月望間, 當値園幸矣. 再明日, 詣景慕宮齋宿, 行朔祭, 俟祭畢, 還詣眞殿, 親行朔焚香, 奉審展拜. 令儀曹知悉. 路由日瞻門."(부편 2, 경모궁전배, 전교)

윤2월 1일

傳曰. "園幸日子, 待領相回榜後爲之, 曾有下敎矣. 初九日, 陪慈宮, 詣顯隆園展謁. 至華城行宮, 進饌于慈宮, 仍行養老宴. 次詣聖廟, 拜于先聖, 還至行宮, 設科取人. 翌日, 登將臺, 親閱城操夜操, 犒饋將士. 當於十六日還宮. 令整理所知悉."
(권1, 전교)

윤2월 4일

傳曰. "新印乙卯司馬榜目, 壯紙件, 二十五件內入, 西庫, 五處史庫, 內外閣, 玉堂, 春坊, 南宮西樓, 承政院, 成均館, 外奎章閣, 華城行宮, 回榜領相·原榜生進一百九十七人, 華城恩賜生進二人, 特付生進四人, 七十以上老人更試額外生進七人, 各頒一件. 白紙件, 十件內入, 回榜四館綾恩君, 回榜文武科司馬李弘稷·池日輝·權挺, 宣榜官李秉鼎, 整理摠理大臣右議政, 整理堂上沈頣之·徐有防·李時秀·徐有大·徐龍輔·尹行恁, 郎廳洪守榮·洪大榮·具膺·李潞秀·金龍淳, 時

原任大臣, 時任閣臣, 監印閣臣, 會試試官, 整理所公事出納別入直承旨 · 翰林, 昔榜人子, 檢書官朴齊家, 各頒一件.(권1, 전교)

윤2월 5일

傳曰. "華城聖廟之祗拜, 卽初行之禮也. 將行禮之由, 遣官虔告, 於禮則然. 今初八日曉頭, 令留守祭於聖廟. 而正位牛一 · 羊一 · 豕一, 三豆二籩, 鉶鉶及飯餅各一色, 爵一幣一, 戶外設淸州一尊, 玄酒一壘.而香祝下送, 祭品本府差備. 四聖位, 牲一, 二豆一籩, 鉶鉶及飯餅各一色, 爵一幣一, 亦各有香祝. 十哲位, 豆籩爵各一, 兩廡東儒各位, 亦如之, 亦各有祝. 令整理所 · 本府留守及太常提擧 · 大司成, 知悉.(권1, 전교)

윤2월 9일

1) 卯時, 上陪慈宮, 詣顯隆園擧動時. … 上御迎春軒, 敎曰. "出宮前, 當入謁慈殿, 侍衛先令詣閣, 班次整齊以待." 仍乘馬, 詣壽靜殿, 少頃, 還御迎春軒. 敎行愍曰. "今陪慈駕, 詣華城程道, 殆近百里, 往還恰過八日. 予心洞洞, 不敢少弛. 各站水刺房埃點火進饌排設等事, 各有分掌, 預令申飭, 毋或放心." 至卯正三刻, 鼓三嚴. 上御袞龍帖裏乘馬, 慈宮御駕轎, 由迎春門 · 千五門 · 萬八門 · 保定門 · 崇智門 · 集禮門 · 景化門 · 銅龍門 · 建陽門 · 肅章門 · 進善門, 出敦化門 · 崇禮門. 至栗園峴前路, 命民人之夾路觀光者, 勿禁. 由蔓川橋, 至鷺梁舟橋, 詣中紅箭門, 上下馬, 詣慈駕前問候. 仍先詣龍驤鳳翥亭, 親審慈宮所御房埃及水刺饌品, 還出幕次, 祗迎慈駕, 隨入內次. 整理使進午膳, 上親審以進于慈宮. 午初二刻, 三吹. 時至, 上改具軍服, 陪慈駕進發. 由萬安峴, 至文星洞前路, 命設靑布帳, 奉慈駕少駐問候. 整理使進米飮茶盤, 上手奉以進于慈宮轎內. 敎行愍曰. "爾其先詣晝停所, 檢飭行宮諸事. 此後每站, 亦皆依此爲之也." 少頃, 敎曰. "予當先詣行宮, 親審. 侍

衛及百官, 依前陪從於慈駕, 只兵房承旨及史官, 隨後." 仍詣始興縣行宮, 周審還出幕次, 命壯勇營, 排立塘馬, 慈駕所到處, 次次來奏. 慈駕至縣門外, 上祗迎隨入內次. 整理使, 進夕膳, 上親審以進于慈宮. 少頃, 出御幕次, 教曰: "日記淸和, 慈候萬康, 不勝慶幸矣." 仍宣饌於承史閣臣侍衛諸臣, 教曰: "此慈宮所賜, 其各飽德也." 上每於各站中路, 奉慈駕少駐, 親進米飮茶盤. 到站時, 必先詣周審, 每進膳, 親自審視以進, 一如始興站.(권1 연설)

2) 傳曰: "吾夫子影幀之安建華城, 夫豈偶然? 率彼多士, 祗謁校宮, 而恭瞻祠宇, 益不禁江漢秋陽之思. 明日, 駕到華城日, 遣宗伯之臣, 替行酌獻之禮事, 分付該曹. 祭物已有筵教於畿伯, 而祭官則以典籍孔胤恆爲大祝, 內瞻寺官孔允東, 壯勇營哨官孔述祖爲齋祝, 使之受香."(권1, 전교)

윤2월 10일

1) 卯時, 上陪慈宮, 自始興縣, 詣華城. 擧動時, 上御始興行宮, 教曰: "雨意頗緊, 不可不趁早進發. 侍衛軍兵, 卽爲整待." 卯正三刻, 三吹. 時至, 上具軍服乘馬, 慈宮御駕轎, 進發. 由大博山坪, 至安養店前路, 奉慈駕少駐, 進米飮茶盤. 由長山隅, 至晴川坪, 上下馬, 詣慈駕前問候. 仍由院洞川, 先詣肆覲站行宮, 慈駕至, 祗迎隨入內次, 進午膳. 教曰: "雨勢雖不止, 行宮新建房舍多淺露, 有難陪奉經宿. 且百官軍兵之露處沾濕, 在所當念. 此距華城, 不滿一舍, 今日可以入抵矣." 少頃, 命直下三吹. 上御雨具, 陪慈駕進發. 至彌勒峴, 路頗泥滑, 上下馬, 詣慈駕前問候. 由槐木亭橋, 至眞木亭, 摠理大臣蔡濟恭, 祗迎于路左, 外營親軍衛, 夾路迎駕, 鼓吹女伶, 亦出待. 上奉慈駕, 少駐進米飮茶盤. 少頃進發, 未及長安門數里, 教兵曹判書沈煥之曰: "駕到華城城門, 當有入軍門節次, 卿其先詣諸將臣迎接所." 仍命設幕次, 改具甲胄進發. 入作門內, 諸將臣及華城留守趙心泰, 率將官以

下, 跪迎路左. 大駕入長安門, 由鐘街左右軍營前路·新豐樓·左翊門, 入中陽門, 至華城行宮奉壽堂, 下馬, 隨慈駕, 入長樂堂, 進夕膳. 上御維與宅, 教侍臣曰. "今日之雨沾濕雖可悶, 予以爲亦自不妨. 蓋每事, 不必求十分圓滿, 昨日旣得和暖, 來日又多慶禮. 數十里之間, 午雨而旋晴, 亦云幸矣. 況耕作將始, 畦塍霑潤, 豈非農夫之慶耶?"命暗行御史洪秉臣入侍, 上曰. "各營各衙門, 果皆一遵『定例』, 無或違越? 掖屬軍兵輩, 能不作挐? 地方官亦無役民之事否?"秉臣. "非但已有『定例』, 前後飭敎, 極其申複, 內而各司, 外而本府, 無敢違越矣."(권1, 연설)

2) 傳曰. "今日穩奉慈駕, 來之華城行宮, 而多日勞攘, 甚爲悚悶. 今聞藥院都提擧, 亦以此意, 令入侍承宣提稟, 大臣之言果然. 再明日, 當詣園所行禮, 該房知悉. 然則排定日子, 略加闊狹然後, 可以擧行. 明日, 先爲謁聖, 而旣行謁聖, 則設科取人, 亦當在明日. 以此一體分付."明日, 儒生入場, 以于華觀爲之, 武所設場, 及文武科放榜, 以洛南軒爲之事, 榻前下敎.(권1, 전교)

윤2월 11일

1) 敎益運曰. "聞本府鄕校, 舊則有奴婢田結, 而主管無人, 今皆散失云. 先朝庚申, 幸松京謁聖廟, 賜與臧獲, 在今日合有仰述之道. 依庚申已例, 無論田土奴婢, 自度支商量劃給事, 令有司堂上, 議大臣擧行也."(권1, 연설)

2) 傳曰. "記昔謁聖鄕校, 賜經籍·奴婢·田結于校宮, 今當仰述. 新印四書三經, 令內閣安寶下送. 臧獲, 令廟堂, 取考庚申故事, 分付該曹, 磨鍊劃給後, 亦爲草記."(권1, 전교)

윤2월 12일

1) 上曰. "慈宮氣候, 在途一向康寧, 不勝慶幸矣. 俄於駕前問候之時, 玉音不調, 慈體之欠安, 可以仰認. 誠萬萬悶迫, 卿其先詣園所, 慈宮進服蔘苓茶一貼, 卽爲 煎待."(권1, 연설)

2) 整理使等, 從帳外奏曰. "聖懷雖萬萬難抑, 豈不仰念慈心之轉益悲疚, 慈候之 或致欠和耶? 況日勢已晩, 伏望務盡寬慰, 亟命回鑾焉." 上曰. "出宮時, 慈宮以十 分寬抑爲敎矣. 到此悲愴之懷, 自發於中, 予旣不能自抑, 況慈心乎?" 仍親奉茶鍾 勸進.(권1, 연설)

3) 樂性曰. "臣之行過此地, 不啻屢遭, 而猶不知爲如此保障之地. 今見形便之周 遭, 規模之宏遠, 始知天作之高山, 有待於今日也. 不高不低, 攻守皆便, 正當三南 之要衝, 儼爲畿輔之控扼, 眞所謂萬世永賴之基也." 上曰. "拱衛園寢, 所重自別, 積費商量, 有此經始. 而若不得地利形便, 則亦豈爲張大之擧乎? 凡事每患人無力 量, 豈有有志而不成者也. 但我國之人, 素不閑城制, 工役又若是甚鉅, 而數年之 間, 幾皆告成, 亦非予始料之所及也." 濟恭曰. "區劃經始, 斷自宸衷, 不煩經費, 不勞民力, 臣實不勝欽仰. 而外使之終始董役, 殆若身操版鍤, 而不憚其勞者, 亦 可見其得人之效矣." 上曰. "卿之摠理之勞亦多矣." 濟恭曰. "臣何嘗效勞於其間, 而只有愚衷之憧憧矣. 城府之制, 今幾周備, 而閭井尙不得櫛比, 貨利尙不得泉流, 王都壯麗之規, 姑難責成於三數年. 經始之餘, 有甚可悶." 上曰. "成邑成都, 尙有 二年三年之序. 從今以往, 利用厚生之道, 次第漸備, 則繦至輻湊之民, 不患其不 多矣."(권1, 연설)

윤2월 13일

1) 華城進饌日, 口占示與宴諸臣, 以寓萬年祝岡之誠.

菲祿穰穰逆命新, 鳳笙鸞吹駐靑春.

地符觀華騰三祝, 歲屆流虹躋六旬.

內外賓仍芳樹會, 東西班是勝花人.

年年只願如今日, 長樂堂中酒幾巡.(권1, 어제)

2) 上敎樂性等曰. "予小子, 幾年企祝, 卽今日進爵. 而天氣淸和, 慈候康寧, 欣慶之忱, 何可容喩." 樂性等曰. "萬年華祝, 尤切於是年是日, 而日吉辰良, 縟儀順成, 莫非聖孝攸致. 叨陪慶會, 臣等之幸也."(권1, 연설)

3) 敎整理諸臣曰. "今日之禮, 誠千載初有之慶. 而來甲子年, 當爲慈宮七旬, 其時拜園進饌, 又當如今日. 今日所用盤卓尊爵之具, 留藏華城府, 以待十年之重回也."(권1, 연설)

4) 傳曰. "奉觴長樂之堂, 置酒洛南之軒, 敬斟北斗, 拜獻南山. 翌又徠爾羣老, 于階于庭, 飽以慈德, 今夕以永. 下旣進華封之祝, 上豈惜箕疇之錫乎? 老人領議政洪樂性以下, 年七十以上, 及六十一歲人, 各賜帛一疋, 仍予黃紬, 以佐鳩杖之繫. 本府與宴者, 各加一資."(권1, 전교)

5) 傳曰. "明日, 御新豐樓, 頒米于四民賑民, 分命承宣, 就道里稍遠坊曲, 發廩以饋之. 此時之簞, 斯囊斯脫塡壑, 而爲擊壤. 秋毫皆慈宮之賜民, 雖不識不知, 豈不欣欣然相告, 含洪恩而頌慈德, 南山北斗之祝, 亦如今日之心乎? 因此以思之, 仁政在乎推之而已, 孟子所謂'擧斯心加諸彼'者是爾. 今以華城一府, 推之一道可知,

一道而推之七道兩都, 又可知矣. 今玆施惠, 只及於華城一府, 而不及於八道兩都, 只行於今年一年, 而不行於千年萬年, 是豈曰推之云乎?"(권1, 전교)

6) 傳曰, "整理所之設, 古豈有哉. 誠欲祛煩而省弊, 錙銖不藉於經用. 上焉而內廚供給, 中焉而從班盤纏, 下焉而軍馬輿徒之糗糧芻豆, 皆令整理所辦出, 此所以十萬緡錢之另行拮据者也. 以若數爻, 較若策應, 猶慮夫不足, 而蠻輿將旋, 水衡有贏. 與其歸之, 大農爲數月之用, 曷若覃施諸路. 稱此數作爲穀物, 名之曰'乙卯整理穀', 分置三百州縣, 計年取剩, 衍而至幾萬萬包. 俾邦內黎庶, 咸被慈覆, 藏之無盡, 傳之悠久. 又以是穀, 耕之種之, 收之穫之, 以公以私, 如京如坻, 則推之義大矣哉. 愛親莫尙於順志, 順志莫尙於廣恩. 咨爾有司之臣, 知予至意, 明聽恪遵."(권1, 전교)

윤2월 14일

1) 傳曰, "華城行宮進饌時, 四民賜米饑民給糧之擧, 出於仰體慈意, 俾知慈恩也. 整理所需, 雖不煩費於經用, 就此割給, 亦非本意. 內下錢五千兩, 下送于華城府, 以爲以此優饋厚飼之地事, 令整理所, 知悉分付."(권1, 전교)

2) 卯初三刻三吹. 時至, 上具戎服乘馬, 以出詣新豐樓, 降馬陞座. 敎同副承旨李肇源曰, "爾其下去, 米則倍給, 粥則均饋. 而以米粥之賜饋, 皆出慈恩之意, 曉諭羣民也." 又敎曰, "宣傳官, 持一椀粥來, 予當親看其如何矣." 敎行左承旨李晩秀曰, "今方設養老宴, 其在尊年之義, 不可使羣老許久遲待於外班. 予將還御洛南軒, 卿則留在此處, 四民之來待者, 一一饋粥, 雖或有後來未及時者, 切勿以冷粥饋之, 親自看檢, 毋或泛忽也."(권1, 연설)

3) 蔡濟恭曰, "春臺壽域, 古聞其語, 今幸於身親見, 誠不勝歡忭矣." 上曰, "壽考之化, 由於慈德, 羣老醉飽, 亦我慈宮之賜. 今日羣老之稱觴上壽, 皆歸之慈宮也." 樂性等曰, "願以羣老之年, 獻于殿宮與元子宮矣." 上曰, "卿等, 略以盤中黑豆, 手裏以進, 當送于元子矣." 樂性·濟恭, 手裏以進, 上捧置御案. 教曰, "予素不嗜飮, 而今日之醉, 專爲識喜. 卿等亦宜盡醉." 濟恭曰, "臣雖無酒戶, 安敢不醉." 敏輔曰, "古人云樂莫樂兮, 今夕以臣欣祝之心, 謹當不醉無歸矣."(권1, 연설)

4) 洛南軒, 行養老宴. 七十者曁六十一歲者與焉, 拜用一坐再至之禮. 羣老將就位, 予爲羣老興. 旣升堂, 酒行三遍, 吟示羣老求和.
鶴髮鳩筇簇後前, 海東和氣洛南筵. 願將羣老期頤壽, 拜獻慈宮萬萬年.(권1, 어제)

5) 奉次御製親臨養老宴祝慶之什, 庸寓頌禱慈宮之忱.
相隨扶杖御床前, 盛事人間有此筵. 爾土兒魹猶遜我, 未聞兼祝邑姜年. (『樊巖集』 권1, 詩, 御定賡和錄)

6) 上由華虹門, 詣訪花隨柳亭. 教曰, "我東城制, 不過周遭繚垣, 而今此華城制度, 分排步數, 列爲雉堞, 每雉雖立數三人, 足可以左右覘視, 便於守禦. 如是而後, 始可謂城制矣. 且其經營位置, 俱有條理, 若非外使誠心做去, 安能乃爾. 雖以昨日城操言之, 本府軍伍, 旣非素所組練者, 而城丁軍之擧火應砲, 親軍衛之坐作進退, 俱能成樣. 此可見將得其人, 予甚嘉之." 少頃乘馬, 還洛南軒.(권1, 연설)

윤2월 15일
教曰, "如有邑弊民瘼之可以登聞者, 一一奏達也." 美修等曰, "惠澤傍流, 民皆安堵. 無弊瘼之可達者矣."

윤2월 16일

1) 傳曰. "陪我慈駕, 穩往穩返, 再經宿於始興行宮. 邑是通運, 路亦康莊, 其所以 同慶識喜者, 豈獨在於長吏吏校? 本縣民人, 甲寅一年停退條還餉, 特爲一並蕩減, 省賦蠲徭之方, 令廟堂講究草記, 以副渠輩望幸之意."(권1, 전교)

2) 予駐馬教曰. "尋常駕過之地, 必思施惠之方. 況於今日陪奉慈駕, 再度經宿於 始興行宮, 回鑾萬安, 以予慶幸之心, 何惜於民. 爲始興民, 必欲蠲其繇, 後祛其弊 瘼, 以布慈恩, 以副民望. 況群民望幸之心, 非徒欣瞻羽旌也, 冀有沾漑也. 爾旣望 幸, 予旣俯詢, 如有切癘之瘼可祛之弊, 悉陳無隱." 民人等曰. "幸逢堯舜之君, 生 老太平之世, 一衣一食, 一飮一, 皆我帝力. 天地也, 父母也. 蓬門蓽戶之中, 垂黃 戴白之類, 晝夜感泣而已, 有何疾苦之可以仰煩天聽者乎?" 予曰. "此等之說, 卽 爾輩外面人事也. 爾等皆吾赤子, 而每患恩澤之不能博施, 心常忸焉. 況九重深邃, 蔀屋疾苦, 無由詳知, 故於咫尺駕前, 導之使言, 思欲聞所不聞之弊, 以若群民望 幸之情. 爾輩逢此可言之會, 豈可嚴畏囁嚅, 不敢發言乎? 愼勿咨且更爲陳達." 益 運以下敎宣布於群民, 回奏曰. "遍諭群民, 皆言別無弊瘼, 故俯詢之下, 不敢仰奏. 而最是戶役鷄草之屬, 或至一年再徵, 大爲民弊. 外此瑣細之雜役, 亦不無稱冤云 矣." 予以本縣甲寅停退條還餉蕩減, 省賦蠲繇之方, 令廟堂講究草記事, 別下傳 敎. 命有司堂上李時秀, 讀諭傳敎於民人等. 仍使時秀諭曰. "他時不能遍施非常之 惠, 而今年則始幸此地, 豈無別般示意者乎? 故前秋還穀之停退條, 一並蕩減. 戶 役則使備局, 關問於方伯邑倅, 省弊蠲役之方, 另加講究, 當善爲區處. 每歲正月 之幸, 輦路民人之掃雪治道, 爲弊不些. 故始自今年園幸日子, 定以春秋農隙, 此 亦出於爲民之苦心. 此後頻年駕過, 詳採民情, 當有隨弊抹藥之道, 爾等各知悉." 民皆鼓舞而退.(『일성록』 정조 19년 윤2월 16일)

3) 傳曰. "每於省園之路, 還到彌勒峴, 停轡遠瞻, 久而不能發, 自不覺下騎彷徨. 今行見峴上, 環席地而臺者, 命其臺曰遲遲. 此後行幸路程, 彌勒峴之下, 添入'遲遲臺'三字, 令本府及整理所知悉, 卿亦知此意."[摠理大臣, 在華城, 故有是命.]

(권1, 전교)

윤2월 17일

1) 咸鏡道幼學金應一等上疏曰. "伏以帝王追報之禮, 靡遠不屆. … 粤惟永興本宮, 卽我桓祖大王肯宇之基, 而太祖大王誕降之處也. 天心於是乎與宅, 地靈於是乎毓慶. 聖祖龍興之讖, 異僧龜契之蹟, 至今相傳, 愈久不泯. 正如周家之邠岐, 漢室之豐沛, 則太王之功德, 宜頌於此矣, 上皇之衣冠, 宜奉於此矣. 今乃祗省舊址, 則太祖大王影幀, 旣奉安於濬源殿矣, 太祖大王及神懿神德二聖妃位版, 皆奉安於本宮, 而蘋蘩之薦. 獨未遑於桓祖陟降之靈, 豈非朝家之闕典, 而有違於殷周之古禮也哉. 臣等竊以爲, 躋奉桓祖大王懿惠王后於本宮, 以太祖大王及神懿神德二聖妃, 幷享一宮, 則仙遊斯集, 人心胥悅, 此誠設宮於舊邸之本意也. … 表章前烈, 邦國之盛典, 繼述先志, 人君之大孝. 而矧今乙卯, 卽桓祖八回舊甲之歲. 而適與我殿下莫大之慶年, 同符一時, 此誠千載一會, 而列朝未遑之典, 似有待於殿下之今日. 臣等於戲不忘之忱, 益有倍於他年, 不避猥越, 相率齊籲. 伏乞聖明, 克追桓祖奠基之偉跡, 仰體太祖孝享之盛意, 重修祀禮, 永垂來後. 一以爲聖上繼述之孝, 一以慰臣民顒祝之望." (부편 3, 영흥본궁제향, 계사)

2) 答曰. "永興本宮之虹渚舊第, 用桓廟薦芯之儀者, 禮固然矣. 且有可據之已例文蹟, 而況當今年乎? 然事係莫重, 若以興感於今年而修明, 則桓廟以上位儀節, 亦當何如爲可. 令禮曹廣考, 草記稟處." (부편 3, 영흥본궁제향, 전교)

윤2월 19일

啓曰. "整理所, 旣已撤罷, 儀軌不可不詳細錄成, 以備百文獻. 堂上沈頤之, 郎廳洪守榮差下, 使之擧行, 何如?" 傳曰. "旣與例設之都監稍異, 則不必用儀軌格式. 事則義起, 禮則緣情, 亦當有一部徵信之書, 以示後人. 儀軌而兼類聚之體, 裒成活印以進. 而史庫·內閣·弘文館·戶曹·兵曹·各營門·華城·畿營·廣州·果川·始興, 各藏一件. 本所堂郎·華城留守·入直承史, 各頒一件. 堂上中, 行司直沈頤之, 旣已啓下, 行副司直徐龍輔·尹行恁, 承旨李晚秀, 與之編次. 而工曹判書李家煥, 與檢書官中, 頗諳編書者, 一二人, 亦爲差定, 使之眼同爲之, 勿以儀軌廳稱號, 令內閣主管, 序文則卿其撰進. 而冊名從後稟旨, 可也." (권2, 계사)

윤2월 20일

1) 上曰. "予之夙夜憧憧, 惟在祀典一事. 咸興永興兩本宮享儀, 年前始裁定品節, 編成儀式. 而今年卽我桓廟誕降八回甲之年也. 才遣大臣, 祇薦攝事, 而北儒之疏, 適在進爵回鑾之日, 其言有據, 於禮則然, 先令禮堂回啓. 則禮判又博引故事, 力請擧行. 而此實莫大之典禮, 鄭重難愼, 不敢斷然行之. 乃於前夜之夢, 諄諄提命, 至再至三. 事近傅會, 雖不詳論, 昔漢之明帝, 夢拜光武, 卽日上陵, 陟降孔邇, 一理感通. 夢寐之事, 本非無稽, 怳然而悟, 坐而待朝. 昔在先朝, 親御法殿, 議定肇慶廟儀節. 今以仰體之意, 移蹕於眞殿密邇之摛文院, 召卿等議定後, 當展拜眞殿矣." (부편 3, 영흥본궁제향, 연설)

2) 傳曰. "是歲, 聖祖誕降之歲也. 是地, 聖祖肇基之地也. 芬苾之薦, 已自國初, 而桓祖位享祀之尙稽幷擧, 蓋必邦禮至重, 難以輕議而然耳. 儒疏才徹, 曹粘續上, 猶且鄭重難愼, 不敢遽爾議定. 而洋洋陟降, 諄諄提誨, 至發宵寐, 誘予顓蒙. 大抵, 禮固緣情, 時亦有待. 顧予小子之憧憧一心, 常以祖宗之心爲心. 曉榻求衣, 召

接諸臣, 諸臣之議, 純然無異辭. 是之謂大同. … 況此歲此禮, 有符於肅祖乙亥, 用故儒臣閔鎭厚建白, 特講神德聖后追配之儀於國初誕降之年之故事, 尤豈不稀異而與有幸焉乎. … 桓祖淵武聖桓大王懿惠王后追躋于永興本宮, 合行儀節, 有司講究以聞. 吉日以孟夏之月推擇, 先將事由, 令道伯, 告于咸興永興本宮. 而是禮也, 以祖宗之心爲心, 仰惟國初於昭在天之靈, 庶有降鑑而怡豫. 今二十四日, 予當祗詣太廟, 親行告儀, 還當臨殿, 頒教中外, 令禮曹知悉."(부편 3, 영흥본궁제향, 전교)

윤2월 27일

傳曰, "整理所文書及『政院日記』, 今月內, 可以抄出云. 諸堂明日會同後, 校正印出, 而處所以舊弘文館, 爲之印出間, 入啓文書, 皆以整理儀軌廳稱號事, 分付."(권1, 전교)

윤2월 28일

整理儀軌廳郎廳, 以堂上意, 啓曰, "依下教, 本所用餘錢四萬兩內, 一萬兩華城設屯, 一萬兩耽羅賑資, 二萬兩分送三都八道, 俾作乙卯整理穀. 而分派數爻, 擧行條件, 成節目書入, 待啓下, 知委各該道守臣處, 何如?" 傳曰, "允."(권2, 계사)

3월 5일

口傳下教曰, "所抄册子, 不過『日省錄』抄出一本, 有何入勞費力之事? 況誤字尙多, 凡例不一, 名以堂上郎廳, 此等微事擧行, 若是稽忽, 萬萬駭然. 大禮·大享·大入侍, 皆不書, 座目及執事官姓名, 此亦豈專膽『日省錄』而然, 亦豈成說乎? 凡朝家編書之法, 膽錄郎廳例皆執筆, 下人無敢參涉. 而今番編書, 事體自別, 膽錄郎旣已差出, 則書役若是遲滯, 郎官猶可加差, 各司下吏, 焉敢任意招來乎? 此後, 監印廳

近處, 雖一名招來, 校正堂上, 爲先嚴處斷不可已. 謄錄郞廳, 曹黃兩人如不足, 可合之人加差, 此則令大臣草記. 『日記』, 雖已抄出, 其餘各項分掌抄出之役, 何時當爲之乎? 各各定限書入, 再明日則停役.”(권1, 전교)

3월 7일

1) 登洗心臺, 賞花耦射. … 張幄陞座, 召見領議政洪樂性·右議政蔡濟恭. 上曰, “每年此時之必臨此臺, 非爲選勝看花也. 蓋爲景慕宮初建時卜地之基也. 予豈爲暇豫而然哉? 昔乙卯邦慶後, 故重臣靈城君, 與諸卿宰, 會弼雲臺, 以伸歡祝. 而伊時靈城之詩, 有'每年長醉太平杯'之句. 雲臺卽此臺. 卿等或有聞知者乎?” … 又曰, “此後十年甲子, 卽景慕宮重卺之年. 其時, 慈宮之詣園所展拜, 卽是情禮之不可已. 予於今番, 陪慈駕還宮後, 水刺所用器皿之屬, 姑爲留置本府, 此亦予意存焉. 十年後, 卿等復爲陪駕, 則豈不稀異? 今以卿等筋力觀之, 皆可無慮矣.”(『정조실록』권42, 정조 19년 3월 7일 무오)

2) 臺以洗心名, 托思而志舊也.[事詳『宮園展省錄』]歲輒一臨以爲課, 此擧豈爲偸間, 傍人詎識予心. 疇昔乙卯靈城詩句, 有云'君歌我嘯上雲臺, 李白桃紅萬樹開. 如此風光如此樂, 每年長醉太平杯.' 是歲是臺, 誦其詩, 想其事, 哽咽無以爲心. 所祈祝而欣慶者, 還自長樂奉壽之筵, 頌騰千歲萬歲. 玆步靈城韻, 命諸臣賡載.
春日遲遲上北臺, 此行非是趁花開. 新詩更續觀華曲, 萬歲長斟萬壽杯.
彌勒峴, 爲華城初界, 每歲省園還道, 至峴上, 瞻望久之, 未便言旋. 府之人, 環石而臺其地. 今行見之, 名其臺曰遲遲, 起句及之. 慈宮幸華城進饌日, 樂章有觀華曲, 下句亦及之.(권1, 어제)

4월 2일

傳曰, "今初二日, 永興本宮第一室祭器造成, 別擇吉日, 位版木當爲鍊正. 祭器造成處所, 禮房承旨·戶曹堂郎進去, 祭器造成後, 奉安于內閣, 與衣幣香燭, 同爲陪進. 位版木鍊正處所, 禮房承旨, 本寺都提調提調, 禮曹判書進去, 奉安本寺, 傳祝日, 同爲陪進. 初九日, 咸興永興衣幣香燭封裹, 仍爲齋宿於封裹處所. 翌曉親傳如儀. 初十日, 詣齋所齋宿, 翌朝, 詣正殿, 親傳躋享告由·兩本宮香祝及永興本宮第一室位版奉安祭香祝, 仍行祗送之禮. 而十八日, 永興本宮修理移安行祭時, 獻官禮判爲之, 而前一日齋宿. 二十一日, 咸興本宮告由行祭及兼行四月別大祭時, 道伯當爲獻官行禮. 其日, 亦爲齋宿. 而二十一日丑時, 永興本宮還安行還安祭, 兼行第一室追躋告由祭, 獻官大臣攝行. 其日, 亦爲齋宿. 又於二十一日卯時, 位版造成, 待時過, 當還內. 二十六日丑時, 永興本宮第一室位版, 奉安于正殿, 行躋享大祭, 兼行四月朔別大祭, 大臣以下, 當三獻行禮. 前一日, 齋宿, 過行禮時刻, 還內.(부편 3, 영흥본궁제향, 전교)

4월 6일

傳曰, "今二十六日, 卽永興本宮行禮日也. 豐沛父老, 當令參班於行禮之時. 嘗聞咸興本宮有豐沛樓, 而每當時節祀享, 父老士民, 以至童稚, 皆許樓下, 瞻望享禮之順成, 以爲例. 況是地是禮之行於是年, 而是地之父老士民, 至于童稚, 勿禁來觀於門外事, 預爲分付道臣, 仍令奉命大臣知悉. 本府儒生, 以賚去之御題, 大臣試士, 捧券上送. 武士, 則柳葉箭三中以上, 六兩百三十步, 俱入者, 直爲賜第, 呼新來後, 以其姓名狀聞, 以爲給帖之地. 柳之貫邊, 六之百二十步, 俱入者, 直赴會試, 亦爲狀聞給帖. 柳之二中, 六之百十步, 俱入者, 以會簿穀, 分等施賞後, 開錄狀聞. 日子則, 二十一日以後, 至二十六日, 其間多開暇之日, 此各日中, 從便試取事, 奉命大臣, 亦爲知悉. 同是豐沛, 且況興王肇刱之地也. 咸興府, 儒武試取, 亦

依永興規矩, 爲之施賞準此, 而咸聚永興試取事, 分付. 父老, 則永興禮成日, 大臣禮堂, 與方伯, 設養老之宴以饋之, 年歲職名, 追後狀聞. 咸興父老, 則道臣還營後擧行, 亦爲秩秩區別狀聞事, 分付.(부편 3, 영흥본궁제향, 전교)

4월 12일

傳曰. "敬傳香祝, 命卿賚行, 而祇送於太廟洞口, 以聖祖之心爲心也. 展拜於景慕宮, 所以是年是慶, 欲修告儀也. 自今至禮行之日, 卽憧憧齋心之時. 卿於將命事務, 無巨無細, 必愼必審, 若予之親行躬爲, 以紓予此時此心. 卿於下去時, 欲爲提諭而未及言之矣. … 永興則有儒生執事, 而咸興則守僕敢爲進爵奠爵, 甚至有出納位版時, 干預之節云. 誠有是也, 尤爲欠敬. 今後則咸興依永興例, 以儒生執事爲之. 而別差雖秩卑, 卽奉命之人也. 儒生則在前, 亦皆行執事之事, 仍舊之中, 略有損益, 有何不可乎. 儒生執事. 必以兩處儒生中, 瑢派人差定以爲式."(부편 3, 영흥본궁제향, 전교)

4월 18일

1) 傳曰. "昔年庚辰七月溫宮行幸時, 射的于西垣之內, 命以品字形, 種植三槐, 俾作垂蔭於日後. 于今三十六年之間, 根蟠榦蕃, 有蔭滿庭. 邑倅言于道伯帥臣, 環其樹築臺以護之云. 今日何日? 爲今年永興本宮慶禮, 詣閟宮齋宿還宮. 此日聞此, 亦可謂若有待者, 且愴且感, 難以爲心. 旣聞之, 豈可踰日? 臺役已告完, 而事蹟亦有錄在本邑者乎? 其時道臣邑倅及承敎種植人姓名, 條列狀聞事, 下諭于忠淸監司. 謹當記識其實, 竪石臺傍, 並以此意知悉."(부편 4, 온궁기적, 전교)

2) 臺在溫泉行宮北墻西. 英廟庚辰七月二十五日, 睿駕幸溫宮, 越二日, 設帿親射, 敎曰, '此地不可不識.' 翌日, 命守臣, 採穉槐三株種之, 株各二幹. 至是, 筵臣以築

臺事聞, 上下是敎, 竪碑於臺傍九步許, 以御筆書靈槐臺三字於碑面, 御製銘于碑陰. ○ 臺, 長十五尺五寸, 廣十二尺五寸, 高三尺二寸. 外階, 長四十一尺, 廣十八尺, 高一尺. 碑用藍浦烏石, 長三尺九寸, 廣一尺五寸, 厚八寸. 籠臺石, 高二尺, 長三尺一寸, 廣二尺四寸. 加簷石, 高一尺二寸, 長二尺二寸, 廣九寸. 下磚石, 長四尺二寸七分, 廣三尺二寸五分. 碑閣一間, 長九尺, 廣八尺. 礎高一尺五寸, 柱長五尺. 內階, 高八寸, 長十四尺, 廣十三尺. 外階, 高六寸三分, 長十八尺, 廣十七尺.(부편 4, 온궁기적, 전교)

4월 25일

上曰, "日辰良吉, 慶禮已擧, 予心欣幸, 無以容喩. 前後行禮之日, 必詣閟宮齋宿者, 盖欲少伸一分追慕之忱. 而是年是禮, 齋宿是宮, 予懷之一喜一愴, 當復如何?"(부편 3, 영흥본궁제향, 연설)

4월 26일

1) 是地潛龍, 是歲流虹. 是地是歲, 是慶是禮.

慶肇軒紀, 禮昉罍祀. 皇矣神聖, 基我景命.

六郡桑麻, 萬世瓞瓜. 啓統造邦, 周有文王.

小子愛日, 昔乙今乙. 歲千遇一, 慶五爲六.

禮因於地, 先王之志. 福酒上樽, 繩繩孝孫.(부편 63, 영흥본궁제향, 어제)

2) 建邦壬申, 禮先追王. 大勳始集, 孝思彌彰.

定陵誕降, 之歲乙卯. 吉日維夏, 躋于原廟.

恭惟神理, 怳侍黼座. 陟降臨止, 怡愉右左.

小子初生, 若建邦初. 矧玆寶甲, 祥曆慶儲.

義遵祫享, 志事是則. 於千萬年, 介以景福.(부편 3, 영흥본궁제향, 어제)

3) 八回寶甲河淸期, 三炷心香漏撤時.

4월 30일

傳曰. "大禮順成, 當令豐沛民庶, 咸被惠典. 咸興永興兩邑, 特爲量減當年租賦,
沿路三道各邑, 舊還最久條蕩滌. 驛人夫蠲役之道, 問于大臣, 已令出擧條分付,
并令各該道臣, 知悉知委, 俾實惠得以下."(부편 3, 영흥본궁제향, 전교)

5월 1일

1) 傳曰. "『整理通考』纂輯之役, 聞已告竣. 而日熱如此, 校正與監印, 勢將待秋涼
爲之, 郎廳並減下. 抄啓舊選文臣與聞編役者, 亦勿仕進. 校正堂上及整理元堂
仍置, 而校正郎廳二人, 令撢理大臣草記差下. 處暑間, 夜直安徐事, 分付."(권1,
전교)

2) 傳曰. "今番儒武試取也, 儒生入格八十人, 武士入格二百一人. 予意在於敷惠
而同慶. 已頒賞者外, 令道臣及本府使, 招致公堂之庭, 賜第者呼新來, 施賞者頒
賞, 以其緣由狀聞事, 下諭于道臣. 試券之三上以上, 及儒武入格榜目, 依關東·嶠
南·耽羅賓興錄例, 名之曰豐沛賓興錄. 儒之三中以上, 武之柳六居首者, 各給一
本. 奉命大臣, 重臣, 承史, 本道觀察使, 本府使, 亦爲頒給, 營邑亦藏一本. 時原
任大臣, 閣臣, 試官, 儀軌堂郎, 亦頒一本事, 令內閣儀軌廳知悉."(부편 3, 영흥본궁
제향, 전교)

5월 5일

以咸興永興養老宴參宴老人別單. 傳曰. "此擧出於同慶廣惠之意. 永興百歲老人
崇政朴順方, 咸興百歲老人嘉義韓順萬, 各加一資. 其中嘉義一人, 依定式, 招付
崇政階, 幷單付樞銜. 朝官年七十以上七人, 各加一資, 樞銜加設, 今日政擬入. 其
餘士庶, 年八十以上, 永興二百十一人, 咸興三百四十三人, 各加一資.(부편 3, 영흥
본궁제향, 전교)

6월 1일

上御誠正閣, 大臣·禮堂入侍時. 領議政洪樂性曰. "今年是莫大之慶年, 而今月又
是慈宮回甲之月, 當此千載初有之會, 擧切萬壽無疆之祝. 進宴之禮, 雖有待秋之
教, 節喜之擧, 尤重於是月是日, 不可不及今稟定矣." 上曰. "予豈待卿等之言. 念
昔仁元聖母之於丁卯, 先大王之於甲戌, 皆以追慕之思, 不許應行之禮. 況値今年,
慈懷尤當何如. 以予愛日之情, 祝岡之忱, 凡係飾慶之方, 何所不用其極. 而其在
以慈心爲心之道, 順志爲上, 其餘便屬儀文, 故不敢一向彊請矣." 樂性曰. "謙抑
之慈心, 承順之聖孝, 臣固欽歎. 而雖以閭巷間言之, 親年回甲, 亦必洗腆用酒, 上
壽飾慶. 況以殿下千乘之養, 値八域同慶之辰, 豈宜不擧賀宴之禮, 以伸欣祝之情
乎? 慈宮雖不卽俯循, 殿下宜盡勉回之方. 是臣等區區之望也." 上曰. "謹當乘間
陳達. 雖以小饌設行, 必欲得請, 更當召卿等, 面諭矣."(부편1, 탄신경하, 연설)

6월 6일

上御迎春軒, 來待諸臣入侍時. 上教行司直沈頤之曰. "今番慶禮, 承順慈心, 不
敢張大, 只欲略具小饌, 廣速慈宮近親. 同姓則限十寸, 而爲貞明貴主後裔者, 皆
令預席. 洪喜榮父子, 係是慕堂奉祀孫, 又當使之入參. 異姓則限六寸, 其數至於
一百數十人之多矣. 凡事雖欲不煩有司, 而整理堂郎, 旣經春間進饌, 故又欲使分

掌擧行. 卿等當爲效勞矣."(부편1, 탄신경하, 연설)

6월 7일

敎曰. "慈宮周甲慶辰在近, 卽國朝初有之慶也. 陳賀·進宴等飾慶之節, 何禮不可擧, 而慈心難拂. 今則慶辰隔日, 趁今指一知委, 然後可以擧行. 陳賀則丁卯已例, 明有可據, 卽亦每年當行之禮, 而此亦慈心甚難之. 此所以無賀之名, 有賀之實. 爲體慈心, 伸予誠之道, 爲說於禮堂陳請之時者也. 十八日慈宮周甲誕辰陳賀, 以進致詞·箋文·表裏稱號. 其日當行禮於明政殿月臺, 傳函呼嵩, 還內行親上之禮. 百官陳賀, 亦以進致詞·箋文·表裏稱號, 領相當進參於內班矣. 殿庭行禮後, 躬至內班, 以致詞·箋文·表裏, 傳入."(부편1, 탄신경하, 전교)

6월 15일

敎曰. "慶辰在邇, 欲示祝慶之忱, 豈有過於同慶乎? 況已施於華城民人者, 豈可不爲於京中乎? 十八日慈宮進饌禮成後, 臨弘化門, 賜米饑民. 今番抄戶中, 最貧殘之戶, 宣惠廳都提擧·三公, 嚴飭各坊尊位, 抄報賑廳, 令賑堂及京兆尹, 率領待令."(부편1, 탄신경하, 전교)

6월 16일

上御迎春軒, 都提調以下, 進饌所來待堂郞, 惠堂, 戶曹堂郞, 入侍時. 壯勇營都提調洪樂性曰. "慈宮誕辰, 今隔兩宵, 歡欣慶祝, 不可以言語形容. 臣等所祈祝, 卽誕擧宴賀, 而未蒙俞音, 羣情抑菀矣"上曰. "日日翹企, 在於是日, 凡於稱慶之禮, 豈容少緩. 而慈心謙挹, 未獲勉回, 養親莫先於養志, 前已屢諭. 今番則只欲進小酌, 儀文諸節, 比華城進饌, 益從省約, 實出於體慈志揚慈德之意也. 繼自今於千萬年, 無非稱觴獻壽之日, 何必以今日之未行宴禮爲欠耶."仍敎進饌諸堂曰. "今

番進饌, 雖不爲張大之擧, 亦當排設諸具, 肄習儀節, 補階令今日預設. 卿等須看
檢擧行也." 諸臣承命, 設補階於延禧堂之東西庭, 東庭長六間廣五間, 西庭長四間
廣五間. 設慈宮邸下座於延禧堂正堂之內, 殿下行禮版位在東階上, 外賓班次在版
位後. 中宮殿行禮版位在西階上, 內賓班次在版位左右. 設朱簾於堂之東西楹, 及
補階三面. 上曰, "此堂之庭廡間架, 雖窄狹, 自是慈宮常御之所. 凡事務從省約,
故亦欲於此行禮."(부편 1, 탄신경하, 연설)

6월 18일

1) 國王恭遇乾隆六十年六月十八日. 孝康慈禧貞宣徽穆惠嬪邸下, 華宮餘祝, 花甲深
尊. 歡承壽母, 功隆貽孫. 同我嘉賓, 拜獻千千. 謹上千千歲壽.(부편 1, 탄신경하, 치사)

2) 上曰, "慈宮同姓至親及異姓近寸, 進見於簾內. 諸賓中, 未曾進見於慈宮之人,
皆於簾外, 進奏姓名也." 行司直洪秀輔等, 以次進奏訖. 上敎幼學洪善浩曰, "爾是
慈宮七寸親, 而年過六十, 未霑一命. 初仕調用事, 分付銓曹, 爾其知之."(부편 1,
탄신경하, 연설)

3) 我有老萊衣, 萬年慶韶光.
雞人報曉籌, 上堂偕元良.
是日回瑞甲, 滿國齊祝岡.
調味瓊液瀜, 佐肴蟠桃圓.
一酌一酌復一酌, 一酌萬年三萬年.(부편1, 탄신경하, 악장)

4) 三萬年又億萬年, 年年此日長此筵.
一願宗國如磐石, 再願子孫如軒文.

情話仍燕喜, 衆賓來如雲.

灩灩太和醸, 秩秩無聲樂.

慈德享天心, 子孫受多福.(부편1, 탄신경하, 악장)

5) 吾東初有慶, 花甲萬年觴. 是日虹流屆, 如雲燕賀張.

含飴長樂殿, 被管老萊章. 觀華仍餘祝, 覃恩曁八方.(부편 1, 탄신경하, 악장)

6) 教曰. "日月歲重回甲子, 稀有之大慶也. 親年之躋乎此, 節歡賁喜, 子職固然.
洗腆用酒, 庶人之事也. 肆筵設席, 速諸父諸舅, 卿大夫之事也. 施于有政, 與百姓
同樂, 后王之事也. 予小子荷皇天祖宗之佑, 值國朝肇逢之會. 粵自歲首, 至于今
六七個月, 何月非蹈舞之日, 何日非頌祝之時? 鏤玉編金, 揚慈徽也. 觀華呼嵩, 祈
慈壽也. 千箱萬庾, 穀遍島陸, 廣慈惠也. 群老四民, 人得醉飽, 表慈德也. 然予齊
天無疆之願, 恒懷維日不足之心, 矧於誕彌之辰, 何豐享豫大之暇顧. 而先朝丁卯
之未得於仁元聖母者, 今難得之於慈宮, 賀未備儀, 樂不具奏. 只與外內賓戚, 恭
進小饌, 歌老萊之章, 稱萬年之觴, 此亦出於仰體我慈宮留有餘不盡之至意."(부편1,
탄신경하, 전교)

8월 15일

傳曰. "整理所儀軌校正之役告完. 若待『通考』之校正後活印, 則必置太遲. 儀軌印
役, 爲先始役, 活字用生生字本. 始役日子, 擇吉草記. 監印勾管, 則仍以儀軌勾管
堂上尹行任爲之. 『通考』校正堂上李晚秀, 亦爲監印事, 言于儀軌廳."(권1, 전교)

9월 19일

上齋宿摛文院, 親製溫宮靈槐臺碑銘. 命原任閣臣尹行恁, 書其陰記, 還宮時, 出

閣門外駐輿, 召見左議政俞彥鎬, 右議政蔡濟恭, 判府事李秉模, 出示御製碑銘. 濟恭擎讀一遍. 上曰, "玆事豈不貴乎? 其是地方官, 卽閣臣尹行恁之父也. 此閣臣奉敎書碑, 亦不偶矣." 彥鎬曰, "追憶昔年, 聖懷如新, 事亦稀異, 不勝感歎矣." 濟恭曰, "宸章璀璨, 無容仰達." 秉模曰, "七月之植, 其陰滿庭, 尤爲異常矣."(부편 4, 온궁기적, 연설)

10월 24일

縄往蹟於溫水之涯兮, 鬱乎童童而如華盖者有三槐. 溫湯之水混混而漑靈根兮, 繚繞以高數尺之臺. 竊獨愛此后皇之嘉種兮, 其上盖有五色雲. 佳占本支之百世兮, 將以驗積慶之流於後來.

小子卽阼之二十年乙卯秋九月, 小子生朝前三日, 拜手敬銘. 昔歲庚辰八月, 幸溫宮, 命郡守尹琰, 植三槐於射臺, 今幾拱抱, 嘉蔭垂地. 春初始聞於邑守, 增築識其蹟. 琰之子尹行恁, 今爲閣臣, 俾書碑陰.[通政大夫 禮曹參議 奎章閣 檢校直閣 知製敎 臣尹行恁 奉敎謹書.](부편 4, 온궁기적, 어제)

10월 27일

1) 傳曰, "今年得聞溫宮三槐古蹟, 建閣竪碑, 若有所待. 予所起感而興愴, 當作何懷. 力役告成, 印本親受, 盛蹟之登聞, 在於詣水原宿次之時, 豈不奇異乎?"(부편 4, 온궁기적, 전교)

2) 傳曰, "靈槐臺碑印本三十件, 十件內入, 二件宙合樓, 一件奉謨堂, 一件華城行宮, 一件園所齋室, 一件景慕宮齋室, 一件西庫, 一件外奎章閣, 一件內閣, 四件京史庫 · 赤裳山城 · 太白 · 五臺山, 一件尊經閣, 一件御筆前面北漆監董閣臣李晩秀, 一件碑陰書進閣臣尹行恁, 一件庚辰溫幸時本道觀察使綾恩君具允明, 一件建閣

紀蹟道臣李亨元, 一件地方官卜緯鎭處, 並安寶賜給."(부편 4, 온궁기적, 전교)

12월 9일

以忠清道御史鄭觀輝狀啓整理穀勒分濫捧守令拿問重勘事, 傳曰. "整理穀分給八
道, 是何等爲民同慶之意, 則向見廟堂草記, 湖中諸邑之不有朝令貽獘民間云者,
駭然甚矣. 依草記, 使之査問矣. 道啓則以爲無是, 而廟堂豈以不分明之說登聞乎?
差送繡衣, 使之先從數處考察, 狀聞一二邑若此, 他可類推. 前此査啓之泛忽,
其罪難逭, 當該監司柳焵, 爲先令該曹發緘取招, 使之首實罪狀對供後, 稟處."
(권1, 전교)

12월 15일

傳曰. "逢今年, 寓一分莫逮之孺慕, 亶在展省與祀享之節. 歲初以後, 詣宮日子,
計爲五十一日, 獲免痡蹶, 情禮少伸, 實荷於昭之垂庇. 而每念駿奔陪扈者, 疲頓
於祈寒盛暑, 豈或暫弛于中. 凡値大禮, 輒有爲所重示意之擧, 則一年牟百日動駕,
古豈有哉? 執事官中日子多者, 典祀官奉常正柳師模, 半熟馬一匹賜給. 史官兼春
秋金良倜, 贊儀朴宗海, 東西唱引儀崔慶鎭 · 韓範敏, 引儀成殷柱, 幷陞叙. 廟宮香
室守僕, 太常熟手, 依判下, 分等施賞."(부편 2, 경모궁전배, 전교)

병진년 1796

1월 28일

吏曹啓曰. "昔年溫泉陪從人, 年過七十人, 令吏兵曹訪問草記事, 命下矣. 庚辰年
溫泉行幸時陪從人中, 奉朝賀具允明, 年八十六, 以忠清監司陪從. 行護軍金履禧,

年七十, 以栗峯察訪陪從. 行護軍蔡廷夏, 年七十七, 以兵曹佐郞陪從. 行大護軍洪緯浩, 年八十八, 以報恩縣監陪從. 僉知李昌郁, 年七十, 以掌儀陪從. 行大護軍李文載, 年八十四, 行大護軍金孝儉, 年七十二, 俱以醫官陪從云矣. 敢啓." 傳曰. "年雖未踰七十, 一體訪問, 亦爲草記, 可也."(부편 4, 온궁기적, 계사)

2월 2일

1) 吏曹啓曰. "庚辰年溫泉行幸時陪從人, 年過七十人草記批旨內, 雖未踰七十, 一體訪問, 亦爲草記可也事, 命下矣. 安春君炒, 以宗班陪從, 而今年爲六十九歲. 行副護軍韓宗纘, 以兵曹佐郞陪從, 而今年爲六十六歲矣. 敢啓."(부편 4, 온궁기적, 계사)

2) 傳曰. "各加一資, 以示念舊之意. 其時錦伯, 卽綾恩君, 係是資窮, 令該曹衣資食物輸送. 遣郞官存問. 地方官故郡守龍恩君尹琰, 加贈一階. 其餘差使員守令, 問于該道, 追後草記, 而生存者, 一體加資. 卿則已爲草記, 而兵曹則尙無皁白, 該堂推考. 隨駕武臣及禁軍, 守禦廳前排軍, 先後牌軍之生存者, 亦卽訪問於各部各該營門, 而該郡擧行校吏, 亦令道臣, 探問狀聞.(부편 4, 온궁기적, 계사)

3) 兵曹啓曰. "依傳敎, 溫幸陪從官及各軍門將官禁軍等訪問, 則前府使李彦忠, 年六十六, 以宣傳官道路橋梁次知先詣. 前郡守李完基, 年六十八, 以武兼陪從. 前五衛將李顯昌年五十八, 禁軍韓宗復年七十一, 前萬戶玄翊光年七十七, 前萬戶柳星郁年六十六, 前僉使李世豐年七十二, 前權管趙潤亨年七十一, 前萬戶金章垕年六十一, 武兼申達夏年六十六, 前禁軍鄭光一年五十七, 俱以禁軍陪從. 前僉事曹景休, 年六十五, 以訓鍊都監知穀官陪從. 前萬戶金聲益, 年七十一, 以日傘事知陪從. 前五衛將李宗賓, 年六十, 以京畿監營神將陪從云矣. 敢啓." 傳曰. "知道. 一體加資, 其中未經五衛將者, 今日口傳, 加設單付, 仍爲追榮. 已經者, 抄出書

入, 可也."(부편 4, 온궁기적, 계사)

3월 15일

戶曹啓曰: "庚辰年溫泉行幸時, 隨駕軍兵及各差備員役等, 六十以上九十九人, 各米二斗, 大口魚一尾, 五十以上五十五人, 各米二斗, 謹依判下數題給. 役姓名及頒給實數, 別單書入之意, 敢啓." 傳曰: "知道. 依兵曹草記批旨, 嚴飭京兆, 當爲賜米人之遺漏者, 各別搜訪, 使之草記別單, 可也."(부편 4, 온궁기적, 계사)

3월 26일

右議政尹蓍東所啓: "昔年桂坊之出入書筵者, 今餘三人. 李敏輔, 位至崇品, 鄭存中, 亦入耆社, 而獨申光履, 中間流落, 未免潦倒, 年亦恰滿七十, 恐合有優老之典. 故敢此仰達矣." 上曰: "依爲之. 宰臣則自在宮僚時, 習知其人, 況以昔年契坊. 年至七十, 特除知中樞, 作窠口傳下批. 兩重臣, 令該曹, 米肉輸送, 可也."(부편 4, 온궁기적, 계사)

정사년 1797

2월 10일

戶曹判書李時秀所啓: "庚辰年溫泉行幸時陪從人賞典中, 見漏者上言, 有查奏之命矣. 招致各該上言人等, 詳細查問, 則當時效勞賞典見漏, 果是實狀, 當依昨年已例施行. 而其中嘉義李東喆, 折衝張益大 · 洪震成, 閑良金聖元 · 金百鍊 · 朴師雄等六人, 年皆七十以上, 當入於加資秩. 其餘六十以上六人, 五十以上五人, 當入於賜米秩. 嘉義李興漢, 則與朴昌華無異同, 而昌華則加資後, 因特教又爲實職.

渠則尙未爲實職云. 效勞旣同, 則賞典亦當一例. 折衝李爀, 則以訓鍊習讀, 昨年
加資後, 失祿可矜. 此則令本院堂上, 從便區處似好, 故敢此仰達矣." 上曰. "依爲
之. 釐正於册子及儀軌, 卿其知悉擧行. 衛將作窠, 李興漢收用, 而李爀則別般收
用之道, 該院堂上, 旣承筵敎, 依此擧行後, 使之草記, 可也."(부편 4, 온궁기적, 계사)

3월 24일

傳曰. "『整理儀軌』, 慈宮內入一件, 內入三十件. 又內入一件, 西庫十件, 園官·
宮司直所各一件. 華城行宮·內閣·外奎章閣·五處史庫·整理所·承政院·弘文
館·侍講院·備邊司·壯勇營·訓鍊都監·禁衛營·御營廳·戶曹·禮曹·兵曹·
司僕寺·京畿監營·華城府·廣州府·始興縣·果川縣, 各藏一件. 摠理大臣蔡濟
恭, 整理堂上徐有防·李時秀·徐有大·徐龍輔·尹行恁, 整理郎廳洪守榮·具
庠·李潞秀·洪大榮·金龍淳, 儀軌堂上鄭民始·閔鍾顯·李晩秀, 監印閣臣金祖
淳, 儀軌郎廳李始源·金近淳, 外賓領議政洪樂性·光恩副尉金箕性·前同敦寧洪
駿漢·洪龍漢·前都摠管洪樂任·前都正洪樂倫·開城留守趙鎭寬·敦寧直長鄭
漵, 行宮整理使趙心泰, 華城判官洪元燮, 城役都廳李儒敬, 校正抄啓文臣申絢·
曹錫中·洪秉周, 各一件賜給."(권1, 전교)

| 참고문헌 |

원전

『원행을묘정리의궤(園幸乙卯整理儀軌)』

『정조실록(正祖實錄)』

『승정원일기(承政院日記)』

『일성록(日省錄)』

『지희갱재축(志喜賡載軸)』

『홍재전서(弘齋全書)』

『번암집(樊巖集)』

단행본

김문식, 『정조의 제왕학』, 태학사, 2007.

김지영, 『길 위의 조정, 조선시대 국왕 행차와 정치적 문화』, 민속원, 2017.

박정혜, 『조선시대 궁중기록화 연구』, 일지사, 2000.

이왕무, 『조선후기 국왕의 능행 연구』, 민속원, 2016.

정해득, 『정조시대 현륭원 조성과 수원』, 신구문화사, 2009.
한영우, 『정조의 화성행차, 그 8일』, 효형출판, 1998.

논문
김문식, 「관암 홍경모의 화성 관련 기록」, 『관암 홍경모와 19세기 학술사』, 경인문화사,
   2011.
김우진, 「조선후기 咸興·永興本宮 祭享儀式 整備」, 『조선시대사학보』 72, 2015.
김지영, 「1795년 整理通考 편찬과 '整理'의 의미」, 『역사학보』 228, 2015.
유재빈, 「정조대 궁중회화 연구」, 서울대학교 박사학위논문, 2016.

기타 자료
수원화성박물관, 『원행을묘정리의궤 역주』, 2015.
수원화성박물관, 『뎡니의궤 역주』, 2019.

인명

문헌 및 작품명

기타

역해자

김문식(金文植)

서울대학교 국사학과를 졸업하고, 같은 학교 대학원에서 문학박사 학위를 받았다. 서울대학교 규장각 학예연구사를 거쳐 현재 단국대학교 사학과 교수로 재직하고 있으며, 단국대학교 동양학연구원장, 한국고전번역학회 회장, 성호학회 회장, 문화재청 문화재위원으로 있다. 조선의 경학사상, 조선후기 사상가, 정조 시대, 국왕 교육, 국가 전례, 대외인식에 관한 다수의 논문과 저서를 발표하였으며, 최근에는 조선시대의 국가 전례 및 왕실 문화에 나타나는 예악 국가로서의 특징을 연구하고 있다.

지은 책으로『조선후기 경학사상 연구』,『정조의 경학과 주자학』,『정조의 제왕학』,『조선후기 지식인의 대외인식』,『왕세자의 입학식』,『정조의 생각』,『조선 왕실의 외교의례』등이 있다. 공저로는『조선의 왕세자 교육』,『조선왕실 기록문화의 꽃, 의궤』,『조선 국왕의 일생』,『왕실의 천지제사』,『즉위, 국왕의 탄생』,『조선시대 국왕 리더십 관(觀)』,『국왕 리더십의 유형과 실제』등이 있다.

원행을묘정리의궤

사도세자의 복권을 위한 1795년의 특별한 행사

1판 1쇄 펴냄 | 2020년 12월 31일
1판 2쇄 펴냄 | 2022년 8월 29일

명찬 | 정조
역해자 | 김문식
펴낸이 | 김정호

책임편집 | 김일수

펴낸곳 | 아카넷
출판등록 2000년 1월 24일(제406-2000-000012호)
10881 경기도 파주시 회동길 445-3 2층
전화 031-955-9510(편집)·031-955-9514(주문)
팩시밀리 031-955-9519
www.acanet.co.kr | www.phildam.net

Printed in Paju, Korea.

ISBN 978-89-5733-720-2 94080
ISBN 978-89-5733-230-6 (세트)